A VOZ

FRANÇOIS LE HUCHE
Phoniatre, ex-enseignant en orthophonie et ex-chargé
de consultation à l'Institut Arthur Vernes de Paris.

ANDRÉ ALLALI
Orthophoniste, enseignant en orthophonie et attaché à la
consultation de phoniatrie de l'Institut Arthur Vernes de Paris.

L524v Le Huche, François
        A voz / François Le Huche e André Allali; trad. Sandra
     Loguercio. – Porto Alegre : Artmed, 2005.
        (Tratamento dos distúrbios vocais, v.4.)

        1. Voz – Tratamento – Distúrbios. I. Allali, André. II. Título.

        CDU 612.78/.789

Catalogação na publicação: Mônica Ballejo Canto – CRB 10/1023

ISBN 85-363-0267-4

Volume 4

A VOZ

Tratamento dos Distúrbios Vocais

François Le Huche
André Allali

Tradução:
SANDRA LOGUERCIO

Consultoria, supervisão e revisão técnica desta edição:
EDA MARIZA FRANCO DA COSTA
Fonoaudióloga clínica.
Especialista em Voz pelo Conselho Federal de Fonoaudiologia.
Mestre em Letras – Teorias do Texto e do Discurso – pela UFRGS.
Professora da Disciplina de Fonoaudiologia Estética e
Supervisora do Estágio de Fonoaudiologia Estética da ULBRA.

3ª Edição

ARTMED
EDITORA

2005

Obra originalmente publicada sob o título:
La voix: thérapeutique des troubles vocaux

© Masson, Paris, 2002.
Ouvrage publié avec l'aide du Ministère Français Chargé de la Culture – Centre National du Livre
Tradução publicada com auxílio do Ministério Francês da Cultura – Centro Nacional do Livro

ISBN 2-294-00609-7

Capa:
Mário Röhnelt

Preparação de originais:
Manoel Weinheimer

Leitura final:
Sandra G. Câmara

Supervisão editorial:
Letícia Bispo de Lima

Editoração eletrônica:
AGE – Assessoria Gráfica e Editorial Ltda.

Reservados todos os direitos de publicação em língua portuguesa à
ARTMED® EDITORA S.A.
Av. Jerônimo de Ornelas, 670 – Santana
90040-340 – Porto Alegre, RS, Brasil
Fone: (51) 3027-7000 Fax: (51) 3027-7070

É proibida a duplicação ou reprodução deste volume, no todo ou em parte,
sob quaisquer formas ou por quaisquer meios (eletrônico, mecânico, gravação,
fotocópia, distribuição na Web e outros), sem permissão expressa da Editora.

SÃO PAULO
Av. Angélica, 1091
01227-100 – São Paulo, SP, Brasil
Fone: (11) 3667-1100 Fax: (11) 3667-1333

SAC 0800 703-3444

IMPRESSO NO BRASIL
PRINTED IN BRAZIL

NOTA

Este volume não deve ser interpretado como um livro de receitas auto-suficente.
Praticar a terapêutica dos distúrbios da voz supõe um conhecimento da anatomofisiologia e da patologia vocais, tais como são tratadas em A voz, Volumes 1, 2 e 3.
Por outro lado, no presente volume, é o conjunto dos meios utilizáveis no tratamento dos distúrbios vocais que é considerado. É necessário voltar aos Volumes 2 e 3 a fim de compreender como, em cada caso particular, esses meios têm sua aplicação prática.
A reeducação vocal exige, além disso, por parte do terapeuta, qualidades de contato e uma iniciação concretizada por um trabalho sobre si mesmo e sobre sua própria voz, no contexto da dinâmica corporal e relacional (a voz é um instrumento de relação).
Não se pode servir de guia sem se ter percorrido o caminho.

AGRADECIMENTOS

Meus agradecimentos irão, em primeiro lugar, aos pacientes que nos confiaram seu problema vocal e o cuidado de ajudá-los a resolvê-lo. Inúmeros são aqueles que contribuíram para o aperfeiçoamento das técnicas que lhes foram propostas, por suas reflexões durante o tratamento e, após este, respondendo aos questionários que lhes foram dirigidos.

Em seguida, agradeço aos reeducadores que participaram dos seminários que organizamos há mais de 20 anos: o esclarecimento de diversos exercícios deve-se em muito a eles. As sessões de trabalho da Associação para o Desenvolvimento dos Métodos de Reeducação Vocal (ADRV), que reúne os antigos participantes desses seminários, foram muito profícuas, pela troca de experiências clínicas que possibilitaram.

Agradeço igualmente aos 108 reeducadores franceses e estrangeiros que responderam às pesquisas que organizamos, visando à relação sobre as técnicas reeducativas no XXXIII Congresso da Sociedade Francesa de Foniatria, bem como a Ketty Darmon, Dominique Gerbella, Martine Vincente e Françoise du Plessis de Grénedan, que, sendo alunos de Fonoaudiologia na época, fizeram dessas pesquisas o tema de sua monografia de final de curso. Agradecemos ainda aos 15 foniatras e otorrinolaringologistas que responderam um questionário referente aos tratamentos medicamentosos.

Obrigado, finalmente, ao Doutor Bernard Perles, amigo de longa data, por sua ajuda na redação do capítulo dedicado à microcirurgia laríngea; à Senhora Portier, professora de canto, a quem devemos a notação musical dos exercícios vocais; a Axel, por esses desenhos humorísticos; e a meu filho Bernard, que empregou seu talento de pintor na realização de vários desenhos técnicos que ilustram esta obra.

Quanto a André Allali, fiel e incansável colaborador há quase 30 anos, podia eu imaginar apoio mais sólido, crítico mais prudente e realizador mais eficaz para conduzir com entusiasmo esse trabalho um tanto ambicioso de A voz em quatro volumes?

François Le Huche

Sumário

INTRODUÇÃO 13

1. TRATAMENTOS CLÍNICOS 15

TRATAMENTOS MEDICAMENTOSOS 15
Medicamentos para a inflamação da mucosa laríngea aguda ou crônica (15). Medicamentos para o músculo laríngeo e para sua inervação (19). Medicamentos direcionados aos fatores favorecedores e desencadeantes ORL (20). Medicamentos direcionados ao plano neuropsicológico (23). Medicamentos direcionados ao estado geral (24).

CURAS TERMAIS 24

FISIOTERAPIA 25

CINESIOTERAPIA 27

REPOUSO VOCAL 29

HIGIENE VOCAL 30
Higiene vocal do não-profissional da voz (30). Higiene do profissional da voz (33).

2. TRATAMENTOS CIRÚRGICOS (FONOCIRURGIA) 39

INTERVENÇÕES NAS PREGAS VOCAIS COM LARINGOSCOPIA NO ESPELHO (DITA INDIRETA) 39

MICROCIRURGIA LARÍNGEA CLÁSSICA (DITA INSTRUMENTAL) 40
Instrumentação (40). Anestesia (41). Exames pré-operatórios (42). Indicações e tipos de intervenções (42). Precauções pós-operatórias, repouso vocal (44).

INJEÇÕES DE SUBSTÂNCIAS DIVERSAS 47
Substâncias amorfas (47). Indicações (48). Toxina botulínica (49).

MICROCIRURGIA POR AGENTES FÍSICOS 49
Eletrocoagulação (49). Crioterapia (49). Laser (49).

FONOCIRURGIA DA LARINGE OU DE SUA INERVAÇÃO POR VIA EXTERNA 52
Tentativas de reinervação laríngea (52). Laringoplastia redutora glótica unilateral (52). Intervenção de Dédo (52). Tentativas de elevação da altura tonal da voz (53). Tentativas de abaixamento da altura tonal da voz (54).

FONOCIRURGIA COMPLEMENTAR À CIRURGIA LARÍNGEA 54
Miotomia do músculo constritor inferior da faringe (54). Frenotomia (55). Cirurgia da paralisia facial (55). Faringoplastia (55).

TÉCNICAS DE CONTENÇÃO E DE MOBILIZAÇÃO INTRALARÍNGEA 55
Contenção laríngea (55). Mobilização intralaríngea (56).

LUGARES RESPECTIVOS DA FONOCIRURGIA E DA REEDUCAÇÃO VOCAL NO TRATAMENTO
DOS DISTÚRBIOS VOCAIS 56
Reeducação pré-operatória. Data da intervenção (57).

3. REEDUCAÇÃO VOCAL 60

CONSIDERAÇÕES PRELIMINARES 60

AS QUATRO ATITUDES PSICOLÓGICAS EFICAZES DO TERAPEUTA SEGUNDO ROGERS 61
Ser natural (61). A empatia (62). A consideração positiva (62). A consideração incondicional (62).

PROCESSO DA REEDUCAÇÃO 63
Sessões de reeducação e exercícios pessoais (63). Duração e freqüência das sessões (65).

INFORMAÇÃO 66
Sobre o funcionamento normal e patológico da voz (67). Sobre o processo de reeducação – A estátua (70).
Informações complementares (71). Observação a respeito dos exercícios (71).

TÉCNICAS DE RELAXAMENTO 72
Método de Schultz (74). Método de Ajuriaguerra (75). Relaxamento de sentido psicanalítico (Sapir) (76).
Método de Jacobson (76). Relaxamento estático-dinâmico (Jarreau e Klotz) (76). Método de Wintrebert (77).
Sofrologia (77). Relaxamento locorregional (78). Relaxamento com "olhos abertos" (F. Le Huche) (78).

PEDAGOGIA DO SOPRO FONATÓRIO 129
Seis importantes princípios (129). Descrição dos exercícios (132).

PEDAGOGIA DA VERTICALIDADE 150

PEDAGOGIA VOCAL 159
Exercícios simples em voz cantada (161). Exercícios simples em voz falada (172). Exercícios simples utilizando
simultaneamente a voz cantada e a voz falada (176).

PEDAGOGIA DA ALTURA TONAL 185
Distinguir os caracteres acústicos do som musical (186). Reprodução de um determinado som (186).

INIBIÇÃO DA PROJEÇÃO VOCAL E NOÇÃO DE ESPAÇO VOCAL 188

OUTRAS CONCEPÇÕES DA REEDUCAÇÃO VOCAL 189

TENTATIVAS DE CORREÇÃO DIRETA DAS DIVERSAS QUALIDADES ACÚSTICAS DA VOZ FALADA 192

DO TREINAMENTO AO USO 193

4. TRATAMENTOS PSICOLÓGICOS 195

DUAS POSTURAS FREQÜENTES FACE A PROBLEMAS PSICOLÓGICOS 195
Psicoterapia de patronagem (195). Orientação sistemática para o especialista de psicologia (196).

AJUDA PSICOLÓGICA REALIZADA PELA REEDUCAÇÃO 196
Escuta (196). Informação (197). Prática do treinamento (197).

PSICOTERAPIAS 201
Expressão Cênica e Cenoterapia (202).

ÍNDICE 204

Introdução

Tratamentos clínicos, curas termais, fisioterapia, cinesioterapia, prescrições de higiene vocal, cirurgia, técnicas reeducativas, tratamentos psicológicos: os meios utilizáveis para tratar os distúrbios vocais são variados.

Atualmente, e podemos lamentar, a escolha deste ou daquele procedimento depende mais dos hábitos de quem prescreve do que do problema real apresentado pelo paciente. Cada terapeuta, segundo sua formação, tende, de fato, a utilizar no paciente os tratamentos que ele mesmo pratica ou que conhece melhor.

Certos otorrinolaringologistas tendem, por exemplo, a querer "normalizar" imediatamente a laringe por uma ação cirúrgica de regularização da borda livre das pregas vocais ou, de modo discutível, por esclerose de vasos superficiais de suas mucosas, suposta causa do problema.

Outros pensam em fazer, antes de qualquer coisa, um tratamento antiinflamatório e/ou antibiótico ou em prescrever uma cura de silêncio com a idéia (falsa) de que o laringologista deve fornecer ao reeducador um instrumento vocal em bom estado, sem o qual este não poderia agir. Bem conduzida, a reeducação é, com efeito, capaz de normalizar uma laringe de aspecto inflamatório ou de fazer desaparecer um nódulo graças à normalização do ato fonatório.

Outros pensam que se ocupar da laringe é pouco útil na medida em que, na disfonia, acreditam, "tudo" é psicológico e que a única terapêutica adequada é uma psicoterapia (o problema aqui é que o paciente não acredita necessariamente nisso!).

Outros, por fim, pensam que a reeducação resolverá tudo e que o resto é inútil e até mesmo perigoso: assim certos especialistas da voz deixam seus pacientes ou seus alunos com um verdadeiro pavor da cirurgia laríngea qualquer que seja o caso.

Na realidade, nada é evidente *a priori*, e não há de modo absoluto um meio melhor do que os outros, há simplesmente um problema de organização do tratamento que demanda uma reflexão caso por caso sem tomar partido. Essa reflexão exige que se tente fazer inicialmente uma avaliação da gravidade relativa dos fatores em questão: fatores favorecedores, fatores desencadeantes, tempo e "enraizamento" do comportamento de esforço.

Convém, além disso, não esquecer o ponto de vista do próprio paciente nem sua preferência por esse ou aquele tipo de tratamento. Às vezes, é a sua vontade que fará pesar a balança para um dos lados. Em certos casos, com efeito, a idéia de ter um pólipo na garganta cria no paciente uma vontade imperiosa de se livrar daquilo o mais rápido possível. Nesse caso, será conveniente não adiar demais a intervenção, mesmo que haja um significativo comportamento de esforço. Em outros casos, ao contrário, o paciente teme a intervenção. Por que então se apressar? Algumas semanas ou alguns meses de reeducação permitir-lhe-ão ter uma idéia do problema, sem que com isso se tenha perdido tempo.

Em suma, convém organizar com objetividade uma estratégia terapêutica bem pensada, que considere cada um dos meios utilizáveis, associando-os ou realizando-os de modo sucessivo, com o cuidado de articular um projeto terapêutico eficaz e, ao mesmo tempo, tão aceitável quanto possível para o paciente.

*T*ratamentos clínicos

1

TRATAMENTOS MEDICAMENTOSOS

Quando preparávamos a primeira edição desta obra, procedemos, durante o ano de 1982, a uma pesquisa junto aos foniatras e otorrinolaringologistas interessados nos problemas vocais que nos mostrou uma grande diversidade de atitudes em relação ao tratamento medicamentoso das disfonias. Certos colegas prescreviam abundantemente; outros, em compensação, eram muito discretos quanto ao uso dos medicamentos.

Essa diversidade de atitudes, que parece persistir atualmente, nos leva à seguinte explicação: a discrição deve-se, certamente, ao fato de o médico esperar resultados mais duradouros e mais satisfatórios do tratamento de base, que constitui a reeducação. Esse profissional é levado a tomar tal atitude provavelmente por querer permitir ao paciente constatar que os distúrbios que apresentava desapareceram não graças a um remédio exterior a ele, mas em virtude apenas de um funcionamento vocal mais adequado.

Já aquele que prescreve de modo mais prolixo busca um resultado mais imediato, suscetível de gerar a confiança do paciente, mesmo que com isso corra o risco de diminuir aos olhos deste o efeito do tratamento funcional.

A sabedoria consiste, provavelmente, em não negligenciar o fato de recorrer ao alívio a curto prazo que uma medicação apropriada pode dar, contanto que se saiba mostrar ao paciente que se trata (em geral) apenas de um tratamento puramente sintomático, sem o qual deve aprender a conviver.

Apresentaremos esses tratamentos medicamentosos procurando nos manter o mais próximo possível da prática. Não hesitaremos, no entanto, em salientar, a título histórico, medicamentos atualmente abandonados, mas intensamente prescritos no passado, o que apresenta algum interesse.

Desejamos que este capítulo permita aos médicos enriquecer e diversificar suas prescrições, ou mesmo, por que não, reduzi-las. Quanto aos reeducadores não-médicos, será bastante útil para que compreendam melhor as razões das prescrições medicamentosas feitas a seus pacientes.

Medicamentos para a inflamação da mucosa laríngea aguda ou crônica

Diante de uma disfonia, pensa-se logo em uma eventual inflamação das pregas vocais (a ser verificada por uma laringoscopia), e qualquer que seja a causa dessa inflamação, pode ser combatida com medicamentos. Esses serão administrados tanto por via local quanto por via geral.

▶ *Aplicações locais*

A via local é a mais lógica na medida em que permite uma ação mais bem direcionada. Pode ser realizada de várias formas.

▶ Aerossóis

Trata-se de uma borrifada medicamentosa produzida por um aparelho que comporta um motor elétrico, que pulveriza finamente uma preparação líquida de 5 cm³, de 15 a 20 minutos aproximadamente. As partículas medicamentosas são conduzidas na laringe durante a inspiração graças a uma tubuladura colocada na boca do indivíduo ou à utilização de uma máscara.

Para se obter uma boa impregnação da mucosa laríngea, deve-se ter – contrariamente ao que convém às sinusites ou às otites – um aerossol, dito *úmido*, isto é, cujas partículas não são finas demais.

As fórmulas mais utilizadas – de um a dois aerossóis por dia, de 5 a 10 dias – são as seguintes:

> *Soframicina* 100 mg (1/4 ou 1/2 frasco): essa preparação contém framicetina, antibiótico de superfície (que não passa para a circulação geral),
> *Solucort* (1/2 frasco): o *Solucort* é uma solução de um corticóide, o prednisolona,
> Solvente *Solucort* (1/2 ampola);
>
> ou ainda
>
> *Pivalone solução* para injeção de sinus (1 frasco): o *Pivalone* é uma suspensão de corticóides. Essa preparação, ainda que prevista para injeções endosinusóides, convém igualmente aos aerossóis;
>
> ou ainda
>
> *Soframicina* 100 mg (1/2 frasco),
> *Bisolvon* 2 mL: o *Bisolvon* contém bromexina, secretolítico e antitussígeno,
> Naftazolina (3 gotas): a naftazolina é um vasoconstritor;
>
> ou ainda
>
> *Solucort* (1/2 frasco),
> *Bifedrina aquosa* (5 gotas): a *Bifedrina aquosa* é um produto vasoconstritor e anti-séptico,
> *Gomenol solúvel* (1 ampola): contém propriedades anti-sépticas e é utilizado aqui como solvente do *Solucort*.

PULVERIZAÇÕES LARÍNGEAS

Freqüentemente utilizadas por serem mais maneáveis do que o aerossol, as especialidades mais conhecidas são: *Locabiotal pressurizado* (fusafungine), o *Tilade* (nedocromil), o *Becotide* (beclometasona).

INALAÇÕES

Utilizam produtos voláteis colocados num recipiente com água fervendo dos quais o paciente respira, durante 10 minutos aproximadamente, o vapor. Pode-se utilizar, por exemplo, a preparação citada anteriormente, que associa tomilho, segurelha, orégano, canela e limão, de 4 a 6 gotas.

INSTILAÇÕES LARÍNGEAS

Trata-se de pulverizações diretas sobre as pregas vocais, por meio de uma seringa especial (curvada). Muito em voga há uns 10 anos atrás, elas já não são tão utilizadas, pois provocam uma reação de irritação desagradável que desencadeia tosse. Instilavam-se produtos oleosos como, por exemplo, *Bifedrina aquosa*.

Pode-se pensar, aliás, que a idéia de "lubrificar a mecânica laríngea" não tenha tido um efeito psicológico tão importante quanto o efeito medicamentoso. Pode-se preferir uma iniciação mais objetiva do paciente à mecânica vocal com, provavelmente, um melhor aproveitamento.

IONIZAÇÃO LARÍNGEA

Uma corrente elétrica contínua de alguns miliampères permite a passagem de íons através da pele, visando os tecidos subcutâneos. Pode-se utilizar, para a laringe, um eletrodo de entrada que encaixe na forma do pomo-de-adão, sendo que o eletrodo de saída fica colocado sobre a nuca. Embaixo do eletrodo de entrada, é colocada uma compressa embebida da solução que contém o produto que deve penetrar. As sessões de ionização duram 20 minutos e devem ser repetidas diariamente. Pode-se assim administrar corticóides em caso de laringite edematosa. Não sendo a administração desses produtos por aerossol tão eficaz, houve um abandono de tal procedimento, que citamos somente a título histórico.

▶ Por via geral

CORTICOTERAPIA

A corticoterapia por via geral é amplamente recomendada na inflamação aguda da laringe, particularmente para certos profissionais da voz (atores e cantores), seja esta de origem irritativa ou infecciosa. Alguns médicos, no entanto, são contidos quanto a essa indicação, estimando, com boas razões, que um tratamento local é, nesse caso, mais lógico.

Normalmente, prescreve-se uma injeção intramuscular de corticóides por dia, durante dois ou três dias, uma hora antes do espetáculo. Os produtos mais freqüentemente citados são *Soludecadron* (4 a 8 mg) e *Solucort*. São prescritos igualmente produtos retardadores (*Solucort retard, Kenacort retard*), ou semi-retardadores (*Depomedrol*), aplicados durante 10 dias.

É preciso reconhecer que tal tratamento, para o ator e o cantor, aparece menos impositivo do que o tratamento local por aerossol, que exige um tempo de 15 a 20 minutos, 2 vezes por dia, com a necessidade ainda de alugar um aparelho. Essa injeção intramuscular corre o risco, porém, de ser vivida pelo indivíduo como a "picada milagrosa" que lhe devolve a voz em qualquer circunstância. Ora, seu uso repetido também apresenta inconvenientes.

Deve-se temer, de fato, os incidentes ou os acidentes da corticoterapia prolongada (reativação de uma úlcera, inchaço da face, aplasia das supra-renais, etc.), insistindo sobre o fato de que é sua duração que é perigosa. Uma forte dose pode até ser bem-tolerada se o tratamento tiver um tempo bem-determinado.

Deve-se ficar atento também para que a eficácia a curto prazo e a simplicidade desse tratamento puramente sintomático não afaste o paciente de um tratamento mais etiológico, tal como a reeducação vocal, quando se trata de uma inflamação laríngea devida ao abuso vocal, ou à cura cirúrgica, quando se trata de uma infecção crônica das vias aéreas superiores. Ao menos o indivíduo deve estar prevenido do efeito puramente sintomático dos corticóides. Pode-se dizer que, no caso de esforço, esse tratamento o deixa agravar seu distúrbio funcional: suprimindo-se a inflamação laríngea e, portanto, a dor, permite-se ao indivíduo continuar a se enganar com seu hábito de forçar a voz.

MEDICAÇÕES ANTIINFLAMATÓRIAS NÃO-ESTERÓIDES (AINE)

Um certo número de produtos são utilizados, tais como:
– a *Butazolidina* (fenilbutazona) 250 a 500 mg em injeções intramusculares, comprimidos ou supositórios;
– o *Nurofen* (ibuprofeno).

ANTIINFLAMATÓRIOS ENZÍMICOS

Pode-se utilizar:
– o *Maxilase 3000* (alfa-amilase), um comprimido tipo drágea em cada refeição (ausência de contra-indicação digestiva);
– o *Surgam* (ácido tiaprofênico).

MEDICAMENTOS TRADICIONAIS

Um certo número de medicamentos tradicionais, cuja ação sobre a inflamação laríngea e a irritação resultante desta é conhecida de longa data, também pode ser prescrito. Citaremos o *acônito*, o *erísimo* (a erva dos chantres), o *cólquico* (por seu efeito analgésico e antiinflamatório), certas essências aromáticas.

Isso poderá resultar em "prescrições magistrais" cuja eficácia é freqüentemente notável, citemos:

Tintura de acônito }
Tintura de cólquico }   âa 50 gotas[a]
Água de loureiro cereja   5 g
Xarope de CLA[b]   30 g
Água QSP[c]   100 ml
3 colheres de sopa por dia

[a] âa – "em partes iguais".
[b] CLA – "casca de laranja amarga".
[c] QSP – "quantidade suficiente para".

Essa prescrição, apelidada de "poção mágica do cantor", não deve ser refeita antes de várias semanas devido à eliminação lenta do *cólquico*. As quantidades do produto são calculadas para um tratamento de três dias.

TM[d]   *Erísimo*
          Eufrásia
          Plantago Maior
          XL[e] gotas a cada refeição, durante quatro dias

[d] TM – "tintura-mãe".
[e] Nas prescrições magistrais, o número de gotas (aqui, 40) deve ser escrito em algarismos romanos.

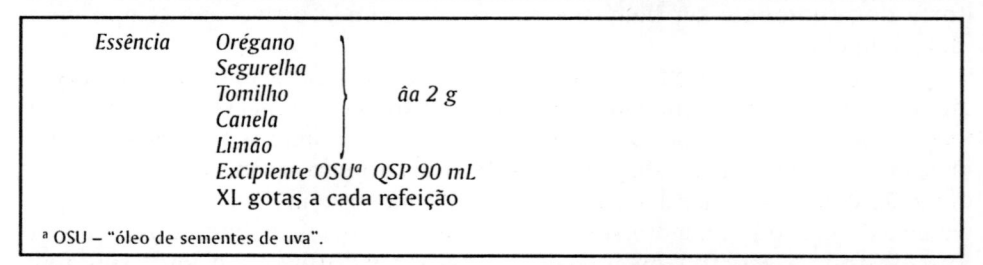

Essência   *Orégano*   }
             Segurelha }
             Tomilho   } âa 2 g
             Canela   }
             Limão   }
             Excipiente OSU[a] QSP 90 mL
             XL gotas a cada refeição

[a] OSU – "óleo de sementes de uva".

Tintura de acônito
7 gotas misturadas com ½ copo d'água antes do espetáculo, durante quatro dias.

Salientemos ainda duas especialidades muito utilizadas. A primeira, bastante conhecida, com o nome sugestivo de *Eufon* (boa voz), contém *acônito*, *erísimo*, *codeína* (antitussígeno) e *formiato de sódio* (produto cujas ações tonificantes sobre o músculo são duvidosas). Esse produto é amplamente utilizado pelos profissionais da voz, não somente cantores e atores, mas também professores, na forma de pastilhas cuja eficácia parece bastante limitada em caso de esforço vocal. A bula desse medicamento ressalta bem uma ação sobre os distúrbios funcionais da voz, mas não se pode exigir de um medicamento a correção de um comportamento de esforço!

O segundo é o xarope de *Polery*, que contém, além dos produtos antecedentes, cloridrato de etilmorfina (ou dionina de propriedades antitussígenas), brometo de sódio (sedativo e antiespasmódico), tintura de beladona (sedativo) e xarope de poligala (eupnéica e expectorante).

ANTIBIÓTICOS

Um tratamento antibiótico por via geral não parece muito indicado em caso de inflamação isolada da laringe; porém, em caso de infecção estendida ao conjunto das vias aéreas, como consideraremos mais adiante, ele se faz válido.

Medicamentos para o músculo laríngeo e para sua inervação

Como se sabe, a disfonia disfuncional foi considerada por muito tempo resultante de um estado de deficiência muscular, seja constitucional (fonastenia), seja secundária à inflamação (lei de Willis, que afirma que a inflamação de uma mucosa acarreta uma paresia dos músculos subjacentes), seja por esgotamento (noção de abuso vocal). A falta de contato das pregas vocais, particularmente, foi por muito tempo, e é ainda com freqüência, considerada como o sintoma de uma paresia da interaritenóidea.[1] Por outro lado, a teoria de Husson inspirou a idéia de que os distúrbios fonatórios podiam resultar de perturbações no ajuste da famosa "cadeia recorrencial" (*coup pour coup récurrentiel*). Essas concepções neuromiopáticas da disfonia disfuncional levaram a tratamentos que se mostram às vezes eficazes. Há outros exemplos de terapêuticas eficazes com base em hipóteses patogênicas falsas!

ESTRICNINA

Esse produto favorece a contração muscular. Foi imensamente prescrito pelos otorrinolaringologistas não-foniatras em associação com a *tiamina* (ou vitamina B1), que tem uma ação de proteção dos tecidos nervosos e musculares (*Stricnal B1*). Em nosso levantamento, um único foniatra declarou utilizá-lo (raramente, ressalta). A maioria dos entrevistados reagiu a essa proposição de prescrição por um "não" categórico e, às vezes, sublinhado. Essa discordância surpreendente entre ORL e foniatras (dos quais muitos são ORL) pode ser compreendida na medida em que o foniatra tem a noção do comportamento de esforço que subentende toda a disfonia disfuncional, seja ela chamada "hipocinética". Instintivamente, ele tende mais a pensar em "treino de relaxamento" do que "reforço da contração muscular".

---

[1] Lembremos que a falta de contato das pregas vocais durante a emissão vocal deve ser considerada, no quadro de um comportamento vocal global, uma reação de defesa do indivíduo contra seu próprio esforço.

Atualmente, tendo o *Stricnal B1* desaparecido da farmacopéia, isso está fora de questão.

ATP TRIFOSFATO DE ADENOSINA

O ATP é a fonte de energia do músculo estriado. Sua prescrição está relacionada à idéia de fadiga do músculo vocal.

A eficácia de sua utilização, que parece clinicamente comprovada, está relacionada mais provavelmente a um efeito de dinamização geral.

Dois produtos são empregados:
– a *Striadynet*, contra-indicada em caso de antecedentes asmáticos ou de distúrbios do ritmo cardíaco;
– a *Atépadène*, que associa ao ATP o ácido desoxirribonucléico, constituinte do núcleo celular.

PROSTIGMINA

Esse produto foi prescrito especialmente por ionização transcutânea por sua ação antimiastênica, bem como a *Mitelase*, cuja ação é similar.

Medicamentos direcionados aos fatores favorecedores e desencadeantes ORL

ANTIBIÓTICOS

São prescritos quando a disfonia ocorre no quadro de um estado febril ou quando vem acompanhada de uma infecção das vias aéreas superiores.

Entre as betalactaminas, os produtos mais prescritos são as penicilinas sintéticas, tais como a ampicilina (*Totapen*) e a amoxicilina (*Clamoxil*), bem como as cefalosporinas de primeira geração (*Ceporexina*), de segunda geração (*Cefacidal*) e de terceira geração (*Oroken*), sendo que esta última provoca menos resistência, da mesma forma que o *Augmentin*, que associa ácido clavulâmico e amoxicilina.

Essas escolhas são provavelmente ditadas por um espectro mais extenso do que aquele da penicilina G, bem como pela fraca toxicidade desses produtos.

Os macrolides são, muitas vezes, prescritos igualmente sob a forma de *Propiocine*, *Eritromicina*, *TAO* ou *Rovamicina*. Esses produtos têm a vantagem de provocar menos reações alérgicas.

As tetraciclinas semi-sintéticas, como a *Vibramicina* ou a *Fisiomicina*, finalmente substituíram as tetraciclinas naturais (*Terramicina*, *Tetraciclina*), cuja eficácia diminuiu.

A escolha do antibiótico deveria logicamente ser determinada pela sensibilidade do germe responsável. Na prática, vê-se que a antibioterapia é geralmente prescrita sem exames, com base em dados clínicos e estatísticos que dependem sobretudo da experiência do profissional.

Uma vez iniciado, o tratamento deve ser seguido obrigatoriamente por vários dias após o desaparecimento dos sintomas.

ENXOFRE

A medicação enxofrada é clássica na patologia infecciosa crônica das vias aéreas superiores ("o pus chama o enxofre").

O enxofre é, às vezes, prescrito por via parenteral com especialidades como o *Sodontiol* ou o *Sulforgan*, uma injeção intramuscular por dia, durante 10 dias.

Mais freqüentemente, a via oral é preferida. Pode-se prescrever assim:

– o *Solacy*, que associa enxofre mineral e orgânico, levedura e retinol (contra-indicado para a mulher grávida);

– ou o *Desintex*, que associa o tiossulfato de sódio e o tiossulfato de magnésio: tomar uma ampola por dia, de 15 dias a 3 meses.

Citemos ainda: o *Sulfuril*, utilizável por via oral (pastilhas) e por inalação (hidrogênio sulfurado no estado nascente), e o *Rinatiol*, prescrito mais freqüentemente sob a forma de xarope.

FLUIDIFICANTES

É muitas vezes interessante prescrever produtos que combatam a hipersecreção viscosa consecutiva à inflamação ou à irritação das vias aéreas superiores.

Freqüentemente, o doente disfônico queixa-se de mucosidades que lhe parecem desempenhar um papel de primeiro plano em seu problema vocal; ele tem a impressão de que sem essas mucosidades, sua voz seria bem melhor e que a coisa mais importante para ele é livrar-se dessa sensação. Disso decorrem os esforços intempestivos de pigarros com o objetivo de aliviar a garganta, apresentando o inconveniente de reforçar a irritação da laringe e, conseqüentemente, a secreção de sua mucosa. É evidente que se pode progressivamente convencer tal paciente de que essas mucosidades são, de fato, ao menos em parte, o resultado de seu comportamento de esforço vocal. Não é desaconselhável, porém, agir diretamente sobre essas mucosidades que o incomodam, aguardando os efeitos mais radicais da reeducação vocal.

A medicação fluidificante é amplamente prescrita, tanto pelos ORL quanto pelos foniatras. O produto mais citado é o xarope *Rinatiol*, já mencionado, na medida em que se trata de um produto sulfurado (a carbocisteína). Sua ação é mucolítica e mucorreguladora na dose cotidiana de 3 colheres de sopa ao dia.

Em seguida, temos o *Fluimucil* (N. acetilcisteína), cuja ação é similar. É prescrito em grânulos (3 comprimidos por dia).

Citemos ainda: o *Muciclar* (carbocisteína), o *Pulmofluid* (preparação complexa à base de codeína, terpina, eucaliptol, guaifenesina), o *Bisolvon* (bromexina), o *Viscotiol* (letosteína) e o *Tixair* (N. acetilcisteína).

Uma menção especial deve ser feita a essa medicação fluidificante no que diz respeito aos laringectomizados, para os quais apresenta uma importância particular.

ANTITUSSÍGENOS

A tosse pode ser o resultado da irritação laríngea, mas pode igualmente produzir ou alimentar essa irritação. Disso resulta um círculo vicioso, devendo-se quebrá-lo por meio de um produto antitussígeno.

Quase três quartos de nossos entrevistados prescrevem tais produtos.

O produto mais utilizado é o *Neocodion* em gotas (20 a 30 gotas, 3 vezes ao dia), em drágeas ou em supositório (1 pela manhã e 1 à noite).

Em seguida, têm-se *Rinatiol-Prometazina*, *Helicidina* (xarope), com a vantagem de não deprimir o centro respiratório, *Toplexil*, *Tussifed*, *Silomat* (clobutinol), *Paxeladina* e *Netux*.

ANTICONGESTIVOS

Certos produtos de propriedades vasoconstritoras e anti-histamínicas foram salientados por nossos entrevistados. São utilizados quando o indivíduo se

queixa de um estado congestivo passageiro das vias aéreas superiores com tendência à obstrução nasal.
Citemos: *Actifed, Denoral, Primalan, Rinutan*.

IMUNOESTIMULANTES

Essa terapêutica tem como objetivo reforçar as defesas imunitárias do indivíduo. Ela utiliza produtos de origem microbiana introduzidos por via oral, nasal ou parenteral (intramuscular ou subcutânea) a título preventivo ou curativo.

Dois terços de nossos entrevistados recorrem a ela.

A *vacina antipiogênica de Bruschettini* é a mais freqüentemente citada. É prescrita em doses progressivas intramusculares cotidianas ou duas vezes semanais de 1 a 3 semanas.

O *Ribomunil* é prescrito com 3 comprimidos ao dia, durante três semanas, 4 dias por semana; depois, 4 dias por mês, durante cinco meses, ou, de forma injetável, 1 vez por semana, durante quatro semanas.

O *MRV* é injetado em doses progressivas: 10 injeções subcutâneas em cinco semanas.

O *Biostim* é utilizado por via oral, 8 dias por mês, durante 3 meses, 2 e depois 1 comprimido ao dia.

O *Lantigen B* é absorvido em gotas pela língua (20 a 30 gotas ao dia, durante um mês).

O *IRS 19* é administrado sob a forma de nebulizações pernasais várias vezes ao dia, durante várias semanas.

VITAMINOTERAPIA

A *vitamina A* (*retinol*) é freqüentemente citada. Isso compreende-se na medida em que favorece a síntese dos mucopolissacarídeos e a secreção do muco, o que é indispensável para manter a integridade dos epitélios. Revela-se, por outro lado, eficaz nas disceratoses. Citemos:
– *Avibron 500* (3 cápsulas ao dia, durante 15 dias);
– *Arovit* (3 comprimidos ao dia, durante algumas semanas).

As vitaminas do *grupo B* são prescritas normalmente em associação (*B1-B6* ou *B1-B6-B12*). São eficazes no caso de deficiência do estado geral e, particularmente, no caso de intoxicação alcóolica associada. Citemos: *Terneurine* e *Arginotri-B*.

A *vitamina B6* associada ao magnésio (*Magne B6*: 6 comprimidos ao dia, de 5 a 6 semanas) tem uma ação sobre a hiperexcitabilidade muscular[2].

A vitamina B5 ou ácido *pantotênico* é prescrita por sua ação trófica (estimulação da regeneração dos epitélios). Citemos o *Bepantene*: 2 a 4 comprimidos ao dia, durante várias semanas.

Quanto à *vitamina C*, seu efeito de estimulação geral é bem-conhecido. Citemos *Vitascorbol* e *Laroscorbine*: 1 a 3 comprimidos para mastigar ou efervescentes ao dia.

VENOTÔNICOS

Citaremos apenas um único produto dessa classe de medicamentos: *Intrait de marron d'Inde P*.

---

[2] A vitamina B6 é contra-indicada no caso de paciente portador da síndrome de Parkinson (que, lembremos, é suscetível de apresentar distúrbios vocais) se este for tratado com o medicamento pela *L. Dopa*. A vitamina B6 inibe, de fato, a ação desse medicamento.

OLIGOELEMENTOS

A metade de nossos entrevistados acha essa medicação interessante. Graças à sua ação catalisadora das reações enzimáticas, certos oligoelementos agem como reguladores das secreções mucosas. Eles são prescritos sob forma de oligossóis. Geralmente propõe-se alternar um dia a associação Cu-Mn (cobre-manganês) e dois dias a associação Cu-Au-Ag (cobre-ouro-prata). O tratamento pode ser prolongado por dois meses ou mais. Os oligoelementos podem ser prescritos em caso de coriza nasal posterior, de sinusite e de faringite crônica.

Medicamentos direcionados ao plano neuropsicológico

Apesar da importância nos distúrbios vocais dos fatores de ordem neurológica e, sobretudo, de ordem psicológica, nosso levantamento mostrou que os foniatras hesitavam em prescrever medicamentos voltados ao plano neuropsicológico.

MEDICAÇÃO SEDATIVA

Citaremos o *Euphytose*, prescrito nos "estados leves de ansiedade", e o *Bellergal retard* que contém os alcalóides totais da folha de beladona, da ergotamina e do fenobarbital (20 mg por comprimido). Esse produto é utilizado nas distonias neurovegetativas. Essa medicação sedativa era muito mais prescrita há algumas décadas. Seu abandono deve-se ao surgimento das classes de medicamentos que veremos a seguir.

TRANQÜILIZANTES

Três nomes de especialidades são normalmente citados:
– *Temesta 1* (lorazepam), prescrito em uma dose de 2 comprimidos-bastões ao dia;
– *Valium 2* (diazepam), prescrito em uma dose de 3 a 6 comprimidos ao dia;
– *Tranxene* (clorazepate dipotássico), prescrito em uma dose de 2 a 6 comprimidos ao dia.

Citemos ainda o *Urbanil* (clobazam), tido como menos sedativo: 2 comprimidos ao dia; o *Seresta* (oxazepam): 2 a 6 comprimidos ao dia; e o *Lexomil* (bromazepam): 1 comprimido ao dia, dividido em 3 vezes.

A duração do tratamento pode ser de alguns dias a alguns meses. A vantagem de um tratamento prolongado parece discutível.

Esses produtos fazem parte do grupo das benzodiazepinas. Agem essencialmente sobre a ansiedade, mas são igualmente miorrelaxantes e mais ou menos sedativos. Podem, devido a isso, provocar sonolências perigosas no caso dos condutores de veículo e operadores de máquinas.

Por outro lado, utilizados nas depressões, podem dissimular os sintomas na medida em que agem somente no componente de ansiedade.

Compreendem-se as hesitações do foniatra em prescrever as benzodiazepinas visto que o tratamento foniátrico propriamente dito, substituindo, como veremos, a terapia de escuta e as práticas reeducativas (especialmente o relaxamento), tem uma ação mais etiológica sobre a ansiedade do paciente. Esses produtos podem, entretanto, ajudar enquanto se espera uma situação mais satisfatória.

ANTIDEPRESSIVOS

Esses medicamentos são de um manejo delicado e não isento de riscos. A título de informação, ressaltemos que há duas categorias de antidepressivos: os IMAO (inibidores da monoaminoxidase) e os outros (por exemplo: *Anafranil*, *Insidon*, *Tofranil*).

Esses dois grupos de medicamentos são rigorosamente incompatíveis, pelo menos quanto aos IMAOs tradicionais.

RELAXANTES MUSCULARES

Esses produtos são bastante prescritos. Citemos o *Coltramil* (tiocolchicosido) em injeções intramusculares ou em comprimidos, o *Decontractil* (mefenesina) e o *Trancopal* (clormezanona).

Uma menção especial deve ser feita nessa classe de medicamentos da toxina botulínica utilizada em infiltrações intramusculares com uma grande eficácia nas distonias espasmódicas em adução e nas distonias oromandibulares.

Medicamentos direcionados ao estado geral

Três quartos dos foniatras-alvo de nosso levantamento estimavam que era de sua competência prescrever medicamentos direcionados ao estado geral de seus pacientes. Provavelmente os outros estimavam que cabia ao clínico geral ocupar-se com essa parte do tratamento; a menos que tenham pensado, como um deles o exprimiu, que esses tratamentos são pouco úteis e vantajosamente substituídos por orientações referentes à higiene de modo geral e à alimentação.

FORTIFICANTES

A maioria dos produtos citados contém vitamina C: *Vitascorbol, Frubiose, Acti 5, CA. 1000, Aminox*. São ainda citados: *Cogitum* (ácido acetilamino-succínico), *Sargenor* (aspartato de L. arginina), *Estrongenol*, etc.

OLIGOELEMENTOS

Já citamos os oligoelementos entre as medicações voltadas aos fatores favorecedores ORL. Essa terapêutica é igualmente modificadora do quadro.

HOMEOPATIA

Segundo nosso levantamento, quase metade de nossos entrevistados considerava que o tratamento homeopático tinha, em foniatria, uma vantagem particular. Seria interessante saber se esse relativo entusiasmo se manteve ou não.

TRATAMENTOS HORMONAIS

Muitos de nossos entrevistados sentiram a necessidade de afirmar que nunca prescreviam tratamento hormonal. Provavelmente essa oposição se deve (por um efeito de generalização bastante comum) ao fato de que o foniatra é confrontado com distúrbios vocais engendrados pelos hormônios masculinos e com anabolizantes de síntese (virilização laríngea iatrogênica).

Dois produtos são, entretanto, citados:
– os *Cortinas naturais* (extrato corticossupra-renal);
– o *Preciclan Leo*, prescrito quando o distúrbio vocal se apresenta como um elemento de uma síndrome pré-menstrual.

CURAS TERMAIS

A disfonia disfuncional é acompanhada, muitas vezes, de estados congestivos e de infecções crônicas das vias aéreas superiores, tais como sinusites e faringolaringites crônicas. Como dissemos, é provável que o comportamento de esforço vocal tenha uma parte de responsabilidade no estabelecimento desses estados congestivos, favoráveis ao desenvolvimento da infecção local. Qualquer que seja o caso, esses estados infecciosos crônicos constituem uma indicação para as curas termais sulfuradas cujo efeito somar-se-á ao da reeducação vocal.

Para a redação, em 1976, de uma descrição sobre o tratamento reeducativo das disfonias disfuncionais para a Sociedade Francesa de Foniatria, organizamos uma pesquisa internacional junto a 108 foniatras, fonoaudióloga e otorrinolaringologistas interessados na foniatria. Essa pesquisa tratava essencialmente das modalidades da reeducação vocal – voltaremos a falar ainda sobre isso –, mas também da eventualidade de tratamentos associados a essa reeducação. Essa pesquisa mostrou-nos que a quase totalidade dos foniatras consultados prescrevia de modo freqüente curas termais sulfuradas.

As águas termais são utilizadas de várias formas:
– os produtos ativos contidos na água termal podem entrar diretamente em contato com as mucosas por inalação, sorvo ou aerossol;
– a água termal pode ser igualmente objeto de irrigações das cavidades sinusóides, nasal ou faríngea (duchas nasais, banhos de cavum, etc.);
– pode ser absorvida (bebida);
– pode, finalmente, ser utilizada na forma de balneoterapia, de duchas médicas, etc.

Nos primeiros dias da cura, a mucosa respiratória é objeto de uma desinfecção. Depois, é feita uma ativação circulatória que se traduz, de modo geral, por um aumento dos sintomas congestivos; após o qual a mucosa adquire pouco a pouco uma coloração normal.

A ação da cura resulta em uma resistência maior aos fenômenos infecciosos que se manifesta alguns meses após a cura.

As estações termais mais citadas são nos Pireneus, *Cautaret* e *Luchon* (águas sulfuradas sódicas alcalinas), nos Alpes e na *Haute-Provence*, *Challes* e *Gréoux* (águas sulfuradas cálcicas neutras). Citaremos ainda *Allevard* (Isére) e *Enghien* (região parisiense).

O *Mont-Dore* é igualmente citado, embora suas águas clorobicarbonatadas sódicas não contenham praticamente enxofre. Agem, porém, sobre o componente alérgico. Há mesmo no Mont-Dore uma fonte chamada Fonte dos Cantores.

As curas têm, de modo geral, uma duração de três semanas e devem ser refeitas vários anos seguidos. São dirigidas e controladas pelo médico termal.

São contra-indicadas em caso de hipertensão arterial aguda, de enfarte do miocárdio recente e de insuficiência respiratória.

FISIOTERAPIA

Agrupamos sob esse termo diversos meios terapêuticos que resultam da ação de agentes físicos aplicada a um órgão.

Em nosso relatório de 1976, já mencionamos que esses procedimentos terapêuticos pareciam cada vez menos utilizados. Pensamos não ser inútil, no entanto, dizer algumas palavras a respeito.

VIBRAÇÃO HARMÔNICA

O princípio da vibração harmônica consiste em aplicar sobre a parte anterior do pescoço do paciente, durante a emissão de um som, um vibrador cuja freqüência coincide com a do som a ser emitido. O efeito de massagem vibratória tem como objetivo facilitar a emissão vocal. Esta é uma técnica antiga, já utilizada há mais de meio século nos países da Europa Central, depois na França, sob a influência de Tarneaud.

Essa terapêutica já não é muito utilizada (nenhum de nossos entrevistados a citou), provavelmente devido ao desenvolvimento dos métodos de reeducação mais adequados.

FARADIZAÇÃO

Um quarto de nossos entrevistados pensa que essa terapêutica pode ser útil; um único apenas a defende fervorosamente. Trata-se da aplicação na laringe, por via externa, de uma corrente descontínua de intensidade variável. Os eletrodos podem ser colocados de um lado e de outro da laringe no nível do espaço cricotireóideo. Pode-se igualmente colocar um eletrodo na frente da laringe e um outro na nuca. Uma contração muscular é obtida a cada ruptura da corrente.

Esse tratamento é indicado nas paresias uni ou bilaterais dos músculos laríngeos. Nas disfonias disfuncionais comuns, ele propicia ao paciente uma sensação de bem-estar e de facilidade vocal readquirida. Mas, infelizmente, dura pouco, o que tende a criar uma dependência do paciente em relação a esse tratamento.

Quanto ao uso da faradização no tratamento das afonias psicogênicas, lembremos que sua eventual ação permanece puramente sintomática. Uma brilhante recuperação vocal, eventualmente obtida por tal meio, chega a passar para o lado do problema real expresso pela afonia, o que deixa suscetível naturalmente a recidivas ou ao surgimento de outros tipos de conversão.

IONOFORESE

A ionização permite a passagem de substâncias medicamentosas com a ajuda de uma corrente elétrica contínua de alguns miliampères que permite a passagem dos íons através da pele.

A realidade do fenômeno é verificável pela experiência da estricnina colocada em suspensão na pele do coelho. Se um eletrodo positivo é colocado nesse lugar e se é estabelecida a passagem de uma corrente contínua por meio de um eletrodo negativo colocado em um outro lugar, o coelho morre devido à passagem da estricnina para o organismo, o que não ocorre se a polaridade dos eletrodos estiver invertida.

No tratamento foniátrico, um eletrodo de entrada é aplicado sobre o pomo-de-adão; o eletrodo de saída é colocado na nuca. Sob o eletrodo de entrada, é aplicada uma compressa embebida em uma solução que contém o produto que se quer introduzir. Uma corrente contínua de 1 a 3 miliampères, segundo a superfície do eletrodo e a resistência da pele, é estabelecida durante 20 minutos.

Pode ser utilizado:
– em caso de edema, um corticóide associado ou não a algumas gotas de adrenalina;
– em caso de hipotonia das pregas vocais, uma suspensão de mitelase ou uma solução de prostigmina.

As sessões deverão ser repetidas diariamente.

Notemos, além do efeito iônico, um efeito devido à passagem da própria corrente, resultante sobretudo do campo magnético que toda corrente cria.

ESTIMULAÇÃO AUDITIVA

Nenhum dos médicos, foniatras ou ORL consultados para nossa relação de 1976 declarou utilizar a estimulação auditiva no tratamento das disfonias. Certos autores, no entanto, a utilizaram ou a utilizam como tratamento principal (Tomatis) ou adjuvante (Garde).

Sabe-se que a aplicação, por meio de um fone de ouvido, de um som de um indivíduo durante a fonação (leitura, por exemplo) produz um aumento da altura tonal e da intensidade vocal emitida. É o *fenômeno de Lombard*[3].

Garde interpretava esse fenômeno como o resultado de uma excitação reflexa do nervo recorrente sob a influência da estimulação auditiva (reflexo dito cocleor-recorrencial). Propunha então, a título terapêutico, fazer com que o indivíduo lesse durante 15 ou 20 minutos, sob uma estimulação auditiva leve, cuja freqüência sonora, para o homem, fica aproximadamente entre o *ré2* e o *mi2* e, para a mulher, entre o *ré3* e o *mi3*. Garde afirmava que essa estimulação permitia a "reintegração mais fácil e mais rápida da tessitura normal da voz falada" e que esta se mantinha além do tempo de estimulação.

Quanto a Tomatis, propôs um aparelho ao qual nomeou *orelha eletrônica*, feito a partir do princípio (falso) de que a laringe poderia emitir somente "harmônicos que o ouvido pudesse escutar". Esse "princípio" não foi confirmado pela experimentação; além disso, é contraposto a dados mais elementares da fisiologia laríngea e pelo fato de que os surdos profundos têm uma voz, normalmente alterada, sim, mas, às vezes, próxima da normal.

A *orelha eletrônica* compreende um microfone, um amplificador, uma série de filtros e de fones de ouvido. Ela permite, agindo sobre os filtros, fazer com que o paciente ouça freqüências malcompreendidas que se restabeleceriam na emissão fonatória instantaneamente, sem que o indivíduo tome consciência disso.

Esse aparelho permite igualmente fazer com o indivíduo escute alternadamente as freqüências agudas e as graves, o que estimularia a musculatura do ouvido médio, e, a partir disso, a melhora da audição – ou sobretudo da escuta – com repercussão favorável na fonação.

Um sistema de báscula possibilita ao indivíduo igualmente obter uma filtragem que favorece os agudos (euforisante), aumentando a intensidade da emissão vocal.

Não é impossível que tais procedimentos permitam obter certos resultados, na medida em que já dão ao indivíduo uma melhor escuta de sua voz. Por outro lado, não se poderia deixar de advertir, quando esta é exclusiva, contra uma concepção terapêutica tão estreita, apoiando-se sobre dados patogênicos menos discutíveis e deixando de lado a multiplicidade de fatores suscetíveis de interferir no mecanismo da disfonia: não é inteligente reduzir a patologia vocal inteira a uma patologia da escuta.

CINESIOTERAPIA

A reeducação vocal assemelha-se, por um certo número de aspectos, à cinesioterapia (e sobretudo à terapia psicomotora). A prática do relaxamento, os exercícios respiratórios, os exercícios referentes à postura vertical integram a reeducação vocal e poderiam muito bem integrar essa disciplina.

Há algumas décadas, quase não havia a figura do fonoaudiólogo, e não era estranho se ver indicar uma reeducação respiratória, confiada a um cinesioterapeuta, para o tratamento de uma disfonia "funcional", devendo ser seguida por exercícios vocais sob a direção de um professor de canto.

Como veremos, entretanto, a pedagogia da respiração fonatória se afasta notavelmente da cinesioterapia respiratória, no sentido de ser mais orientada para

---

[3] Cf. *A voz*, Volume 1.

a precisão e a naturalidade da ação e, ao mesmo tempo, mais para a economia de energia do que para o aumento dos perímetros torácicos e da capacidade pulmonar. Além disso, certamente é preferível que um mesmo terapeuta possa cuidar simultaneamente do componente respiratório e do componente laríngeo das dificuldades do disfônico. Avançando na idéia de não "compartimentar o indivíduo", afirmamos que realmente é fundamental que o reeducador da voz saiba cuidar do problema da postura corporal de seu paciente durante a fonação.[4]

Há casos, no entanto, em que o reeducador da voz verá vantagens em passar seu paciente ao cinesioterapeuta. Em nosso levantamento de 1976 (cf. p. 25), notamos que vários de nossos entrevistados indicavam tal intervenção com uma nítida preferência, aliás, pelo método Mézières[5], quando o indivíduo apresenta dores dorsais ou cervicais relativas a fenômenos de artrose.

Essa cinesioterapia pode ser concebida visando ao tratamento do corpo inteiro, mas, às vezes, são indicadas intervenções locais, trate-se de movimentos, mobilizações ou massagens.

De um ponto de vista completamente distinto, Jean Igounet (foniatra) apresentou, em 1973, um método de "reeducação cervical" utilizável em foniatria com a idéia de agir sobre a musculatura endolaríngea.

A idéia inicial era evitar a ancilose da articulação cricoaritenóidea durante uma paralisia recorrencial, esperando o retorno ao final de algumas semanas ou de alguns meses da retomada da atividade neuromuscular. Os movimentos da cabeça e do pescoço são, de fato, suscetíveis de mobilizar de forma passiva as pregas vocais e as aritenóides. A amplitude desses movimentos intralaríngeos continua sendo limitada, mas suficiente, segundo o autor, para manter em bom estado as estruturas musculares e as articulações.

J. Igounet descreve cinco principais movimentos que poderão ser executados ativamente pelo paciente ou resultar de uma manipulação feita pelo terapeuta. São executados diariamente em posição sentada ou em pé, de 20 a 40 minutos ou mais, e podem ser realizados durante a fonação.

Esses cinco movimentos são os seguintes:
– hiperflexão da cabeça e do pescoço sobre o tórax com, eventualmente, abertura forçada da boca;
– hiperextensão por contração dos músculos da nuca (sendo que esses dois primeiros movimentos, na realidade, constituem apenas um e são executados conjuntamente de maneira alternada);
– flexão lateral da cabeça alternadamente para a direita e para a esquerda;
– movimento de rotação, sendo que o mento deve tocar alternadamente o ombro direito e o esquerdo;
– grande movimento de rotação da cabeça em relação ao tórax, que constitui a síntese dos movimentos precedentes.

Após ter sido utilizado nas paralisias recorrenciais, essa cinesioterapia cervical se revelou interessante – em associação com outras práticas reeducativas – nas artrites cricoaritenóideas (após mobilização endolaríngea sob laringoscopia em suspensão), nas laringes cicatriciais, nas laringectomias parciais, nos distúrbios da deglutição, nas disfonias disfuncionais e, finalmente, na educação da voz falada ou cantada.

---

[4] Sua atitude psicológica também não lhe deverá ser indiferente (cf. Capítulo 4).
[5] O método Mézières considera o tratamento do paciente em sua globalidade por posturas de alongamento de cadeias musculares curtas demais e hipertônicas. Tratam-se principalmente dos músculos posteriores adutores, de rotação interna e do diafragma. O princípio do método é simples, mas sua aplicação exige um grande cuidado. É uma técnica de retificação da forma que age sobre a função.

Quanto aos laringectomizados, a cinesioterapia cervical adquire, como vimos, uma importância muito especial, já que visa não somente à maneabilidade dos movimentos do pescoço (útil ao desenvolvimento da voz esofágica) mas também à recuperação dos movimentos do ombro.

REPOUSO VOCAL

O repouso vocal foi por muito tempo o elemento essencial do tratamento das disfonias disfuncionais simples ou complicadas.

Por volta de 1900, Ricardo Botey, célebre laringologista que se preocupou muito com a patologia vocal dos cantores, declarou que "(...) assim que surge diversas doenças da voz e, particularmente, grandes nódulos nas cordas vocais, a primeira precaução é o repouso prolongado (...); se o nódulo for recente e tiver ocorrido pela primeira vez, um repouso de quatro, seis ou mesmo dez meses, sem concessão, pode, sobretudo se for unilateral, perfeitamente reabsorvê-lo para sempre, evitando assim a perda definitiva imediata ou postergada da voz".

Notar-se-á que alguns progressos foram realizados a partir do final século XIX no tratamento do nódulo e que não ocorrerá mais a idéia a nenhum laringologista de prescrever um repouso vocal tão longo.

O repouso vocal, porém, continua sendo ainda muito prescrito pelo laringologista, apresentando resultados, a curto prazo, satisfatórios. Aliás, é lógico pensar que, devido a esse repouso, os músculos cansados vão retomar seu tono e que a mucosa laríngea congestiva acabará curando-se.

A eficácia do repouso vocal na disfonia está, porém, longe de ser constante se consideramos o resultado imediato. Por outro lado, quando constitui o único tratamento funcional proposto, a melhora é quase sempre de curta duração. Como Tarneaud mostrou, ao final do repouso vocal o indivíduo tende a voltar a seus hábitos e a seus automatismos defeituosos anteriores, o que provoca a recidiva relativamente rápida da disfonia.

Pessoalmente, nunca prescrevemos o repouso vocal integral, salvo nos quatro dias seguintes a uma intervenção das pregas vocais (microcirurgia ou tratamento a *laser* para pólipo, nódulo, edema crônico, etc.). Prescrevemos, no entanto, a *moderação vocal* em caso de inflamação grave da mucosa das pregas vocais, podendo chegar até à adoção, não da voz sussurrada (que é muito cansativa), mas da "voz murmurada", conhecida ainda como "voz de corredor de hotel", ao uso da qual iniciamos sistematicamente o paciente (cf. p. 45).

Dessa forma, vê-se que as indicações do repouso vocal tendem a se restringir. Mas lembremos que há uma contra-indicação formal à sua prescrição constituída pela *disfonia espasmódica*. Sabe-se, com efeito, que essa afecção se agrava muito geralmente no período de tal repouso, sobretudo se prolongado por várias semanas.

Lembremos ainda que, segundo Tarneaud, o repouso vocal nunca poderia ultrapassar oito dias, pois, passando esse período, pode produzir uma fusão muscular.

Tarneaud descreveu (cf. *A voz*, Volume 2) uma afecção a que nomeou "disfonia ex acinesia terapêutica". Essa disfonia resulta, como dissemos[6], da prescrição inadequada ou apresentada de forma severa demais de uma cura por meio do silêncio. Tal prescrição pode engendrar, em um paciente predisposto, tamanho medo da emissão vocal que acaba gerando uma desorganização do comportamento fonatório suscetível de chegar a uma disfonia ou mesmo a uma afonia durável.

Repouso vocal

Em nosso levantamento de 1976, notamos que a atitude em relação ao repouso vocal era muito variada. Um em cada 10 profissionais, aproximadamente, indicava o repouso vocal em "todos os casos". Alguns justificavam essa prática pela necessidade de fazer com que o paciente esquecesse o timbre de sua voz alterada. Todos concordavam que esse repouso vocal deveria ser limitado em alguns dias (12 dias, no máximo). Um pouco mais da metade de nossos entrevistados preconizava o repouso vocal "às vezes". Alguns deles esclareciam que tal repouso era aconselhado sistematicamente em caso de hipercinesia e nunca para os disfônicos hipocinéticos. Um terço, finalmente, de nossos entrevistados afirmava não prescrever jamais o repouso vocal, sem, no entanto, justificar esse ponto de vista.

---

[6] Cf. *A voz*, Volume 2.

HIGIENE VOCAL

A conservação adequada de suas possibilidades vocais supõe o questionamento a respeito dos princípios a serem seguidos, as precauções a serem tomadas e os meios que devem ser utilizados para isso.

Antigamente, se cremos na importância dos tratados antigos, era dada mais atenção à higiene vocal do que agora.

> Há mais de cem anos, o doutor L. Mandl escreveu 300 páginas sobre a questão, passando em revista a possível influência sobre a voz, primeiro, da mecânica vocal, segundo, de todas as funções orgânicas e as particularidades individuais (circulação, alimentação, movimento, faculdades intelectuais, paixões, temperamento, etc.), depois, de todas as condições exteriores (meteorologia, clima, hábitat, exercício profissional, etc.). Mais próximo a nós, um autor como Wicart descreve detalhadamente como deve ser o dia do orador quando este tiver de pronunciar um discurso importante numa solenidade noturna, desde o copo d'água ou o chá para se tomar ao levantar, o passeio no final da manhã, os exercícios vocais 10 minutos antes do almoço até a caminhada para ir à sala. Intercalada a essa orientação, dá vários conselhos referentes, por exemplo, ao cardápio das refeições ou dicas, como a de evitar bebidas geladas, bem como flores e pessoas perfumadas, para não correr o risco de irritar suas vias aéreas superiores.

Provavelmente, o problema da deficiência vocal inesperada que contraria o orador perdeu sua acuidade devido ao recurso ao microfone e à amplificação. Provavelmente também, sabe-se como atenuar melhor um problema passageiro por meio de um tratamento antiinflamatório de urgência, como vimos.

Não poderíamos, porém, negligenciar o problema da higiene vocal que ainda é preocupante a curto prazo para o cantor e o ator e, num maior prazo, para todo mundo em graus diversos: ninguém está, de fato, completamente livre de cair no círculo do esforço vocal. Convém distinguir aqui, todavia, o caso do profissional da voz (cantor, ator, professor, animador, orador, vendedor, etc.) daquele do não-profissional. Esse último pode continuar realizando sua atividade profissional de modo satisfatório apenas reduzindo momentaneamente o uso da voz; ao passo que o profissional que depende da voz não, e isso exige regras de higiene vocal bem distintas.

Higiene vocal do não-profissional da voz

Embora menos exposto aos problemas vocais do que o profissional, o não-profissional da voz deverá, entretanto, respeitar alguns princípios caso queira conservar em bom estado seu patrimônio vocal.

MODERAR O USO VOCAL ASSIM QUE A VOZ FICAR ROUCA

Cada um sabe por experiência própria que uma deficiência vocal momentânea é sempre suscetível de ocorrer inesperadamente, esteja ela relacionada a uma laringite aguda, a uma irritação laríngea (devido, por exemplo, à tosse ou aos excessos vocais) ou a perturbações de ordem emocional. Normalmente, nesse caso, adota-se instintivamente um comportamento de moderação vocal. O indivíduo atingido pode, por exemplo, observar um quase mutismo durante algumas horas ou alguns dias. Pode ainda modificar sua forma de falar, atenuando a intensidade de sua voz e compensando essa intensidade mais fraca por uma tonalidade mais elevada e por uma articulação mais precisa. Às vezes, adota espontaneamente a *voz murmurada* (conhecida ainda como *voz de corredor de hotel*), a mesma que indicamos após microcirurgia laríngea no período que se segue aos quatro dias de repouso vocal absoluto. Essa voz murmurada é, lembremos, muito mais confortável do que a voz sussurrada, que, contrariamente ao que se poderia pensar, cansa a laringe.

Essa moderação vocal espontânea certamente é o meio mais seguro para se evitar a armadilha do círculo vicioso do esforço. Isso parece bastante evidente e, quando tal moderação não aparece espontaneamente, há algumas razões que nos remetem aos fatores favorecedores das disfonias disfuncionais. Acreditamos ainda que, se há fatores que agridem cronicamente a laringe e as vias respiratórias em geral (afecções crônicas das vias aéreas, abuso do tabaco e do álcool, irritações causadas por poeira ou vapores irritantes), o indivíduo fica mais inclinado a fazer concessões ao esforço vocal: devido às alterações orgânicas que ele apresenta, acha "normal" que sua voz, alterada ou não, seja relativamente objeto de um esforço.

NÃO ADMITIR UMA RECESSÃO INJUSTIFICADA DA FUNÇÃO VOCAL

Convém lembrar, primeiramente, que uma rouquidão que perdura não deve ser diagnosticada rapidamente. Uma regra clínica perfeitamente coerente indica que *deve ser feita uma laringoscopia a partir do momento em que uma rouquidão ultrapassa três semanas*. Pode se tratar, de fato, de um câncer da laringe cuja cura é quase garantida se tratado desde o início. Aí temos então uma primeira razão para não tratar a alteração da voz com displicência. Além dessa primeira eventualidade que chega a ameaçar a vida do indivíduo, aceitar uma limitação funcional da voz pode ser perigoso. Tolerável no início, esta corre o risco de evoluir de modo dissimulado e provocar um incômodo real ou complicações. É evidente que há muitas pessoas que apresentam uma voz alterada de uma forma aparentemente estável durante anos. É preciso desconfiar, no entanto, que tal estabilidade seja apenas aparente e que um agravamento não esteja se produzindo insidiosamente por etapas.

Com efeito, há uma imensidão de pessoas que aceitam a alteração de sua voz e a diminuição de suas possibilidades vocais, persuadindo-se de que "é assim", e que "isso não tem importância", que, "aliás, não se tem o que fazer" ou que "é de família".

Não é raro ver, por exemplo, uma pessoa que perde progressivamente sua voz cantada, depois, sua voz de chamamento, reduzindo sua atividade pouco a pouco a uma voz conversacional de timbre permanentemente alterado, de intensidade pouco regulável, emitida com esforço e que se acostuma com essa mutilação caindo num tipo de resignação mais ou menos consciente: erro inicial de não ter dado a devida importância ao problema.

Aqui, a higiene vocal passa por uma melhor difusão da informação referente à função vocal, suas possibilidades, seu desenvolvimento, seus distúrbios, seus remédios.

NÃO SE ALARMAR INUTILMENTE

Se houver alguma desconfiança de uma real alteração vocal, sobretudo se esta se agrava, convém evitar dramatizar demais. Um timbre vocal um pouco especial pode ser apenas uma particularidade individual sem significação patológica. E, mesmo que se trate de um funcionamento vocal patológico, nada garante que se tenha de corrigi-lo a qualquer preço. É preciso, de fato, considerar todo o problema vocal no contexto existencial da pessoa. Sem um exame sério, é difícil compreender o que significa o fato de que uma voz se afasta da norma. Assim, uma voz conversacional de timbre surdo e de intensidade limitada convém perfeitamente a certas personalidades. Seria bastante imprudente emitir *a priori* um julgamento qualquer de valor a esse indivíduo, e não convém decidir se uma voz deve ser mudada.

Não há por que se alarmar também no caso de uma alteração momentânea da voz que pode ser explicada por um uso irracional por ocasião de alguma alegre e barulhenta reunião com libações afirmadas... contanto que não haja recidiva a cada noite. As "cordas vocais" não são cordas. Elas não podem romper nem gastar (ao contrário, quanto mais as usamos mais elas se fortalecem, contanto que sejam bem-utilizadas) – ou seja, não se deve ter medo de usá-las. Se sua utilização demasiada provocou alguma irritação, a natureza vai se encarregar de reparar, com a condição de que se respeite em seguida a moderação vocal da qual falamos anteriormente. É preciso entender que não é a força da voz, nem seu uso prolongado que prejudicam a voz, mas o esforço para utilizá-la, o fato de forçá-la. A voz é feita para ser usada. Normalmente, é incansável e feita para alcançar grandes distâncias. Somos equipados por um instrumento vocal cujas *performances* ultrapassam em muito nossas necessidades cotidianas. A voz é adaptada às condições de vida há 10 ou 20 mil anos. Naquela época, certamente era vital poder ser ouvido a várias centenas de metros.

EVITAR O COMPORTAMENTO DE RETENÇÃO E O ARTIFÍCIO

A voz não exige muito uma atenção contínua; ela deve ser um ato espontâneo. Cuidá-la todo o tempo sob pretexto de lhe impor limites e de adequá-la pode ser bastante prejudicial ao seu bom funcionamento. Escutar sua voz quando se fala, *preocupar-se em adquirir uma tonalidade mais aguda ou mais grave, ou um ritmo mais lento não é aconselhável*. Escutar-se falar não serve para nada, assim como olhar os pés quando se caminha. Quando se fala, como já dissemos, a mente deve se orientar para o interlocutor. Não se pode fazer grande coisa pela sua voz no momento em que está sendo utilizada[7]. Se dificuldades ocorrem de forma crônica, é somente em um tratamento adequado que se poderá encontrar uma solução, ou na resolução de eventuais problemas relacionais ou de ordem médica.

Dessa forma, vê-se que a higiene vocal do não-profissional é um problema delicado. Ao querer ajudar um indivíduo com algumas orientações para melhorar sua voz, corre-se o risco de tirá-lo do objetivo natural constituído pelo(s) destinatário(s) de sua fala ou de seus apelos e, quando canta, pelo espaço que o cerca. Somente o fato de querer modificar voluntariamente este ou aquele detalhe da emissão vocal é suficientemente forte para desnaturalizar o comportamento vocal inteiro, tirando-lhe a espontaneidade.

Assim, pode-se aconselhar as pessoas que querem ajudar alguém de seu convívio a melhorar sua voz a *evitar dar-lhe conselhos*. Isso não quer dizer que seja preciso se abster de falar a alguém sobre sua voz e expressar como a recebe: há um mundo entre o fato de expressar o que se sente e o fato de dar sua opinião sobre o que convém fazer para que isso mude.

Se a intensidade vocal é realmente alta demais, podemos, por uma discreta careta e uma mão na orelha, expressar que está desagradável. Obter-se-á mais provavelmente uma voz mais bem adequada do que se alguma reclamação direta para sua modificação, do tipo "fale mais baixo!", for feita. Com efeito, a voz é regulada espontaneamente (a princípio) conforme o sentimento subconsciente que se tem da maneira como é recebida, e não por uma vontade qualquer de regulá-la adequadamente.

Da mesma forma, quando a voz de alguém está demasiadamente fraca, será melhor se abster de solicitar uma voz mais forte. É preferível expressar a dificuldade que se tem em escutá-lo. Perguntar ao final do que se pensa ter compreendido

---

[7] Na realidade, é possível intervir positivamente no momento do uso por meio de uma breve retificação do comportamento de projeção vocal, mas isso supõe a prática prévia de um treino.

é melhor do que pedir para repetir mais forte. No primeiro caso, de fato, o indivíduo é levado a tomar consciência da forma como é recebido. No segundo, tem a impressão de ser penalizado por não ter feito como deveria, o que não constitui o meio mais seguro para que progrida. Assim, tem-se mais chance de prestar serviço àquele cuja voz não é satisfatória, permanecendo no papel de interlocutor (ativo e exigente) do que no de conselheiro: "Nada de conselhos durante o uso". Aí está uma das máximas que deve ser respeitada no que diz respeito à boa saúde vocal... de seu próximo. Isso não deverá impedir, porém, uma vez terminada a conversa, uma abordagem eventual do problema dessa deficiência vocal e discuti-la com o indivíduo.

Higiene do profissional da voz

Uma boa técnica é a pedra angular da higiene vocal. (Morell Mackenzie)

A obrigação de utilizar sua voz mesmo quando ela "não sai" exige, da parte do profissional, uma preparação relativamente forte e precauções particulares.

Trata-se, inicialmente, de preservar o comportamento de projeção vocal de qualquer distorção que leve ao comportamento de esforço vocal.

POSSUIR UMA BOA TÉCNICA DE PROJEÇÃO VOCAL

Para o cantor e o ator, a melhor garantia contra os problemas vocais sérios é possuir uma boa técnica de projeção vocal, resultante de exercícios metódicos mais ou menos prolongados.

Evidentemente que certos candidatos ao profissionalismo vocal pensam que, na medida em que se tem o domínio da cena (bicho de teatro!), basta se deixar levar pelo que se canta ou pelo que se representa para que tudo ocorra perfeitamente bem. Certos dias, de fato, em que estamos particularmente em forma, podemos nos sentir com asas e descobrir nessa ocasião possibilidades vocais inesperadas e bastante exaltantes, sem qualquer estudo técnico. Se isso acontecer, no entanto, é melhor pensar que se trata de uma espécie de milagre feliz com o qual seria prudente não contar.

É verdade que cantar e representar peças teatrais são coisas naturais ao homem, com a condição de não se realizar nem uma coisa nem outra quando não se tem realmente vontade. No prazer e no impulso espontâneo, não se deve temer prejudicar sua voz permanentemente. Tudo fica bem se você pode recusar cantar ou representar, simplesmente porque você não se sente bem ou não tem vontade nesse momento. Mas, se você deve produzir obrigatoriamente, mesmo nos dias de cansaço, de melancolia ou de laringite, é imperativo conhecer os meios para ficar em estado de realizar seu trabalho corretamente, apesar das condições inadequadas, sem o qual o esforço o perseguiria.

A respiração abdominal, que é indispensável ao bom funcionamento da projeção vocal, não ocorre espontaneamente se não se está seguro. Apenas o fato de se preocupar com sua voz e com suas possibilidades de assumir a representação bastam para desnaturalizar a mecânica da respiração. A inquietação tende a elevar o tórax na inspiração e a provocar a passagem à *respiração vertebral*, com flexão do tronco e projeção do rosto para frente.

Nessas condições, há somente duas soluções para se sair bem: estar sempre em plena forma (é a solução utópica) ou estar suficientemente treinado na manipulação da respiração para escapar a essa armadilha. Atualmente, é lamentável que a formação dos atores e dos cantores seja deficiente nesse aspecto.

O comportamento de projeção vocal

O comportamento de projeção vocal corresponde, lembremos, à utilização da voz para agir. Caracteriza-se, entre outras coisas, por uma verticalização do corpo e pelo uso da respiração abdominal.

O comportamento de esforço vocal é caracterizado pela utilização em voz projetada do mecanismo da voz de alerta, com flexão da parte alta da coluna vertebral dorsal e com projeção do rosto para frente.

Um tratamento cotidiano

Um programa de base para um treinamento cotidiano de 10 minutos pode constituir-se por uma série de exercícios entre *os que descrevemos mais adiante* e que são utilizados para a reeducação vocal. Pode se tratar, por exemplo, do *relaxamento de "olhos abertos"* (cf. p. 78), seguido da *respiração ritmada* (cf. p. 132), seguidos das respirações do *sagitário* (cf. p. 139), do *porco-espinho* (cf. p. 142) e do *dragão* (cf. p. 144); depois, de um exercício de *contagem* (cf. p. 165), terminando pelo texto *retotono*. Tudo isso pode tranqüilamente ser realizado em menos de 15 minutos e servir de base para um trabalho vocal mais forte, seja de voz falada ou cantada.

Se os cantores e os atores se exercitam vocalmente de uma forma normalmente assídua, constata-se, infelizmente, que um exercício específico referente ao domínio da tensão psicomotora, à postura corporal e à respiração fazem falta com freqüência. Muitas vezes, o ator só tem como bagagem técnica, sobre esse último ponto, a noção vaga da necessidade de encolher a barriga no momento da emissão vocal. Quando quer mostrar o que é preciso fazer, executa, na maioria das vezes, um movimento completamente desmedido, com a idéia, às vezes, de que, quanto mais movimentar a barriga, melhor será! A noção de economia de energia está totalmente ausente e mesmo deliberadamente recusada ("quando se é artista, deve-se dar ao máximo!"). Para o cantor, a maior confusão reina normalmente quanto ao problema da respiração. Certamente não há mais professor de canto que recomende tomar muito ar, enchendo o peito e encolhendo a barriga para cantar[8].

Vê-se, no entanto, muitos cantores e cantoras (a televisão permite dar-se conta disso) elevar seu tórax e seus ombros no momento do impulso respiratório para baixá-los brutalmente no momento da emissão vocal. Certos cantores pensam sinceramente, aliás, que procedendo desse modo, utilizam o apoio abdominal (o célebre "*appogio*"). Sua barriga, apontando para frente no momento da sustentação do som, parece-lhes ser o sinal de que a "coluna de ar" se apóia firmemente sobre o diafragma.

De uma maneira geral, vê-se que, mesmo quando o profissional da voz tem habitualmente uma boa técnica da respiração, é suscetível, porém, de cair no círculo vicioso do esforço vocal: no momento em que se está com dificuldade vocal, faz-se qualquer coisa para se vencer o obstáculo. Isso significa forçar, pensando-se somente no imediato: dar a nota, terminar a cena, desprezando completamente o que virá na seqüência ("Depois veremos!"), com a sensação de que "é preciso forçar" pois senão "nada vai sair". É preciso muito domínio para chegar, apesar da urgência do resultado imediato, a controlar a situação, procedendo instantaneamente às regulagens mecânicas necessárias (verticalização, mudanças de tonalidade, adequações articulatórias, descontrações parciais, etc.)[9] que permitem escapar à tentação do esforço.

A prática cotidiana de exercícios de relaxamento, de respiração e de produções vocais elementares certamente não é um luxo para o ator nem para o cantor, independentemente de um treino vocal mais puxado, cotidiano no caso do cantor, mais ou menos freqüente segundo as necessidades do ator.

Somente as práticas de um treino regular permite ao ator e ao cantor, desenvolvendo sua voz, aprender a conhecê-la em seus aspectos positivos e em seus limites. Um cantor, um ator bem-treinado sabe qual gênero de obra convém à sua voz, sabe onde pode chegar, sabe moderar com a aproximação do cansaço, sabe, enfim, correr riscos calculados, prevendo habilmente os períodos de repouso necessários.

Um dos aspectos bastante úteis da técnica vocal concerne à "colocação da voz" antes de entrar em cena. *Vocalises* para o cantor, emissões vocais variadas para o ator.

Para os demais profissionais da voz – professores, animadores, telefonistas, vendedores, etc. – uma iniciação e um treinamento de técnica vocal seriam certamente desejáveis, mas raramente são realizados.

---

[8] Mandl denunciava, há cem anos, essa triste concepção da respiração durante o canto, e Gouguenheim, 15 anos depois, constatava que essa prática sempre castigava. Pode-se, portanto, nesse aspecto, falar de um progresso.

[9] Cf. *A voz*, Volume 1, Capítulo 7.

> ### A "colocação da voz"
>
> Tradicionalmente, escutava-se outrora exclamações do tipo *Ma pipe* [meu cachimbo], subindo para fazer ressoar os agudos, e *Ferraille* [ferro-velho], enrolando bem o "r" e descendo para ressoar os graves. Essas produções, um pouco ultrapassadas, podem vantajosamente ser substituídas por 30 segundos de exercícios de respiração, seguidos de exercícios vocais, tais como *ma, me, mi* (cf. p. 163), a *contagem projetada* (cf. p. 172), o exercício de *Gravollet* (cf. p. 164) ou as *sirenes* (cf. p. 176).
>
> Para os cantores, pode-se receitar os mesmos exercícios de respiração e *vocalises* variados segundo o papel interpretado ou a melodia a ser cantada, começando sempre por sons descontraídos e flexíveis.
>
> Notar-se-á, no entanto, que alguns minutos de "colocação da voz" devem ser suficientes. Todo cantor que tem necessidade de "aquecer" sua voz por mais de cinco ou dez minutos antes de cantar deve se perguntar se não há algumas correções a serem feitas em sua técnica vocal.

Colaboramos pessoalmente, há mais de 30 anos, com Ch. Antonetti em uma experiência, durante dois ou três anos, na ENSEP[10] de Châtenay-Malabry, com cursos teóricos e trabalhos práticos. Tratava-se de futuros profissionais particularmente ameaçados pela disfonia disfuncional. Esse curso foi, porém, moderadamente seguido. Pode-se pensar que talvez ele não estivesse muito adequado, mas notar-se-á sobretudo que ele era facultativo, e não objeto de avaliação no exame final. Além disso, quando se tem "atualmente" uma boa voz, certamente é difícil admitir que as dificuldades podem ocorrer. São sempre os outros que estão suscetíveis de problemas. Parece ser mais eficaz dirigir-se a profissionais já em exercício – que devido a isso puderam sentir os perigos do esforço vocal –, organizando seminários durante as férias.

Na falta de um treinamento, conviria, ao menos, que todos os profissionais da voz fossem informados dos perigos que sua profissão apresenta à função vocal e dos meios para prevenir ou reparar as deficiências. Desde a primeira complicação, seria preciso que fossem orientados para a aquisição *dessa técnica vocal que lhes faz falta*, em vez de, como acontece atualmente, serem tratados durante muito tempo com medicações que desviam o problema essencial, provenientes – com freqüência – do conselho de segurança de profissão!

DESCONFIAR RACIONALMENTE DE CERTOS INCÔMODOS

Na verdade, se, quanto à higiene vocal do profissional da voz, falamos até aqui somente de técnica é porque esse é o principal ponto. É, aliás, o que já havia observado Mandl, há cem anos. A experiência foniátrica cotidiana mostra que muito freqüentemente, e Tarneaud já havia notado, o profissional da voz tende a atribuir suas dificuldades vocais a vários fatores que, em geral, exercem um papel menor, ao passo que esse profissional apresenta mesmo um comportamento de esforço evidente que é o cerne da questão. Com muita freqüência, vê-se que uma vez resolvido o problema funcional com um tratamento adequado, o fator posto na frente algumas semanas ou meses antes perdeu completamente sua nocividade: a faringite ou a falta de permeabilidade nasal não é mais um problema, o frio se torna suportável, as contrariedades não provocam mais desastre vocal.

Apesar disso, convém reconhecer certas causas de incômodos referentes à voz, mas sem fazer disso um motivo de preocupação. Muitas vezes, de fato, a preocupação é mais nociva do que o próprio fator prejudicial. É preciso desconfiar certamente e tomar as devidas precauções, mas de forma racional e sem complicar demais a vida, tendo em mente que, sabendo-se evitar o pânico, geralmente há mais possibilidades de se resolver as dificuldades vocais inesperadas.

---

[10] Escola Nacional Superior de Educação Física.

Certos autores no passado mostraram muito rigor quanto à higiene de vida do cantor ao decretar que este deveria "abster-se dos prazeres da mesa, renunciar à dança e a outros prazeres inocentes, para que não se exponham, como costuma acontecer, à poeira e para que não durmam tarde" (Browne). O mesmo rigor quanto à atividade sexual: "Os homens deverão ser esportistas moderados nesse aspecto, e as mulheres não deverão ser complicadas e menos ainda 'prisioneiras'. O dia de um espetáculo deve ser um dia virgem (sim, Senhoras!) e, após os 40 anos de idade, é preciso mesmo observar tal discrição desde a véspera para permitir ao agudo o seu máximo" (Wicart). Esses são alguns exemplos, dentre outros, dessa lamentável tendência em ditar as regras para a atividade do outro, que é castigado sempre, em várias áreas, a partir de idéias pré-concebidas.

Com toda certeza, a voz não funciona tão bem quando não se está em forma, se está cansado ou depressivo. Isso é normal. Manter seu corpo e sua mente saudáveis é certamente uma boa recomendação neste caso, assim como em outros. A cada um cabe ocupar-se com o que gosta, conforme seu temperamento. Parece bastante aleatório, a esse respeito, querer listar esportes ou atividades favoráveis à função vocal sob pretexto, por exemplo, de que desenvolvem a musculatura respiratória ou a concentração mental e prescrever outros por qualquer razão que seja. A experiência pessoal é, nesse caso, o único guia possível.

Considerando o que foi dito, pode-se fazer um resumo de todas as advertências dirigidas ao cantor e ao ator? Do que deve desconfiar além de sua própria tendência a forçar?

Ressaltemos, em primeiro lugar, os perigos mais sérios que resultam do *uso do tabaco* (responsável por secreções brônquicas e pela extensão de edemas crônicos das pregas vocais) e do consumo do álcool.

Para se convencer da nocividade do uso do tabaco, basta constatar que são muito raros os cantores líricos de alto nível que fumam. A maioria parou espontaneamente ao constatar os desgastes produzidos sobre a qualidade de sua voz. Alguns cantores, no entanto, pensam que um uso bastante moderado ainda é possível se se dispõe de uma técnica vocal irrepreensível. Mas isso deve ser estudado.

Quanto ao consumo de bebidas alcoólicas que certos cantores se permitem ocasionalmente pelo efeito de desinibição psicológica, sua ação sobre as *performances* vocais é imediata, provocando instabilidade e diminuição de potência (cf. Mandl, p. 37). O abuso de *álcool*, além disso, leva com o tempo, lembremos, à atrofia da mucosa das pregas vocais.

Faltam-nos informações sobre a influência das diversas outras "*drogas*" (pesadas ou leves) sobre a qualidade da voz. Estas parecem ser utilizadas pelos cantores líricos. Pode-se pensar que são incompatíveis com o controle da voz, o que talvez não seja tão imediatamente incômodo em certas seqüências vocais em que o aspecto não-controlado pode tornar-se, infelizmente, fascinante (assim como a morte!).

Outro perigo ainda maior que diz respeito às vozes femininas e sobretudo às vozes agudas é a utilização de medicamentos que contêm *produtos aparentados ao hormônio masculino*, suscetíveis de determinar um aumento irreversível do tamanho das pregas vocais, acarretando modificações do timbre e da extensão da voz[11].

Observemos em seguida outras *causas de irritações laríngeas*: agressões de origem microbiana, emanações tóxicas, secura da atmosfera (ar condicionado), sem esquecer, em uma outra ordem de idéias, a alteração da mucosa que resulta da presença de uma sonda traqueal no momento de uma anestesia geral. Entretanto, quando a agressão da

---

[11] Cf. *A voz*, Volume 3: virilização laríngea consecutiva ao tratamento pelo hormônio masculino ou pelos anabolizantes sintéticos.

laringe é apenas momentânea, chega raramente a lesões persistentes, mesmo que a mucosa tenha sido o local de uma inflamação grave. A laringe melhora, contanto que lhe seja dado o repouso e que um comportamento de esforço não chegue a interferir em seu aspecto inflamatório. Podemos citar algumas das alterações laríngeas produzidas pelos *excessos vocais* mais ou menos agudos: gritos, esforço devido à acústica defeituosa de uma sala, tosse debilitadora e/ou prolongada, tiques de pigarro, etc.

As *mudanças bruscas de temperatura* e as correntes de ar frio podem provocar reações vasomotoras no nível da laringe e reflexos de constrição faríngea que perturbam a emissão vocal. Sabe-se, aliás, da freqüente disfonia que resulta, no verão, de uma longa viagem de carro com os vidros abaixados[12]. Caso devamos cantar, será bom evitar expor-se assim a esses fenômenos. Um lenço de seda em torno do pescoço, mesmo que pareça um procedimento um pouco ilusório, constitui em certa medida uma proteção eficaz.

A *influência do período menstrual* não é negligenciável. A qualidade da voz diminui levemente logo antes do surgimento e durante a duração deste. Como mostrou Perellò, isso está relacionado com um leve espessamento fisiológico da mucosa das pregas vocais. É prudente esperar por *performances* menos satisfatórias nesse período.

O *uso profissional conjunto da voz falada e cantada* parece, a certos autores, que deve ser totalmente proibido, obrigando, por exemplo, a escolher entre o canto e o ensino, com a impossibilidade de praticar um e outro. Essa interdição é extremamente rigorosa, e temos exemplos em que essa prática conjunta, proveniente, é verdade, de uma técnica sem falhas, é perfeitamente possível.

Diz-se que cantar durante a *digestão* é impossível, e muitos autores aconselham cantar ou imediatamente após a refeição ou, no mínimo, quatro horas após o término desta. Talvez fosse conveniente não ser tão enfático, pois parece que, sendo a refeição leve e sem álcool, não há problemas.

Vê-se a respeito da *alimentação* que certos cantores têm a necessidade de absorver alguns alimentos particulares antes de entrar em cena: uma toranja (com a idéia de que limpa), carne vermelha (para ter força), um dente de alho (isso seria gentil para com o parceiro?), uma maçã (apesar do ditado que afirma "*femmes, pommes et noix nuisent à la voix*")*, mel (para acalmar), álcool (hábito mais prejudicial como dissemos). Tais hábitos não datam de ontem, e não resistimos ao prazer de ilustrar esse tema com uma página da obra já citada de Mandl, reproduzindo um artigo de jornal comentando semelhantes práticas nos cantores de seu tempo.

O tenor sueco Labatt come dois pepinos salgados, achando que esse legume, assim preparado, é soberano para fortificar a voz. Sontheim se contenta com tabaco e com um copo de limonada gelada. Wachtel come uma gema de ovo batida com açúcar. Steger, o mais gordo dos tenores, bebe o suco marrom de Gambrinus.

Walter toma café preto. Nieman, champanha. Tichatcheck, vinho quente de Bordeaux preparado com canela, açúcar e limão. O tenor Perenczy fuma um ou dois cigarros aos quais seus colegas olham como veneno.

A senhorita Braun-Brini bebe, após o primeiro ato, um copo de cerveja, após o terceiro e o quarto atos, uma xícara de café com leite e, quando deve cantar o grande duo dos Huguenots do quarto ato, uma garrafa de Moët rosado.

Nauchtbaur chupa balas durante a representação. O barítono Rubsam bebe hidromel. Nitlerwurzer e Kinderman chupam ameixas. Um outro barítono, Robinson, toma água de Seltz. Formes bebe porter**. O célebre barítono Beck não toma nada e abstém-se de falar.

---

[12] Essa nocividade é reforçada ainda mais caso se cante ou se fale nessas mesmas condições devido à falta de controle da intensidade vocal que resulta do barulho do carro. As viagens de carro em grupo, em que o ambiente é, às vezes, de euforia, são freqüentemente responsáveis por fortes alterações vocais passageiras.
* N. de T.: "Mulher, maçã e noz prejudicam a voz".
** N. de T.: Cerveja preta de origem inglesa, bastante amarga.

Draxler fuma tabaco turco e bebe um copo de cerveja. Um outro cantor, o doutor Schmidt, conforme as circunstâncias, toma café ou chá; 15 minutos depois, uma limonada ou hidromel. Nos intervalos, aspira tabaco e come maçãs, ameixas ou um pedaço de pão seco.

Entre as moças, Sontag come, entre os atos, sardinhas; Desparre bebe água quente; Cruvelli, bordeaux misturado com champanha; Ad. Patti, água de Seltz; Nilson, cerveja; Gabel come peras; Ugalde, ameixas, e Trebelli, morangos; Troy bebe leite; Mario fuma; Borghi-Mamo aspira tabaco; e Dorus-Gras comia, nas coxias, carne fria.

Pode-se pensar que tudo isso é absurdo e um tanto exagerado (o que aconteceria à voz de Labatt se acontecesse alguma coisa aos pepinos e estes não chegassem a tempo?). Esses hábitos, quando existem, correspondem certamente a uma necessidade de ordem psicológica, destinada a proteger o cantor "magicamente" da angústia. Não é preciso absorver algo antes de emitir? Essa absorção mágica tem seguramente uma significação profunda. Mesmo que pareça mais lógico, não se pode dizer com certeza que não se possa, em todos os casos, encontrar um equivalente em procedimentos mais racionais e maneáveis, com base na concentração mental, no relaxamento, na colocação da voz sistemática, etc., e cada um acaba sendo o juiz de sua prática.

Provavelmente, tais procedimentos exercem o mesmo tipo de função que o uso pelo cantor de diversos produtos farmacêuticos, em geral inúteis, de base fortificante ou de vitaminas em forma de pastilhas ou em gotas diversas que se carrega no bolso para se absorver de tempos em tempos. É preciso ainda desconfiar dos produtos realmente ativos que podem ser nocivos, como a cortisona ou os vasoconstritores, por exemplo. De qualquer forma, não se corre nenhum risco adotando o "bom remédio" de Lilly Lehmann, grande cantora do início do século XIX, que aconselhava respirar durante 5 ou 10 minutos "alternadamente pela boca e pelo nariz", através de uma grossa esponja que tirava um pouco da água após tê-la mergulhado na água quente. Lilly Lehmann afirmava que tal procedimento lhe prestou serviços extraordinários e o recomendava fortemente. Absorver vapor de água quente é, sem dúvida, quase a mesma coisa que comer pepinos.

LEITURAS SUGERIDAS

BOTEY R. Les maladies de la voix et leur traitement. *Annales des maladies de la voix et du larynx*, septembre 1899.
BROWNE L, BEHNKE E. *La voix, le chant, la parole*. Trad. fr. Garnault. Éd. Scientifiques, 1893.
DUTOIT-MARCO ML. *Tout savoir sur la voix*. Lausanne: Favre, 1985.
GARDE E. *Toujours du larynx au cerveau : la neurophoniatrie*. Conférence, palais de la Découverte, édit. Série A, nº 156. Paris 1951 : 26.
IGOUNET J. Kinésithérapie cervicale et phoniatrie. *Cahiers d'ORL* 1973 ; 8, 3 : 247-256.
LE HUCHE F *et al*. Enquête internationale auprès des phoniatres et orthophonistes sur le traitement rééducatif des dysphonies fonctionnelles. *Bull Audiophonol* 1982 ; 14, 4: 69-106.
LE HUCHE F. *La voix sans larynx*. Paris: Maloine, 1987, 4ᵉ éd., 173-176.
MANDL L. *Hygiène de la voix*. Paris: Baillière, 1879.
MOREL-MACKENZIE. *L'Hygiène des organes de la voix*. Paris: Dentu, 1888.
SARFATI J. *Soigner la voix*. Marseille: Solal, 1998.
TARNEAUD J. *Pour obtenir une meilleure voix*. Paris: Maloine, 1946.
TOMATIS A. *L'oreille et le langage*. Paris: Le Seuil, 1963.
WICART A. *L'orateur*, tomes 1 et 2. *Le chanteur*, tomes 3 et 4. Paris: Vox, 1935.

Tratamentos cirúrgicos (fonocirurgia)

A *fonocirurgia* é definida como o conjunto das práticas cirúrgicas cujo objetivo principal é promover a melhora e, se possível, a normalização da fonação. É designada, às vezes, com o nome de *cirurgia da voz*, mas o termo nos parece impróprio. Não se poderia, de fato, operar a voz. A cirurgia é sempre realizada nos órgãos.

A fonocirurgia recorre a técnicas variadas. Pode utilizar uma *instrumentação clássica* adaptada à anatomia dos órgãos da fonação; utiliza igualmente *laser;* e pode recorrer às *injeções de substâncias amorfas*, bem como a *procedimentos de contenção* intralaríngeos.

A fonocirurgia por via externa ou interna concerne geralmente às pregas vocais. Ela se destina também ao véu do palato, à língua e à inervação dos músculos da face. Pode ser proposta ainda para melhorar a fonação (bem como a deglutição) nas laringectomias parciais ou totais.

A fonocirurgia é, em geral, bastante leve para o paciente, acarretando somente uma imobilização bem reduzida. Exige, porém, um acompanhamento rigoroso em que o reeducador e o cirurgião têm cada um uma palavra a dizer.

É preciso esclarecer que esse capítulo não pretende tratar de técnica cirúrgica; não temos, aliás, nenhuma autoridade para falar sobre isso. Queremos apenas apresentar aqui ao terapeuta de distúrbios vocais noções que lhe permitam ter uma idéia concreta do que é a fonocirurgia, do que ela pode representar para o paciente e do lugar que ocupa entre os outros tratamentos utilizados.

O cirurgião, por sua vez, encontrará aqui o ponto de vista do foniatra e constatará (o que é muito natural) que esse ponto de vista é às vezes diferente do seu quanto, por exemplo, ao problema da reeducação pré-operatória, o do momento ideal para a intervenção ou o da ausência de indicação, apesar da existência de lesões orgânicas eventualmente operáveis.

INTERVENÇÕES NAS PREGAS VOCAIS COM LARINGOSCOPIA NO ESPELHO (DITA INDIRETA)

Lembremos que a laringoscopia no espelho é uma técnica empregada para examinar as pregas vocais, igualmente como a fibroscopia, que se tornou cada vez mais habitual. O paciente fica sentado na frente do operador e a laringe é observada por intermédio de um espelho laringoscópico colocado no fundo da boca do indivíduo, ficando o véu do palato comprimido para cima (Figura 2.1).

É possível praticar certas intervenções simples segundo essa técnica, tendo como recursos uma anestesia local bastante forte de xilocaína. Era comum antigamente remover assim, graças a instrumentos recurvados, os pólipos e os nódulos das pregas vocais. Essa maneira de proceder tem o mérito da simplicidade, não exigindo a hospitalização do paciente. Exige, porém, da parte do cirurgião, uma

> Fig. 2.1
Anestesia da laringe com um instrumento flexível contendo algodão em sua extremidade (Aubry. *Précis d'ORL*. Paris, Masson, 1949).

Preocupando-se em simplificar, omitiu-se o espelho frontal segurado normalmente pelo cirurgião para iluminar a laringe.

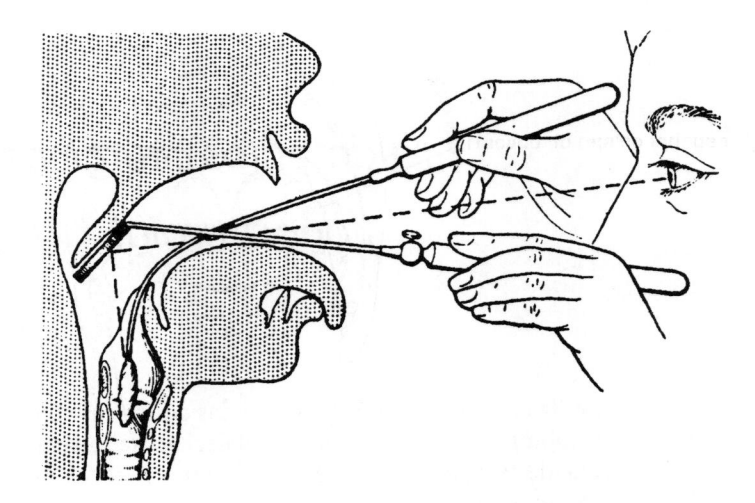

grande destreza resultante de uma longa experiência, considerando-se o risco de fissura da prega vocal por uma abrangência extremamente grande da lesão. Essa técnica continua sendo utilizada por certos cirurgiões para a realização de um retoque menor ou na ablação de um granuloma[1].

Atualmente, as intervenções nas pregas vocais com laringoscopia no espelho são mais raras. Para dizer a verdade, é seguramente preferível operar pregas vocais imóveis sob anestesia geral, em condições de conforto e de precisão maiores.

MICROCIRURGIA LARÍNGEA CLÁSSICA (DITA INSTRUMENTAL)

Instrumentação

Essa cirurgia, como seu nome mesmo indica, utiliza uma aparelhagem que permite operar com visão aproximada da imagem laringoscópica por meio de um microscópio binocular que fornece um aumento de 10 vezes.

A laringe fica exposta segundo a técnica da *laringoscopia em decúbito* em suspensão[2]. O paciente fica deitado de costas, com a cabeça colocada em "posição de entubação" (*sniffing position* dos autores anglo-saxões). O tubo laringoscópico é introduzido na boca e penetrado progressivamente até que fique em contato com a epiglote a qual empurra para frente (a frente do paciente, isto é, para cima). Esse tubo é mantido no lugar por um aparelho que se apóia ou em uma parte estendida da mesa de operação ou no tórax do próprio paciente (Figura 2.2).

A iluminação é garantida a partir de uma fonte de luz conduzida até a laringe por fibras de vidro. A luz assim veiculada é chamada luz fria.

Pelo tubo laringoscópico serão introduzidos diversos instrumentos cirúrgicos, sob o controle do microscópio colocado no eixo do tubo.

Uma lente lateral permite fazer imagens ou filmes. Essa lente possibilita a uma outra pessoa igualmente assistir à intervenção.

O cirurgião dispõe, para a microcirurgia laríngea, de um certo número de instrumentos cuja particularidade é comportar uma haste metálica longa de 25 cm, aproximadamente, que permita sua introdução na luz do tubo laringoscópico

---

[1] Cf. *A voz*, Volume 2.
[2] Cf. *A voz*, Volume 2.

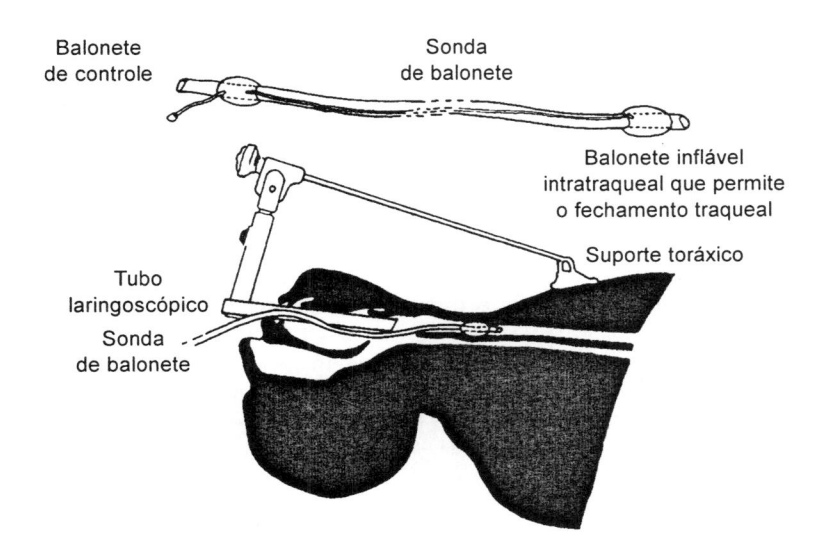

Fig. 2.2
Laringoscopia em suspensão.
Observar a colocação do laringoscópio com suporte sobre o tórax do paciente, e a sonda de balonete.

(Figura 2.3). É preciso salientar que a manipulação de tais instrumentos exige uma certa segurança de movimento.

Pinças "em forma de coração" são utilizadas para apreender a lesão.

Sondas de aspiração servem para aspirar o sangue e as secreções. Ajudam também na apreensão da lesão.

Ganchos afastadores são utilizados para empurrar lateralmente as pregas vestibulares.

Micropinças-curetas de diversos tipos permitem prender e cortar a lesão para a direita, para a esquerda, para frente e para trás.

Microbisturis permitem incisar a mucosa.

Microtesouras permitem recortar essa mesma mucosa.

Agulhas especiais, por fim, servem para injetar diversos produtos sob a mucosa ou na espessura da prega vocal.

Fala-se às vezes da cirurgia *à pinça* para opor a microcirurgia clássica às técnicas que utilizam *laser*. Esse termo, porém, não é muito adequado. Dá a impressão de que se trata de uma técnica um pouco sumária, ao passo que, na verdade, a microcirurgia clássica utiliza uma instrumentação variada e recorre a movimentos minuciosos e precisos.

Anestesia

Pode-se utilizar para essa cirurgia ou a neuroleptanalgesia ou a anestesia geral. Isso acarreta, de qualquer forma, a necessidade de uma hospitalização do indivíduo durante, no mínimo, 24 horas, em um serviço que disponha de todas as possibilidades de reanimação.

A *neuroleptanalgesia* associa a uma anestesia local de xilocaína em 5% uma perfusão de um produto neuroléptico, como o droperidol[3], e de um analgésico, como o fentanil. Obtém-se assim o desaparecimento da angústia do paciente e da sensação dolorosa, o relaxamento muscular e a sedação.

A *anestesia geral*, que permite a imobilidade total do paciente, exige uma entubação via oral por meio de uma sonda bastante fina para não provocar incômodo

Técnica da neuroleptanalgesia

Permite ao paciente permanecer calmo, mas consciente, e reagir às indicações do cirurgião que pode lhe pedir também para modificar sua respiração ou tentar a fonação. Isso pode ser interessante, dando ao cirurgião, bem como ao paciente, a prova imediata do resultado fonatório da intervenção. No entanto, apesar disso, prefere-se, cada vez mais, recorrer à anestesia geral, propiciando seguramente ao paciente um conforto ideal.

---

[3] Comercializado com o nome de *Droleptan*.

Fig. 2.3

Diversos instrumentos utilizados em microcirurgia laríngea.

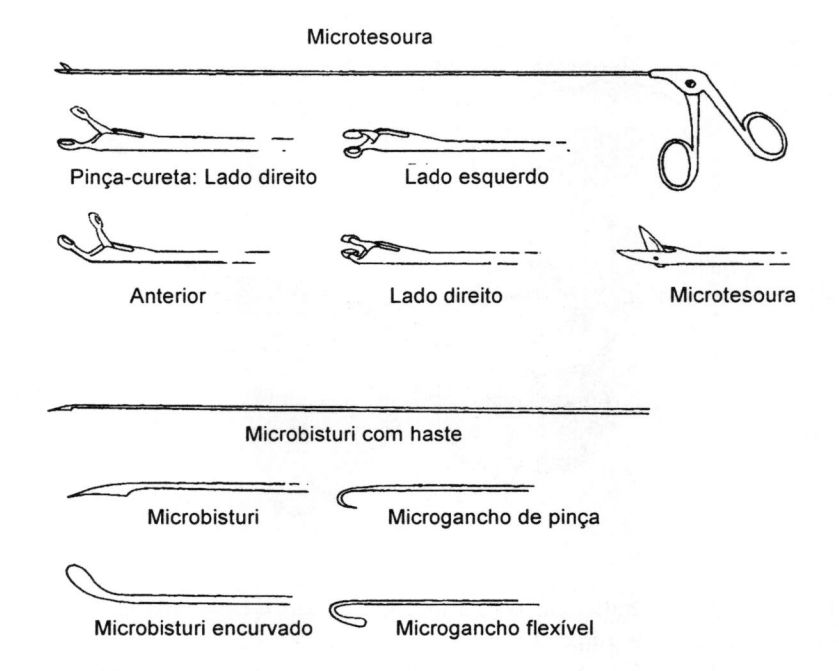

Microtesoura

Pinça-cureta: Lado direito — Lado esquerdo

Anterior — Lado direito — Microtesoura

Microbisturi com haste

Microbisturi — Microgancho de pinça

Microbisturi encurvado — Microgancho flexível

ao cirurgião na passagem glótica. Essa sonda permite eventualmente realizar uma ventilação assistida.

Alguns cirurgiões indicam para essa anestesia o emprego do propofol[4], que possibilita a não-utilização da entubação. Além dessa vantagem, a glote mantém, assim, uma certa mobilidade espontânea, o que pode ser interessante.

Exames pré-operatórios

Um exame clínico e exames paraclínicos e biológicos serão realizados: eletrocardiograma, radiografia pulmonar, exame dentário, exame de coagulação, contagem globular, fórmula sangüínea, contagem das plaquetas, determinação do grupo sangüíneo, avaliação da função renal (creatinemia, uréia), dosagem da glicemia e do colesterol.

Indicações e tipos de intervenções[5]

Todas as lesões benignas da prega vocal podem ser beneficiadas pela microcirurgia clássica. Citaremos:

■ **Nódulos, pólipos e pseudocistos mucosos**

Serão muitas vezes simplesmente retidos e seccionados com pinça-cureta.

Poderão ainda ser retidos com a pinça em forma de coração e seccionados com as microtesouras. A ablação é muito hemorrágica.

Nenhuma sutura da ferida operatória é realizada. Isso é, aliás, geral e diz respeito a toda microcirurgia laríngea.

---

[4] Comercializado com o nome de *Diprivan*.
[5] Para a descrição clínica das lesões citadas nesse parágrafo, remetemos a *A voz*, Volumes 2 e 3.

■ Cistos

A ablação de um cisto *epidérmico* ou *mucoso* comporta a incisão da mucosa no nível da face superior da prega vocal. Com a incisão, o cisto fica saliente através desta. Convém então extraí-lo em sua totalidade por uma dissecção cuidadosa, de modo a evitar qualquer recidiva.

■ Exploração da prega vocal nas monocordites

Às vezes, quando há uma monocordite para a qual a reeducação vocal parece pouco eficaz, é necessário explorar a prega vocal por incisão da face superior desta. Uma em cada três vezes (segundo Cornut), é descoberto assim um cisto que deve ser extraído.

■ Sulco

Como havíamos dito[6], o tratamento cirúrgico dessa lesão é bastante delicado. Lembraremos brevemente a técnica praticada por Bouchayer.

Começa-se injetando uma suspensão de hidrocortisona na prega vocal destinada a provocar o descolamento da mucosa; faz-se então uma incisão na face superior da prega vocal, deixando uma certa distância da borda livre. Passando por essa incisão, descola-se em seguida pacientemente, afastando com a pinça, ou com as microtesouras, a mucosa do sulco que apresenta o vergão – mucosa que adere ao músculo subjacente. Essa mucosa, incluindo a bainha do sulco, é depois recortada com as microtesouras e removida em sua totalidade.

■ Edema crônico das pregas vocais (pseudomixoma)

A intervenção praticada para o edema crônico das pregas vocais é mais freqüentemente chamada de descascamento. Além da conotação levemente pejorativa em relação ao órgão vocal por excelência, o termo é bastante impróprio, deixando supor que, ao final da intervenção, a prega vocal está completamente desprovida de seu revestimento mucoso. Seria mais conveniente falar em *retificação da mucosa* mesmo que, em alguns lugares, a prega vocal pareça desnudada.

Essa intervenção comporta, de um lado, a ablação do excesso da mucosa com pinça-cureta ou com microtesouras; de outro, a aspiração da cola que ocupa o espaço submucoso.

■ Lesões hiperplásicas, leucoplasias

O ato microcirúrgico deverá não somente remover a lesão de superfície, mas ainda a submucosa na espessura em que possam ser encontradas células anormais.

Ultrapassa-se, nesse caso, o quadro da fonocirurgia. A intervenção, de fato, não visa aqui diretamente à melhora das performances vocais. Seu objetivo é, com efeito, determinar a natureza histológica da lesão e impedir, por meio da ablação, sua extensão e eventual evolução maligna. Deve-se observar, aliás, que essa intervenção pode ser traduzida por um enfraquecimento funcional da voz.

■ Sinéquias, membranas

Quando a sinéquia constitui uma espécie de ponte mucosa, deixando um espaço glótico livre na frente e atrás da lesão, o ato cirúrgico consiste em uma simples secção.

---

[6] Cf. *A voz*, Volume 3.

O problema é muito mais complexo quando se trata de uma sinéquia que implica a comissura anterior e que se estende mais ou menos para trás, ou quando se trata de uma membrana. Nesse caso, a simples secção da sinéquia, de fato, é mais freqüentemente ineficaz, ocorrendo a reconstituição da ferida operatória, em algumas semanas, por cicatrização. Inúmeras técnicas de contenção foram propostas para evitar essa reconstituição.

Precauções pós-operatórias, repouso vocal

De modo geral, um tratamento antiinflamatório é prescrito sistematicamente, após a intervenção, na forma, por exemplo, de uma injeção de *Kenacort-retard* (acetonido de triancilona).

Por outro lado, o despertar anestésico exige um acompanhamento muito atento, devendo igualmente ser o mais rápido possível. De fato, a presença de sangue no nível das pregas vocais pode produzir um espasmo da glote. Esse acompanhamento atento poderá ser diminuído somente quando o paciente tiver encontrado um reflexo de tosse adequado. Uma injeção de *hidrocortisona* intravenosa[7] será às vezes utilizada.

A convalescença após microcirurgia laríngea poderia ser muito curta. Desde o dia seguinte à intervenção (e inclusive no mesmo dia), o paciente pode, com efeito, alimentar-se normalmente e assumir suas ocupações sem problemas. No entanto, deve se submeter ao repouso vocal, o que nem sempre é fácil, particularmente no que diz respeito ao trabalho.

Nos quatro dias seguintes à intervenção, o paciente deverá manter um silêncio vocal completo: deverá, aliás, colocar as pessoas a par previamente. Após a intervenção, a prega vocal apresenta reações inflamatórias que deixam a fonação difícil. Pode-se temer, então, sobretudo no paciente que teve disfonia prolongada no passado, o desenvolvimento de um comportamento de esforço prejudicial à boa cicatrização, o que aumenta os riscos de recidiva da lesão quando se trata de nódulo ou de pólipo.

Durante os quatro dias seguintes, o paciente deverá adotar, não a voz sussurrada, que é muito irritante para as pregas vocais e leva com muita facilidade a um esforço, mas a voz *murmurada*, dita ainda voz "de corredor de hotel". Trata-se de uma voz sonorizada, mas muito pouco intensa e de tonalidade grave, associada, de um lado, a uma articulação um pouco exagerada e, de outro, a um fluxo um pouco relentado. É o tipo de voz que se faz espontaneamente quando tentamos não acordar as pessoas que dormem.

Essa *voz murmurada* não deverá ser utilizada de forma extremamente abundante. O paciente deve interromper-se particularmente a partir do momento em que tem sensações desagradáveis na garganta (coceira, queimação). É preciso notar, porém, que um silêncio vocal *relativo* é preferível ao silêncio absoluto, que acarreta, às vezes, estados de tensão psicológica e um comportamento crispado prejudicial à boa recuperação vocal. O silêncio vocal observado de modo rigoroso demais e excessivamente prolongado pode favorecer o surgimento de sinéquias pós-operatórias.

Notemos que as sessões de reeducação podem, de forma proveitosa, serem retomadas de maneira intensa (três por semana) nos dias que se seguem à intervenção. Serão trabalhados em tais sessões os exercícios de relaxamento e de respiração. Será aperfeiçoada precisamente a técnica da voz murmurada.

---

[7] *Soludecadron.*

VOCÊ ACABA DE SER OPERADO(A)

Após a intervenção, o SILÊNCIO TOTAL deve ser respeitado durante quatro dias para que sua corda vocal (prega vocal) comece a cicatrizar.

Porém, você pode comer normalmente e manter uma total liberdade de movimentos no nível do pescoço (evitar a crispação). Durante esse período, o tabaco deve ser proibido formalmente.

Do quarto ao oitavo dia após a intervenção, você deve retomar um certo uso da fala, adotando não a voz sussurrada, que é cansativa, mas, dentro do possível, a VOZ MURMURADA, dita voz de "corredor de hotel". É uma voz suave, grave e muito pouco intensa, que deverá ser utilizada com moderação, mantendo uma articulação lenta e precisa.

Entre o sexto e o décimo dia, sua laringe deve ser examinada por seu médico-cirurgião e pelo foniatra, com o qual, a princípio, você fará sua "COLOCAÇÃO DE VOZ" (primeiras tentativas de voz normal).

A REEDUCAÇÃO VOCAL NÃO DEVE SER INTERROMPIDA pela intervenção. Uma sessão pode ocorrer muito bem logo no segundo dia após esta. Simplesmente, durante o período de silêncio absoluto (quatro dias) e relativo (os quatro dias seguintes), as sessões serão dedicadas exclusivamente ao relaxamento e à técnica da respiração.

Uma MODERAÇÃO VOCAL será observada até, no mínimo, o 15º dia após a intervenção, e algumas precauções devem ainda ser tomadas até um mês depois desta.

Senhor(a) ....

Médico responsável ....

Apresentar-se no consultório em ....

Intervenção prevista em .... para ....

Ver no verso as precauções referentes à fala após a intervenção

Saída prevista em ....

Exame de controle em .... Dr. ....

Exame foniátrico pós-operatório em .... Dr. ....

Extraído de *A voz*, de F. Le Huche e A. Allali. Collection phoniatrie, Volume 4. Paris : Masson, 2002.

No oitavo ou décimo dia, mas às vezes mais tarde[8], será feito o que podemos chamar de *colocação da voz*. Trata-se, após verificação do estado laríngeo, de fazer com que o paciente descubra suas novas possibilidades vocais. Começa-se por emissões de sons fáceis, sons de boca fechada, por exemplo, (*a mosca*, cf. p. 161) no grave, subindo progressivamente a tonalidade e depois a intensidade. Deve-se ficar atento especialmente à flexibilidade da execução e à correção da postura. O *exercício da sirene* (cf. p. 176), bem como o *exercício ak, ik, ok* (cf. p. 175), se prestam muito bem a esse trabalho.

INJEÇÕES DE SUBSTÂNCIAS DIVERSAS

Uma injeção de um produto antiinflamatório, como a hidrocortisona, em uma prega vocal pode ser necessária no decorrer de uma intervenção cirúrgica. Mas o que é mais específico da fonocirurgia são as injeções de substâncias amorfas para restaurar, por exemplo, uma junção glótica, tornada impossível por uma paralisia recorrencial, ou a injeção de toxina botulínica para impedir a contratura do músculo vocal em uma disfonia espasmódica em adução.

Notemos que as injeções de substâncias amorfas não são destinadas apenas à prega vocal, podendo ser utilizadas em uma aritenóide, após laringectomia parcial, a fim de tornar possível a vibração de sua mucosa, ou na parede faríngea posterior para corrigir certas insuficiências velares.

Substâncias amorfas

Uma substância amorfa ou inerte é um produto que, quando é injetado em um tecido vivo, permanece estável, o que significa que não é ou é pouco absorvido e que é bem tolerado pelo organismo.

Foi Brunnings que, em 1911, teve a idéia de injetar parafina na prega vocal em caso de paralisia recorrencial. Esse procedimento foi abandonado devido a incidentes ou acidentes secundários, tais como migrações da parafina, reações inflamatórias, embolias. Arnold retomou essa idéia em 1957, experimentando, seguido por outros autores, produtos mais bem tolerados. Foram utilizados assim, sucessivamente, a cartilagem em suspensão, o pó de osso e depois o teflon (1960), a lasca de hidron (1973), o colágeno (1984) e, finalmente, o silicone elastômero e a gordura autóloga.

O *teflon* foi introduzido em 1960 e amplamente utilizado até o final dos anos 80. Era injetado por meio de uma seringa especial ou de uma pistola dosificadora que permitia injetar uma dose precisa de produto no músculo vocal em uma injeção um pouco para frente e para fora da apófise vocal, ou em duas injeções, uma na parte média da prega vocal e outra em sua parte posterior. É preciso observar que o aumento de volume da prega vocal injetada resultava, em parte, da criação de um granuloma inflamatório. Por outro lado, o produto tinha às vezes tendência a migrar para a subglote.

O *colágeno*, utilizado a partir de 1984, não tinha esses inconvenientes. Extraído do soro bovino altamente purificado, era injetado não no músculo vocal, mas sob a mucosa, com mais facilidade que o teflon. Servia, na verdade, de matriz protéica colonizável pelas próprias células do indivíduo. Seu uso teve de ser abandonado devido à epidemia de encefalite espongiforme bovina.

---

[8] Do 15º ao 20º dia, em caso de intervenção mais extensa, como no caso de edema crônico da prega vocal.

Para a *lasca de hidron*, proposto por Kresa na Tchecoslováquia, não se trata exatamente de injeção, mas sobretudo de inserção ou de implantação. O hidron é uma substância inerte suscetível de se hidratar, aumentando de volume. A lasca de hidron pode ser inserida sob a mucosa para fechar uma fissura cicatricial da prega vocal. Bouchayer e Cornut ressaltam que é, sem dúvida, preferível, em tal caso, realizar, por dissecação cuidadosa, o descolamento da mucosa em relação ao plano subjacente para tentar devolver-lhe a flexibilidade.

A *gordura autóloga* é interessante por diversas razões. Primeiramente, por tratar-se de um material naturalmente não muito caro e bem tolerado, já que provém do próprio paciente. Por outro lado também, é fácil de injetar e pode espalhar-se de modo homogêneo na prega vocal. Alguns centímetros cúbicos de gordura são removidos com a seringa da parede abdominal e, após eliminação de qualquer serosidade e elemento sangüíneo, são injetados no músculo vocal, geralmente em uma única vez, na frente e do lado de fora da apófise vocal, da mesma forma que o teflon, dosando de modo que 30 a 40% do produto sejam reabsorvidos. A difusão dessa gordura é obtida pela massagem instrumental da prega vocal ao final da intervenção.

Indicações

A principal indicação das injeções de substâncias amorfas é indiscutivelmente a paralisia recorrencial com aspecto atrófico da prega vocal atingida, e afonia ou disfonia persistente, apesar de uma reeducação bem conduzida. Antes de proceder ou não a essa injeção, convém levar em consideração igualmente um certo número de fatores, tais como a importância para o indivíduo de uma recuperação vocal rápida, a pouca motivação para a reeducação, a presença ou a ausência de um comportamento de esforço.

O resultado normalmente é espetacular: o paciente passa instantaneamente da voz sussurrada ou quase sussurrada para uma voz sonorizada. Entretanto, mesmo nos melhores casos, a voz obtida raramente é igual à voz anterior. Pode revelar-se perfeitamente satisfatória para o indivíduo, mas apresenta, na maioria das vezes, um caráter de rouquidão. A maneabilidade da voz deixa igualmente a desejar devido à perda das possibilidades vibratórias normais da prega vocal infiltrada.

Uma outra indicação é constituída pelas cordectomias, mas a injeção, nesse caso, normalmente se torna difícil devido à fibrose cicatricial.

Pode-se propor algumas vezes a injeção de substâncias amorfas nas disfonias disfuncionais com falta de contato posterior ou longitudinal das pregas vocais. Trata-se, porém, na nossa opinião, de uma má indicação. Basta lembrar que a significação da falta de contato das pregas vocais deve ser compreendida como um reflexo de defesa da laringe contra o próprio comportamento de esforço vocal do paciente.

Mesmo nas *glotes ovaladas*, em que isso poderia ser mais logicamente considerado, não acreditamos que se possa obter um resultado realmente favorável devido à perda da flexibilidade da prega vocal resultante da injeção.

Certos distúrbios da deglutição podem se beneficiar com as injeções de substâncias amorfas. Assim, após uma laringectomia supracricóidea, tais injeções em pontos bem precisos podem facilitar a evicção das falsas rotas alimentares.

Uma outra indicação proposta, finalmente, é a da nasalação (rinolalia aberta). Nesse caso, a injeção é praticada no nível do orifício de Passavant, na parede posterior da faringe, na junção da orofaringe e da rinofaringe.

Toxina botulínica

A toxina botulínica pode ser injetada nos músculos vocais nas disfonias espasmódicas e, particularmente, nas disfonias espasmódicas em adução, a fim de levantar o espasmo vocal[9]. Pode também ser injetada após laringectomia total no músculo constritor inferior da faringe quando há um espasmo da boca esofágica entravando a aquisição da voz oro ou traqueoesofágica.

MICROCIRURGIA POR AGENTES FÍSICOS

Três agentes físicos são utilizados na microcirurgia laríngea: a corrente elétrica, o frio e a luz coerente relacionada a três técnicas particulares: a eletrocoagulação, a crioterapia e a microcirurgia *laser*. Seu ponto comum é a capacidade de destruir os tecidos por efeito térmico, trate-se do frio (crioterapia) ou do calor (eletrocoagulação e *laser*).

Eletrocoagulação

A eletrocoagulação permite realizar uma destruição tecidual graças ao efeito de ponta que resulta da passagem de uma corrente elétrica entre os dois eletrodos de formas distintas. Com um fino – dito ativo – toca-se a lesão, ao passo que o outro – dito inativo, constituído por uma larga placa metálica – é colocado em contato com a pele das costas do paciente em decúbito.

Crioterapia[10]

Essa terapêutica era essencialmente utilizada no tratamento da papilomatose laríngea. Com a descoberta do *laser*, ela foi substituída.

A técnica consistia em tocar as lesões com uma haste de cobre resfriado por imersão no nitrogênio líquido. O papiloma assim resfriado quebra-se na base e pode ser removido por meio da haste de cobre à qual adere.

Laser

O termo *laser* é uma sigla que guarda as iniciais da seguinte denominação: *Light amplification by stimulated emission of radiations*. Designa um efeito produzido a partir da energia da luz tornado coerente.

As ondas que associadas aos fótons compõem o raio luminoso têm, no caso do *laser*, a mesma freqüência e vibram todas "em fase". Devido a isso, esse raio é monocromático. Por outro lado, ele apresenta uma "coerência espacial", isto é, sua emissão é unidirecional e não divergente. O comprimento de onda utilizado depende da fonte sólida, líquida ou gasosa que a produz (rubi, argônio, CO^2). Em ORL, utiliza-se o *laser* CO^2 que emite a uma distância longa no infravermelho. Invisível, na prática, é necessário associá-lo a um suporte luminoso não-ativo que permita localizar visualmente o ponto de impacto.

O raio *laser* CO_2 age essencialmente por efeito térmico. Absorvido pela água, provoca uma "vaporização" do tecido biológico limitado de forma muito precisa ao ponto de impacto. Deslocando-se esse ponto de impacto, obter-se-á

---

[9] Cf. *A voz*, Volume 2.
[10] Do grego *Kruos*: frio.

um efeito de corte que não acarreta nenhum sangramento e um mínimo de reações inflamatórias[11].

Utilizado desde 1974 nos Estados Unidos, o *laser* CO_2 surgiu na França em 1976, graças aos trabalhos de Frèche e de Muller.

A cirurgia laríngea a *laser* é realizada evidentemente sob anestesia geral e sob laringoscopia direta. Algumas precauções particulares devem ser tomadas; especialmente quanto à sonda traqueal, que deve ser protegida por uma capa metálica de modo a não ser acidentalmente atingida pelo raio *laser*. A traquéia será protegida igualmente por um "cotonoïde" subglótico. A vaporização e a carbonização dos tecidos soltam uma nuvem de vapores e de fumaças que devem ser aspiradas por uma sonda (Figura 2.4).

➤ **Fig. 2.4**
Intervenção laríngea por microcirurgia *laser* (*laser* CO_2).

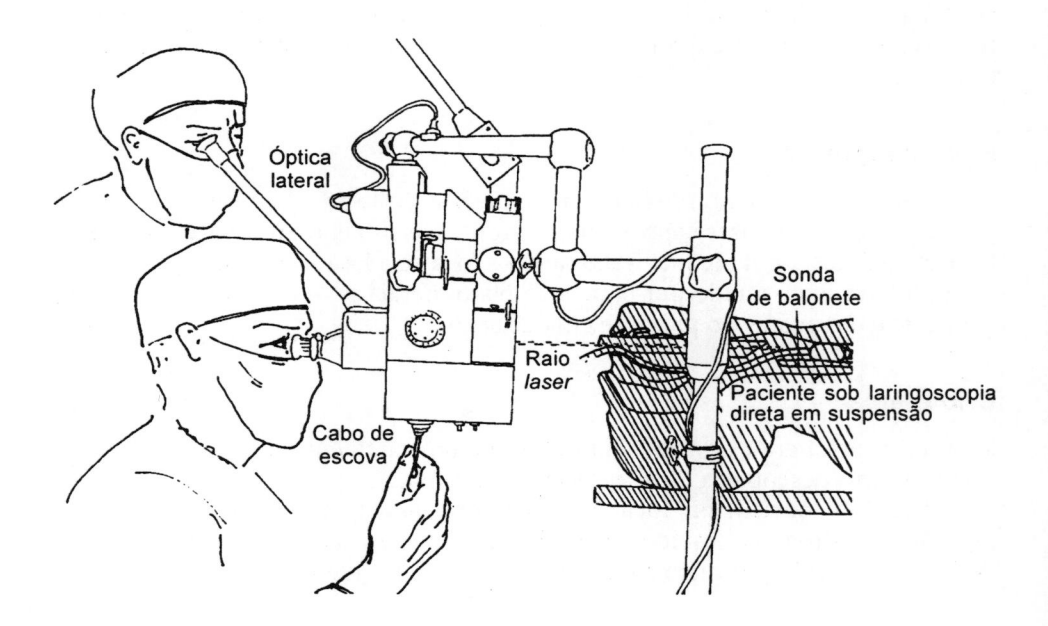

O cirurgião regula a direção do raio *laser* com base no impacto do suporte luminoso inativo que aparece sob a forma de um ponto vermelho que deve ser direcionado para a lesão. Solta então a emissão do *laser*. Esta pode ser descontínua, sendo a duração de cada tiro regulável de 0,1 segundo a 0,5 segundo, conforme a ação desejada. A emissão pode também ser feita "em contínuo" quando se trata de "vaporizar" uma lesão volumosa. A potência do tiro regulável pelo cirurgião pode variar de 5 a 25 watts.

A microcirurgia laríngea utiliza mais freqüentemente o *laser* CO^2, mas igualmente o *laser ND Yag*, que, contrariamente ao *laser* CO^2, pode ser utilizado por fibroscopia, e o *laser Argon* para coagular os pequenos vasos.

▶ Indicações

É possível destruir com *laser* um *pólipo* pediculado ou um *granuloma* com a vantagem de um instrumento que não recobre de forma alguma a lesão e também

---

[11] Essa redução das reações inflamatórias em relação à ação do clássico bisturi é contestada por certos autores.

da ausência de sangramento. No entanto, essa intervenção é quase tão facilmente realizada em microcirurgia clássica. Quando se pensa no custo da aparelhagem, conclui-se que a utilização do *laser*, em tal situação, representa "um pequeno luxo supérfluo". Além disso, os tecidos vaporizados escapam ao exame anatomopatológico.

O nódulo, o edema em fuso, o edema crônico das pregas vocais (pseudomixoma) sejam talvez indicações mais razoáveis; ainda que a microcirurgia clássica seja também totalmente eficaz nesses casos.

A coagulação dos *vasos superficiais*, cuja dilatação é freqüente nas disfonias com esforço vocal, é facilmente realizada a *laser* (com uma potência fraca), ao passo que, por eletrocoagulação, a microcirurgia clássica certamente não obtém tanto sucesso. Mas é preciso lembrar que "*esses neovasos são evidentemente a conseqüência e não a causa da disfonia* e que sua presença não agrava em nada o prognóstico".

Para os *cistos* e os *sulcos* da prega vocal, a microcirurgia clássica ainda é seguramente preferível na medida em que permite uma dissecção fina da lesão, enquanto o *laser* não possibilita a realização de um descolamento dos planos anatômicos.

O *laser*, em compensação, é preferível no tratamento das *sinéquias* e sobretudo na destruição dos *papilomas,* no que parece insubstituível.

Citemos ainda a *abertura a laser externa* preconizada por Ch. Frèche nas faltas de contato por atrofia da prega vocal ou por fissura cordal.

A microcirurgia por agentes físicos, particularmente a *laser* e a microcirurgia dita instrumental apresentam, de fato, uma em relação à outra, certas vantagens e certas desvantagens.

Quanto às vantagens do *laser* citaremos a ausência de sangramento, o respeito da situação anatômica da lesão a ser tratada, que não é deformada pela ação de tesouras ou pela tração da pinça, e o conforto para o cirurgião, na medida em que é muito mais fácil orientar um raio luminoso sobre a lesão do que dissecar esta com instrumentos longos de vários centímetros.

A microcirurgia dita instrumental, por sua vez, apresenta a vantagem de permitir a mãos especializadas uma dissecção precisa de uma lesão intracordal (cisto, por exemplo), criando um mínimo de desgaste no nível da mucosa da prega vocal, avaliando de qualquer forma mais exatamente a extensão da exérese a ser realizada. Possibilita igualmente o estudo histológico da totalidade da peça operatória, o que não é possível com o *laser*.

Supôs-se, algumas vezes, no início da utilização do *laser*, que a cicatrização poderia ser mais rápida com este. Isso não foi confirmado e não há, aliás, nenhuma razão para que seja assim, muito pelo contrário. A cicatrização é feita sempre, qualquer que seja o instrumento utilizado, a partir de células vivas situadas nas bainhas da ferida. O *laser* cria uma destruição tecidual mais extensa ao qual o cirurgião não faz idéia. Os tecidos que foram removidos apenas de uma forma breve, a uma temperatura de mais de 50° ao redor do impacto, vão morrer mesmo que não apresentem modificações macroscópicas visíveis.

Qualquer que seja o caso e contrariamente ao que se pôde afirmar, a recuperação funcional não é melhor após microcirurgia a *laser*. Essa recuperação, presume-se, está muito mais relacionada à redução do fator funcional e ao seguimento da reeducação. Seria, em todo caso, lamentável acreditar, como foi disseminado no passado, que o uso do *laser* dispense o silêncio pós-operatório e a reeducação vocal.

Vê-se, atualmente, que o cirurgião que tem acesso ao *laser* tende a deixar de lado as microtesouras e as pinças-curetas, que exigem, como havíamos dito, uma maior segurança na operação. Porém, o futuro está certamente em uma freqüente associação de duas técnicas ao longo de uma mesma intervenção que associe assim as vantagens de uma e de outra. É o que preconiza, por exemplo, W. Wellen, foniatra belga, que realiza ele mesmo a microcirurgia laríngea.

FONOCIRURGIA DA LARINGE OU DE SUA INERVAÇÃO POR VIA EXTERNA

Nesse subtítulo, citaremos um certo número de intervenções propostas em caso de paralisia recorrencial, disfonia espasmódica e problemas referentes à altura tonal da voz.

Tentativas de reinervação laríngea

Inúmeras tentativas de reinervação do nervo laríngeo foram realizadas desde o início do século XX, apresentando resultados inconstantes. Essa falta de segurança dos resultados pode ser explicada provavelmente pelo fato de que o nervo recorrente comporta fibras antagonistas, umas destinadas aos adutores e outras aos abdutores. Na anastomose, erros de direção podem ocorrer, anulando o efeito da reinervação.

Talvez possa se ter uma esperança na implantação de um fragmento muscular com sua inervação (removido do homo-hióideo, por exemplo), tal como propõe Tucker.

O problema da reinervação laríngea concerne, na verdade, muito mais às dificuldades respiratórias na paralisia recorrencial bilateral. Trata-se de um problema muito preocupante, mas que não é da competência da fonocirurgia.

Laringoplastia redutora glótica unilateral

Essa intervenção foi proposta por Guerrier, em 1962, para corrigir uma paralisia recorrencial em abdução para a qual a reeducação fonoaudiológica revelou-se ineficaz.

Consiste em recuar, no espaço laríngeo, a prega vocal paralisada por meio do afundamento de um pedaço de cartilagem cortado na asa tireóidea face a essa prega[12].

Intervenção de Dédo

Proposta por Dédo, em 1976, em São Francisco, para o tratamento das disfonias espasmódicas, essa intervenção consistia em uma secção de um dos dois dos nervos recorrentes (de preferência o esquerdo), com o objetivo de suprimir o espasmo laríngeo.

O nervo era abordado por uma incisão cutânea face à borda inferior do lobo tireóideo. Era seccionado a 5 mm da borda inferior da cartilagem cricóide. Uma porção de 1 a 2 cm desse nervo era ressecada para evitar qualquer possibilidade de regeneração.

Essa intervenção podia dar um resultado imediato freqüentemente espetacular, mas, em muitos casos, a tendência espasmódica se reconstituía, levando o ci-

---

[12] Cf. *A voz*, Volume 3.

rurgião a uma escalada de intervenções sucessivas, mais ou menos mutiladoras (secção do nervo laríngeo superior, secção da alça de Gallien, etc.), sem que, no entanto, a evolução fosse interrompida. A eletrocoagulação estereotáxica, proposta por Frèche, ou ainda a infiltração repetida das pregas vocais pela toxina botulínica[13] em associação com a reeducação vocal revelaram-se soluções melhores.

Tentativas de elevação da altura tonal da voz

Um primeiro tipo de intervenção proposta por Isshiki para elevar a altura tonal da voz, destinada às vozes femininas agravadas por virilização endógena[14], por um lado, e aos transexuais[15], por outro, consiste em realizar uma tensão permanente das pregas vocais, estreitando a parte anterior do espaço cricóideo. Após incisão cutânea e descoberta da parte anterior das cartilagens tireóide e cricóide, aproxima-se a borda superior do anel cricóideo da borda inferior da cartilagem tireóide por meio ou de fios de náilon ou de fios metálicos.

Desse modo, obtém-se a fixação do movimento de báscula da cartilagem tireóide em relação à cricóide (tal movimento, como se sabe, é realizado em relação ao eixo da articulação cricotireóidea[16]. Esse movimento apresenta o efeito de afastar os pontos de inserção anterior e posterior das pregas vocais e, portanto, de estendê-las, resultando então na elevação da altura tonal. Trata-se, em suma, do bloqueio do fenômeno que determina, na voz cantada, a cobertura dos sons.

Pensamos que é preciso ser prudente antes de aconselhar tal intervenção no caso dos transexuais. Vê-se, de fato, que, quando a transformação feminina é perfeitamente aceita, a voz não constitui obstáculo insuperável: uma laringe de homem pode, na maioria das vezes, produzir, com algumas orientações e um pouco de exercício, uma voz de tipo feminino de maneira bastante convincente.

Um segundo tipo de intervenção consiste em "vaporizar", por vários impactos a *laser* as bordas externas das pregas vocais a fim de diminuir a massa muscular. Essa intervenção parece menos pesada nos transexuais.

Naqueles casos em que há resistência quanto à reeducação vocal, pode-se pensar que problemas de ordem psicológica estão no primeiro plano. Relataremos aqui o caso de um transexual, aparentemente satisfeito com todas as transformações que havia sofrido para passar a ter uma identidade feminina, exceto em relação à voz. Ora, o trabalho reeducativo que não apresentava muitos problemas teoricamente chocou-se com uma atitude de oposição referente à técnica dos exercícios de tal modo que esta foi um fracasso. Esse paciente passava o tempo inteiro ridicularizando o que lhe era solicitado ou declarando impossível. Tratava-se, porém, de um paciente perfeitamente motivado na aparência e pronto a desprezar a obtenção de um resultado: pode-se ter uma motivação excelente superficialmente e resistências inflexíveis no nível inconsciente.

Pouco a pouco, no decorrer de vários meses de "reeducação", pareceu que essa voz viril era o último refúgio que o vinculava a seu sexo de origem. Tratava-se, de fato, de um homem, no início, com malformações de seus órgãos genitais e devido a isso bloqueado na abordagem do outro sexo.

Pode-se pensar que, nesse caso, a solução encontrada por esse indivíduo para realizar essa abordagem fora transformar-se no objeto de seu próprio desejo; isto é, transformar-se em mulher. Devido ao caráter inadequado dessa solução para a qual havia sido levado por forças inconscientes, ele resistia à transformação completa no nível da voz. Isso lhe permitia, além disso, responsabilizar a incompetência de seus sucessivos reeducadores por seu fracasso. Em um caso tão complexo quanto desesperado, pensamos firmemente que uma fonocirurgia não deva ser realizada sem o apoio de um tratamento psicoterápico pré e pós-operatório adequado.

---

[13] Cf. *A voz*, Volume 2.
[14] Cf. *A voz*, Volume 3.
[15] Cf. *A voz*, Volume 3, "Síndrome de Benjamin".
[16] Cf. *A voz*, Volume 1.

Tentativas de abaixamento da altura tonal da voz

Com o objetivo de diminuir a altura tonal da voz (Figura 2.5), Isshiki descreveu uma intervenção que consiste em aproximar as inserções anteriores e posteriores das pregas vocais. Propõe para isso reduzir a dimensão ântero-posterior das asas tireóideas (ou de uma única), ressecando uma longa lâmina vertical dessa cartilagem a uma certa distância de sua borda anterior.

➤ Fig. 2.5

Vista em corte da cartilagem tireóide, mostrando duas modalidades possíveis da intervenção de Isshiki destinada a diminuir a altura tonal (segundo Isshiki).

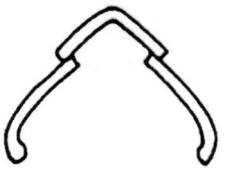

A intervenção é realizada sob anestesia local e pode-se ressecar conforme necessário, de acordo com o resultado vocal instantaneamente obtido.

O autor precisa que essa intervenção não poderia ser praticada sem uma experiência prévia de uma reeducação vocal de, pelo menos, três meses. Esclarece ainda que o resultado não é tão bom quando existe um "sulco" (fissura da prega vocal).

Uma intervenção do mesmo tipo foi proposta no tratamento das disfonias espasmódicas. O princípio é recuar a comissura anterior a fim de soltar as pregas vocais. Os resultados não parecem muito convincentes, o que nos leva a manter, nesse caso, o recurso às injeções de toxina botulínica associada a um tratamento reeducativo adequado.

FONOCIRURGIA COMPLEMENTAR À CIRURGIA LARÍNGEA

No tratamento cirúrgico dos cânceres faringolaríngeos e, menos freqüentemente, na cirurgia reparadora após traumatismo, a preocupação do restabelecimento da cadeia respiratória leva muitas vezes a sacrificar, ao menos em um primeiro momento, a função fonatória. *Preservar* essa função constitui, no entanto, um dos objetivos do cirurgião quando indica uma *laringectomia supracricóidea* com *crico-hióidopexia* (CHP) ou *crico-hióideo-epiglotopexia* (CHEP) e que conserve uma aritenóide para garantir uma boa deglutição, sem problemas, mas igualmente para permitir ao operado obter vibrações vocais nesse nível.

Desse modo, essas intervenções integram, parcialmente, a fonocirurgia.

Outras intervenções, inteiramente fonocirúrgicas dessa vez, visam a *restaurar*, tanto quanto possível, a função fonatória por reconstituição de uma *neocorda* após cordectomia, reconstituição de uma *neoglote*, criação de *fístulas internas* ou *externas* (com ou sem prótese) ou o emprego de uma *válvula fonatória* após laringectomia total.

Miotomia do músculo constritor inferior da faringe

A miotomia do músculo constritor inferior da faringe consiste em uma secção cirúrgica desse músculo[17]. É indicada em caso de dificuldade de aquisição da voz oro

---

[17] Cf. *A voz*, Volume 1.

ou traqueoesofágica após laringectomia total[18], quando há um espasmo faringoesofágico evidenciado pelo teste de insuflação de Taub.

Frenotomia

A frenotomia é uma intervenção muito simples que consiste em seccionar o freio da língua. É indicada somente no caso de um freio muito curto que limite gravemente a mobilidade da ponta da língua, o que torna difícil a realização correta de certos fonemas apicais. Lembremos que a imensa maioria dos distúrbios articulatórios não depende de uma tal intervenção, mas da reeducação fonoaudiológica.

Cirurgia da paralisia facial

Essa cirurgia se integra totalmente à fonocirurgia na medida em que o nervo facial inerva todos os músculos da face e portanto os dos lábios que interferem na articulação da fala.

Por um lado, utiliza-se da liberação do nervo que pode estar comprimido em diversos lugares ao longo de seu percurso ou de sua sutura, caso se trate de uma secção acidental. Quando essa paralisia é definitiva, pode-se recorrer, por outro lado, à anastomose com o nervo grande hipoglosso (XII), ou ainda à intervenção de Labbé (mioplastia de alongamento do músculo temporal transferido para a comissura labial[19]), que, associada à reeducação fonoaudiológica, dá excelentes resultados.

Faringoplastia

Não abordaremos aqui a cirurgia das fendas labiopalatinas, que se inscreve, todavia, perfeitamente no âmbito da fonocirurgia, mas que é mais destinada aos problemas articulatórios do que aos problemas vocais.

Apresentamos, porém (Figuras 2.6 e 2.7), o esquema da *faringoplastia de retalho superior*, que permite reduzir certas insuficiências velares tanto nas fendas palatinas quanto nas paralisias do véu.

O retalho faríngeo deixa, de cada lado, um orifício lateral de comunicação rinofaríngea que permite a respiração nasal.

TÉCNICAS DE CONTENÇÃO E DE MOBILIZAÇÃO INTRALARÍNGEA

Contenção laríngea

Neste caso, tratam-se mais de procedimentos destinados a prevenir os distúrbios vocais após cirurgia laríngea do que de procedimentos curativos. Seu objetivo é essencialmente evitar a constituição de uma sinéquia no nível da comissura anterior.

Um grande número de procedimentos foram propostos: Hasslinger propõe uma placa de silastic colocada verticalmente na comissura e mantida no lugar por dois fios presos à pele, na frente da cartilagem tireóide (passando o superior pelo espaço tiro-hióideo, e o inferior pelo espaço cricotireóideo).

Frèche descreveu uma placa em V colocada na comissura anterior e com ailerons laterais nas quais se encaixam as pregas vocais (Figura 2.8).

---

[18] Cf. *A voz*, Volume 3.
[19] Cf. *A voz*, Volume 3.

➤ **Fig. 2.6**
Faringoplastia de retalho superior: traçado do retalho faríngeo.

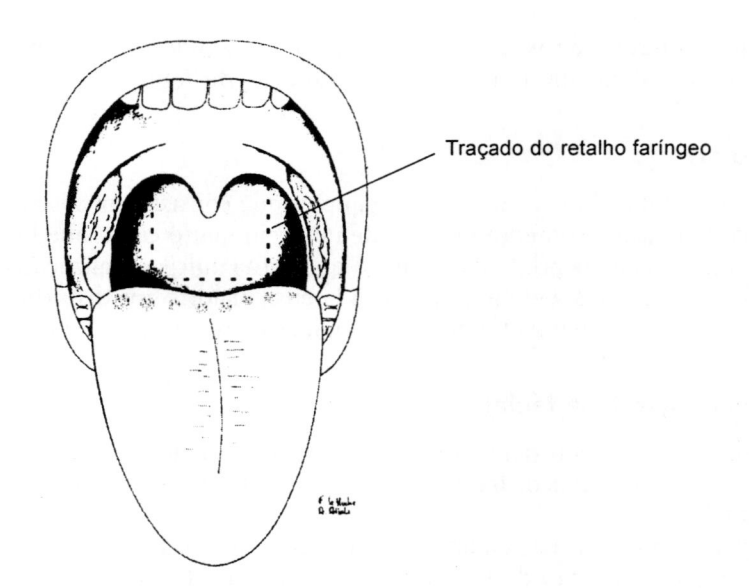

Traçado do retalho faríngeo

Em certas laringectomias ou faringolaringectomias parciais, as montagens de Aboulker, Pelisse e Montgomery[20] têm como objetivo, entre outros, evitar as sinéquias e a formação de membranas no nível das zonas operadas.

Mobilização intralaríngea

Foi proposto, em caso de bloqueio da articulação cricoaritenóidea, uma manobra de mobilização com a pinça por via endoscópica da aritenóide. A eficácia a longo prazo desse procedimento ainda é incerta.

LUGARES RESPECTIVOS DA FONOCIRURGIA E DA REEDUCAÇÃO VOCAL NO TRATAMENTO DOS DISTÚRBIOS VOCAIS

Retalho faríngeo colocado

Em uma disfonia, o laringologista tende geralmente a tentar encontrar uma causa orgânica. Tranqüilizado quando encontra, é naturalmente tentado a intervir nesse nível. Mas o resultado funcional nem sempre é, pois, tão satisfatório quanto o resultado anatômico, já que persiste muitas vezes uma desordem da conduta fonatória, seja esta a causa ou a conseqüência da lesão orgânica. Do mesmo modo, o bom senso exige que seja dada atenção conjuntamente tanto ao instrumento vocal como à maneira como é utilizado. (Muller)

Certamente, a laringe é a ponta de um tubo e às vezes podemos constatar aí anomalias que se apresentam sob forma de um "galo" incômodo ou de um "buraco" anormal. Pode-se ser levado a adotar então um ponto de vista de encanador, que resolve o problema fazendo uma soldagem para fechar um furo ou limando a fim de remover o que está saliente.

Ora, "a recuperação" da laringe não é obrigatoriamente a primeira operação necessária. Algumas vezes mesmo, ela não é de maneira alguma necessária; seja porque a lesão pode desaparecer sem a cirurgia; seja porque não há inconvenientes em conservá-la; ou mesmo porque há um interesse em mantê-la.

➤ **Fig. 2.7**
Faringoplastia de retalho superior: colocação do retalho faríngeo, que é fixado na face superior do véu do palato.

[20] Cf. *A voz*, Volume 3.

Se seguimos a recomendação do autor citado, ocupando-se da forma como o indivíduo utiliza sua "ponta de tubo de laringe", perceberemos que muitos "galos" e muitos "buracos" podem *desaparecer* "sozinhos" se conseguirmos obter do indivíduo uma retificação do uso: a redução do comportamento de esforço e do desperdício na respiração podem acarretar o desaparecimento de um nódulo mesmo volumoso; assim como exercícios adequados podem fortalecer uma prega vocal de aspecto atrófico.

Isso não quer dizer que a intervenção em um nódulo jamais seja indicada, nem mesmo que não possa nunca ser o primeiro ato terapêutico. Não há como sistematizar. Cada caso é particular e é preciso considerar uma série de fatores: gravidade do comportamento de esforço, profissão do indivíduo, atitude deste face à intervenção e à reeducação.

Às vezes, não há *nenhum interesse em remover* a lesão: é o caso do sujeito bem habituado com a sua voz e que não se incomoda muito com isso, a menos, evidentemente, que suspeitemos de uma possível evolução maligna.

Outras vezes, existe o *interesse em se conservar* a lesão: é o caso de uma cantora brasileira cuja discreta rouquidão faz parte do charme de sua voz.

➤ **Fig. 2.8**
Aparelho de contenção laríngea com barbatanas laterais de Frèche.

A intervenção em uma lesão laríngea bem tolerada e bem utilizada pode ter conseqüências totalmente desagradáveis, como no caso dessa advogada que apresentava um edema crônico bilateral significativo em suas pregas vocais (pseudomixoma). Este conferia à sua voz uma tonalidade grave e um timbre caloroso que combinava perfeitamente bem em um resultado profissional notável. Essa mulher, certa vez, fez uma laringite aguda que a deixou completamente afônica enquanto estava em viagem pelo exterior. De volta a Paris, sempre afônica, recebe a proposta imediata do laringologista que a examina, não somente do tratamento antibiótico e antiinflamatório, dos quais ela necessitava, mas também da "limpeza" do pseudomixoma. Essa mulher é encontrada algumas semanas depois com uma voz, evidentemente de tonalidade mais normal, mas que a priva do timbre particular ao qual estava habituada. Essa voz que não reconhecia e que lhe foi infligida a irrita profundamente. A reeducação, difícil de ser realizada, lhe permitirá pouco a pouco aceitar o que lhe aconteceu e desenvolver um comportamento vocal relativamente aceitável para ela. Depois, sabendo da influência do tabaco na constituição do edema crônico, começou a fumar intensamente na esperança de reconstituí-lo. Sem comentários!

Reeducação pré-operatória.
Data da intervenção

Na grande maioria dos casos, a intervenção microcirúrgica ganhará em ser precedida de algumas sessões de reeducação do *comportamento fonatório*. Não falamos de reeducação *vocal*, pois o primeiro termo é mais conveniente nesse caso em que os exercícios vocais não serão mais praticados. Trata-se sobretudo de iniciar o paciente ao relaxamento e de trabalhá-lo para que domine a respiração. Será, para o paciente, além disso, o momento de receber informações sobre o que é a laringe e de compreender a natureza de seu problema vocal.

A duração dessa fase pré-operatória da reeducação poderá ser muito breve, reduzida a duas ou três sessões, quando o fator disfuncional não for tão importante. É freqüentemente o caso quando se trata de um pólipo antigo, fixado ao estado de seqüela, sem reação de esforço atualmente marcado. No caso contrário, será interessante dar continuidade a essa reeducação pré-operatória por várias semanas. Assim, será evitado mais seguramente uma recidiva. Além disso, um paciente reeducado compreende melhor a necessidade do silêncio pós-operatório.

A data da intervenção dependerá, aliás, não apenas da duração desejável da reeducação pré-operatória mas também da atitude psicológica do paciente em relação à intervenção e principalmente da possibilidade que terá de respeitar o silêncio vocal pós-operatório. Às vezes, é indicado adiar a intervenção de forma a coincidir com um período em que o silêncio vocal não lhe trará grandes problemas.

A idéia de reeducação pré-operatória muitas vezes tem resistências da parte de certos ORL, preocupados acima de tudo com o estado da laringe, com a idéia de que o reeducador só poderia dar início à reeducação da função vocal após retificação do órgão. Foi pensando nisso que um dia fizemos este cartão humorístico (Figura 2.9), do qual o leitor queira, por favor, perdoar o tom levemente agressivo.

➤ Fig. 2.9
Cartão humorístico.

Caro Senhor correspondente
Recebi a canalização que o senhor recentemente recuperou e que me enviou em sua embalagem original (o pescoço de M.Z.). Infelizmente, esse cliente cometeu ainda manobras erradas na regulagem da pressão e no manejo com a válvula, o que provocou novos estragos do aparelho.
Expliquei bem, dessa vez, ao cliente os princípios de um funcionamento correto, mas ele ainda necessita de um estágio de aperfeiçoamento. Assim que estivermos seguros da técnica desse senhor, faremos com que se dirija ao senhor novamente para soldar os pontos necessários e polir alguns ângulos prejudicados. Numa próxima vez, porém, seria bom verificar a maneira como o cliente executa antes de consertá-lo. Mas se isso, como é o caso acredito, lhe incomoda, encarregar-me-ei com prazer dessa verificação e dos ajustes necessários, ou, caso o senhor prefira, indicar-lhe-ei o endereço de um ortoencanador competente que possa cuidar disso.
Cordiais saudações

Uma atitude lamentável igualmente é aquela que consiste em rivalizar cirurgia e reeducação, como se se tratassem de tratamentos equivalentes em sua finalidade, com a idéia, por exemplo, de que a cirurgia intervirá em caso de fracasso da reeducação. A cirurgia se apresenta então como a sanção de uma impotência da parte do reeducador e é prejudicial que isso possa ser vivido dessa forma pelo paciente. Isso não constitui um bom clima para uma cooperação saudável visando à sua própria reeducação. Essa triste situação é agravada quando provém de uma noção de prazo: "Tente a reeducação durante três meses e, se isso não resolver, falaremos de uma intervenção" (!).

É preferível considerar esses dois tratamentos, bem como os outros, aliás, devendo-se associar de maneira racional o objetivo de cada um em uma idéia de complementaridade.

Isso exige que, embora isso não o atraia – e é seu direito –, todo profissional que prescreve um tratamento vocal tenha uma idéia realista do que é a função fonatória, que saiba detectar um comportamento de esforço e que esteja a par do que se pode esperar de um tratamento reeducativo. Este, por sua vez, não deveria mais ser considerado somente como um complemento ao qual se pode eventualmente recorrer, mas como um elemento que integra uma tática terapêutica coerente. Assim, talvez não víssemos mais algumas histórias tristes, como a do nódulo que se deixa aumentar alguns meses até que possa ser operado (!), a do pseudomixoma que se retira imediatamente sem considerar os benefícios secundários ou a do vazamento posterior que se deseja corrigir por uma injeção de gordura autóloga ou de silicone. Isso não poderia levar ao esquecimento, entretanto, da necessidade absoluta de intervir sem espera em uma lesão laríngea, sobretudo no fumante inveterado, à menor suspeita de malignidade.

LEITURAS SUGERIDAS

AUBRY M, SENECHAL G. *Directives thérapeutiques medico-chirurgicales*. Paris : Doin, 1958.

BOTEY R. Les maladies de la voix et leur traitement. *Annales des maladies de la voix et du larynx*, septembre 1899.

BOUCHE J, PECK A, PIQUET JJ, PARDES P. *La microchirurgie laryngée sous suspension*. Compte rendu du 70e congrès d'ORL. Paris: Arnette, 1973.

CORNUT G, BOUCHAYER M. Résultats phoniatriques de la microchirurgie laryngée. *J Fr ORL* 1973 ; 22: 7-16.

CORNUT G, BOUCHAYER M. Voix et microchirurgie laryngée. *Bull Audiophonol* 1977 ; 3: 551.

DÉDO HH *et al*. Intracordal injection of teflon in the treatment of 135 patients with dysphonia. *Ann Otol* 1973 ; 82: 661-667.

DÉDO HH. Recurrent laryngeal nerve section for spastic dysphonia. *Arm Otol Rhinol Laryngol* 1976.

FRÈCHE Ch, BOUCHE J, YANA M, LERAUT Ph, JAKOBOWICZ M. *Traitement endoscopique des fuites d'air laryngées médianes*. Compte rendu du 78e congrès d'ORL. Paris : Arnette, 1981 : 174-176.

FRÈCHE Ch *et al*. *Le laser en ORL*. Paris : Arnette, 1993.

GUERRIER Y. *Traité de technique chirurgicale ORL et cervico-faciale*. Paris : Masson, 1977, t. 3.

ISSHIKI N. Recent advances in phonosurgery. *Folia Phoniatrica* 1980 ; 2.

ISSHIKI N, MORITA H, OKAMURA H, HIRAMOTO M. Thyroplasty as a new phonosurgical technique. *Acta Otol Laryngol* 1974 ; 78 : 451-457.

KLEINSASSER O. *Mikrolaryngoskopie und endolaryngedle Mikrochirurgie*. Stuttgart-New York: Thieme, 1976.

LE HUCHE F, ALLALI A. *Réhabilitation vocale après laryngectomie totale*. Paris: Masson, 1993.

LUCHINGER R, ARNOLD GE. *Voice-Speech-Langage*. Californie: Wadworth. Publishing. 1965.

MULLER H, MONET A, BANCEL C. *Laser et phonochirurgie*. Compte rendu du 77e congrès d'ORL. Paris : Arnette, 1980 : 12-15.

REMACLE M, MARBAIX E, BERTRAND B. L'emploi du collagène injectable pour la réhabilitation vocale. *Cahiers d'ORL* 1986 ; 31, 3 : 169-178.

ROCH JB, CORNUT G, BOUCHAYER M. Le sulcus glottidis. *Bull Audiophonol* 1996 12, 4.

SATALOFF R. *Professional Voice: the Science and Art of Clinical Care*. San Diego : Singular publishing group, 1997, 2e ed.

TUCKER HM. Reirnervation of he unilaterally paralyzed larynx. *Ann Otol Rhinol Laryngol* 1977 ; 86: 789-794.

Reeducação vocal

3

CONSIDERAÇÕES PRELIMINARES

A reeducação vocal tal como a concebemos comporta três partes distintas e complementares:

– a exploração e a experimentação, por parte do indivíduo, de suas possibilidades vocais reais às quais pode-se inserir a descoberta pelo paciente da significação de suas dificuldades vocais no momento da *orientação* geral sobre a voz dada pelo fonoaudiólogo;

– o aprendizado de exercícios propostos à prática regular do paciente, orientados para a eliminação do *círculo vicioso do esforço vocal* (quando existe) e para a *maneabilidade do comportamento de projeção vocal*;

– a execução de técnicas destinadas a *compensar as eventuais perdas orgânicas* que envolvem os órgãos vocais.

Diversidade das modalidades da reeducação vocal

Os três elementos da reeducação vocal, tal como a consideramos, são de inegável importância segundo a predominância em cada caso dos fatores orgânicos, psicológicos ou disfuncionais.

Em um *distúrbio da muda*, como vimos[a], o essencial do tratamento reduz-se à primeira parte, isto é, à descoberta pelo indivíduo de suas possibilidades vocais reais e à sua exploração metódica no contexto de uma informação adequada à mecânica vocal.

Na *afonia psicogênica*, essa informação está sempre em primeiro plano, mas a exploração das possibilidades vocais reais é o momento de uma tomada de consciência progressiva da significação (psicológica) da inibição vocal.

Em uma *disfonia disfuncional simples*, a reeducação vocal – sem negligenciar a informação – será centrada essencialmente na retificação do círculo vicioso do esforço vocal por meio da prática regular de exercícios apropriados.

Em uma *paralisia recorrencial* ou em uma *virilização laríngea*, é possível – isso é raro mas existe – que esse círculo vicioso não se instale. Nesse caso, a reeducação limitar-se-á à compensação da perda orgânica por um exercício destinado a favorecer uma melhor cinética laríngea.

[a] Cf. *A voz*, Volumes 2 e 3.

Quanto à exploração do campo das possibilidades vocais e das técnicas destinadas a amenizar as insuficiências orgânicas, remetemos o leitor aos capítulos que tratam, por um lado, das disfonias disfuncionais particulares, e, por outro, das disfonias de origem orgânica[1]. No presente capítulo, iremos nos deter, na verdade, principalmente na informação dada ao indivíduo e na elimi-

[1] Cf. *A voz*, Volumes 2 e 3.

nação do círculo vicioso do esforço vocal, o que nos coloca novamente no quadro do *tratamento reeducativo da disfonia disfuncional simples*.

Não se deve esperar evidentemente encontrar aqui uma lista de receitas que forneça para cada caso particular a forma de se proceder. Sem dúvida alguma, técnicas aplicadas de uma maneira metódica e mecânica, conforme um plano preestabelecido, levam freqüentemente a insucessos. Pode-se mesmo afirmar que o fator mais importante de sucesso é constituído não pela competência técnica nem pelo saber do reeducador, mas por suas qualidades humanas. É por isso que nos parece fundamental descrever sucintamente, em primeiro lugar, as quatro atitudes psicológicas que, segundo C. Rogers, condicionam a eficácia do terapeuta.

AS QUATRO ATITUDES PSICOLÓGICAS EFICAZES DO TERAPEUTA SEGUNDO ROGERS

C. Rogers definiu, na década de 1940, quatro atitudes que conferem ao terapeuta uma excelente eficácia no tratamento dos pacientes que apresentam distúrbios psicológicos. Essas quatro atitudes foram verificadas por meio da análise de questionários variados dados aos pacientes e aos terapeutas, bem como submetendo curtas seqüências de diálogos à avaliação de júris, segundo procedimentos clássicos perfeitamente validados. Não se trata, portanto, de opiniões que resultam de avaliações subjetivas mais ou menos hipotéticas, mas de fatos científicos comprovados. Evidentemente, essas pesquisas diziam respeito à atividade de psicoterapeutas. Ora, o fonoaudiólogo, se é somente ortofonista, não pode ser considerado um psicoterapeuta, mesmo que sua ação proporcione – o que é freqüente – importantes benefícios psicológicos em seu paciente. O fonoaudiólogo, no entanto, é uma pessoa que pretende, por sua atividade profissional, ter uma ação benéfica sobre outra pessoa, e é nesse sentido que as qualidades definidas por C. Rogers nos parecem perfeitamente adequadas também a esse profissional.

Ser natural

Ser natural significa para o terapeuta, em sua relação com o paciente, ser autêntico; viver enquanto ele mesmo e não enquanto alguém desempenhando um papel e exercendo uma função; "ser capaz de tomar consciência dos sentimentos que tem em relação ao paciente, vivê-los e mesmo comunicá-los ao paciente se isso puder ser útil". Parece que, "em caso de sentimentos negativos, é preferível continuar a ser autêntico do que apresentar ao paciente uma fachada de interesse e de recebimento caloroso que não se sente de fato", como testemunha o depoimento a seguir.

Pude verificar muitas vezes a importância dessa noção de ser natural. Foi o que aconteceu com um paciente laringectomizado do quadro superior de um banco que seguiria a reeducação comigo. Esse paciente me transmitia constantemente, semana após semana, sua pouca confiança em suas possibilidades de obter uma fonação melhor, e tudo o que lhe propunha era feito como um dever e sem uma real participação. O clima era cada vez mais tenso. Certa vez, no entanto, numa sessão um pouco menos pesada, pude lhe colocar a par de meu real sentimento, declarando-lhe minha apreensão antes de cada sessão devido ao seu caráter, penoso para ele mesmo – o que eu compreendia perfeitamente – e preocupante para mim, felicitando-me pelo fato de que "hoje isso tenha sido melhor". Essa conversa resultou em uma mudança radical no comportamento desse paciente, que se tornou, desde então, um perfeito cooperador e fez progressos rápidos. Foi mesmo particularmente gratificante. Nos anos seguintes, ele não hesitava em passar ocasionalmente em meu consultório apenas para dar notícias suas.

A empatia

É a capacidade em sentir em sua *própria pele* o que sente o indivíduo "que está na sua frente". A empatia muitas vezes opõe-se à tenacidade. A técnica apresenta freqüentemente uma barreira, de fato, entre o terapeuta que sabe e que tem soluções prontas e o paciente, que se espera que aprenda. A empatia torna o terapeuta capaz de sentir o mundo interior do paciente com o sentido que tem para ele.

Tivemos a surpresa, ao assistir, em 1992, aos célebres *Entretiens de Bichat**, de escutar um conferencista dos mais conhecidos declarar que, devido a progressos das pesquisas realizadas em matéria de distúrbios de aprendizagem da linguagem, havia dois tipos de fonoaudiólogos: os que procediam de maneira científica e os que pretendiam ainda se utilizar da "empatia". Não somos inclinados – longe disso – a nos opor sistematicamente em relação à pesquisa científica, sabendo, porém, que ela se engana muitas vezes. Quanto à empatia, entretanto, continuamos do lado de C. Rogers. A empatia nos parece ser a melhor proteção contra as idéias preconcebidas e as projeções inoportunas.

A consideração positiva

A capacidade de consideração positiva traduz-se por uma atitude de aceitação do que existe no paciente: *Tudo que vem dele merece ser levado em consideração*. Nada será tido como negligenciável ou *a priori* sem interesse. O paciente é considerado, desse modo, como um indivíduo global, autônomo, que não está submetido à predisposição do terapeuta.

O fato, por exemplo, de dizer ao indivíduo que deve parar de expor suas diversas reclamações, porque o tratamento reeducativo não comporta a prática da intimidade nem das confidências, terá, com certeza, um efeito negativo. Será interessante, ao contrário, aceitar (em uma atitude de empatia) essa explosão inicial. Isso permitirá, em um segundo momento, fazer o paciente notar que sentimos nele a necessidade de conversar com alguém (o que nos leva a ser natural), podendo-se eventualmente sugerir-lhe que busque sobretudo um tratamento psicológico.

Pensamos evidentemente que a prática da consideração positiva não está ao alcance de qualquer um e que pode necessitar, da parte do reeducador, um trabalho psicológico sobre ele mesmo. Vê-se também que nem sempre é fácil articular essa atitude com o "ser natural"; ela permite, todavia, "criar um clima afetivo e, ao mesmo tempo, dotado de força".

A consideração incondicional

A consideração incondicional é a atitude pela qual o terapeuta não apresenta condições em prestar ajuda, ficando claro, no entanto, que o paciente respeitará o horário das consultas, fará o necessário para que o terapeuta receba os devidos honorários e não agredirá este mais do que possa suportar.

O fato, por exemplo, de dizer ao paciente que é inútil seguir o tratamento, se ele não quiser se submeter a uma prática cotidiana, corre o risco de tirar uma grande parte da eficácia da reeducação, mesmo que o paciente se submeta a essa condição tornada obrigatória. Será mais vantajoso examinar com ele por que tem

---

* N. de T.: Encontro de profissionais da área médica, idealizado em 1947 pelos professores Guy Laroche e Louis Justin-Besançon (membros da Académie Nationale de Médecine). Esse encontro, que ocorre durante uma semana na Faculté de Médecine Pitié-Salpêtrière (Paris), promove conferências, mesas-redondas e debates sobre os principais avanços da área.

dificuldades em fazer os exercícios e em adequar-se a meios práticos de conseguir isso. Em outras palavras, a falta de treinamento pessoal será considerada um problema a ser resolvido e não um erro inaceitável em relação à técnica proposta.

Não seria demais insistir para que os reeducadores em início de carreira, e mesmo os mais experientes, refletissem sobre essa importante contribuição de C. Rogers[2]. Escuta-se com demasiada freqüência reeducadores se queixarem da falta de cooperação de certos pacientes, ao passo que essa cooperação poderia provavelmente desabrochar e desenvolver-se, respeitando-se mais essas quatro atitudes rogerianas.

PROCESSO DA REEDUCAÇÃO

Sessões de reeducação e exercícios pessoais

A reeducação vocal, tal como a concebemos, comporta, por um lado, um certo número de exercícios que, salvo exceção, são realizados no consultório do reeducador e, por outro, a prática, em princípio, cotidiana, de breves exercícios que o paciente realiza em casa.

Quanto à criança, no entanto, a prática de exercícios regulares nem sempre nos parece útil nem mesmo desejável, sobretudo quando "o dever de fazer os exercícios" se torna fonte de conflito com os pais.

No consultório, o reeducador explica a técnica dos exercícios, orienta o paciente na realização destes, demonstra eventualmente nele mesmo, responde a todas as perguntas que o paciente fizer, dá todas as informações úteis, oralmente e, se necessário, em forma de documentos escritos, e examina com o paciente as dificuldades encontradas tanto na prática vocal comum quanto na prática dos exercícios.

Progressividade dos exercícios

Embora de fácil execução, para que não haja nenhum problema particular, os exercícios propostos devem ser particularmente de realização delicada para as pessoas que apresentam problemas vocais. Essa dificuldade – que desaparece com a evolução favorável do distúrbio vocal – prova, aliás, que esses exercícios são justamente adequados. Exercitando o indivíduo por meio de uma realização fácil não se consegue nada além de normalizá-lo. Acrescentemos ainda que, quando esses exercícios são realizados com facilidade, perdem um pouco de sua utilidade e devem então ser dificultados com elementos suplementares para se conseguir novos progressos; deve-se, no mínimo, passar para outros exercícios. *Em matéria de reeducação vocal, a execução rotineira é um erro fatal.* Cabe ao hábil reeducador propor a seu paciente exercícios suficientemente fáceis para que isso não o desencoraje demais e suficientemente difíceis para que possa progredir. Essa caminhada para o progresso pode ser obtida também elevando-se pouco a pouco o nível de exigência em relação à precisão e à facilidade na realização do exercício.

Em sua *prática cotidiana*, o paciente tenta realizar os exercícios aprendidos. Essa prática é ainda mais eficaz se for realmente cotidiana; pode ser de curta duração, exceto ao final do tratamento, onde se pode prescrever de tempos em tempos uma sessão mais longa destinada aos exercícios vocais, não devendo, porém, ultrapassar 15 minutos. Se o paciente tem pressa, dois minutos é melhor que nada. Na

---

[2] Mais conhecido, na verdade, pela noção de *não-diretividade*, aplicada mais à pedagogia do que ao trabalho reeducativo.

O treino cotidiano

A regularidade nos exercícios é, às vezes, uma batalha difícil de vencer. Para isso, é necessário, passar uns 10 minutos, durante várias sessões, discutindo com o paciente o momento do dia mais favorável a levar uma prática regular e sem problemas, examinando um a um os obstáculos que deve enfrentar. É preciso admitir, no entanto, que o paciente tem, muitas vezes, necessidade de, algumas semanas antes, sentir-se capaz de treinar sozinho, e que insistir demais nisso pode cansá-lo.

verdade, se parar por dois minutos, provavelmente fará cinco e será ainda melhor (sempre é possível dispor de dois a cinco minutos, mesmo que se esteja bastante atarefado durante o dia).

Será vantajoso que o paciente realize seus exercícios sempre no mesmo horário do dia. "Ao chegar em casa" é um momento em geral bem-apropriado. "A passagem de uma certa atividade a uma atividade menor" é um momento favorável. O final do dia (quando se vai deitar) não é, em compensação, o mais indicado, mesmo que a prática do relaxamento possa ser (caso necessário) utilizada para pegar no sono.

Para a realização de tais exercícios, o paciente deverá se isolar – o que nem sempre é simples – e poder dedicar-se inteiramente ao que está fazendo. Assim, por exemplo, é impossível exercitar-se bem cuidando, ao mesmo tempo, das crianças. Um local calmo é preferível; mas também não é impossível realizar os exercícios que propomos em meio ao barulho.

Por outro lado, se os primeiros exercícios são silenciosos (relaxamento, técnica da respiração, exercícios de verticalidade), os exercícios vocais são escutados e isso pode causar alguns problemas. Não se trata, na verdade, do incômodo que a emissão de ruídos fortes possa trazer aos vizinhos: ao contrário, a maioria dos exercícios vocais não requer uma grande intensidade vocal. O incômodo é mais da parte do paciente que pode não se sentir à vontade sabendo que pode ser ouvido. Em tais condições, não se deve hesitar nessa parte do tratamento (que não precisa ser cotidiana) em tomar as providências necessárias para não ser ouvido: tomar um quarto isolado emprestado de um amigo ou disfarçar a emissão da voz com o barulho de um rádio, por exemplo.

Pode-se perguntar o que é mais importante para a eficácia da reeducação vocal: as sessões praticadas no consultório do reeducador ou a prática em casa? Na realidade, são dois momentos diferentes, cuja importância relativa é muito difícil de ser determinada *a priori* e que varia provavelmente conforme cada caso.

Prática no consultório e prática em casa

Certos reeducadores (e mais freqüentemente ainda certos profissionais que encaminham à reeducação) tendem a querer reduzir ao mínimo o número de sessões (a 12, por exemplo), determinando que é o próprio paciente que deve fazer o esforço de se exercitar a partir do momento em que foram dadas as instruções necessárias. Poder-se-ia pensar, em caso extremo, que com alguns manuais que fornecesse, para cada caso, a trajetória a seguir, o paciente poderia fazer sozinho sua reeducação. Não há dúvida de que tal forma de proceder poderia funcionar para um pequeno número de pacientes. Não se vê que, por exemplo, 5 a 10% dos laringectomizados conseguem obter sua reeducação sem qualquer outro tipo de ajuda (ou muito pouca) contando apenas com o manual? No entanto, isso seria esquecer que uma sessão de reeducação é bem diferente de uma simples transmissão de informação e de orientações técnicas. Trata-se de ajudar alguém em dificuldades, respondendo da melhor maneira possível a todas as suas dúvidas, apoiando-o no processo de recuperação de sua função vocal, função que envolve a pessoa por inteiro. Nessas condições, o contato pessoal com o reeducador ainda é, na maioria dos casos, fundamental.

Alguns pacientes, ao contrário, esperam tudo de seu reeducador e têm dificuldade em aceitar que a prática em casa seja realmente importante: "Não vale a pena exercitar-me sozinho – escuta-se com freqüência –; sou tão desajeitado para essas coisas! Tenho tão pouca segurança em fazer corretamente que isso não serve para nada". Ao paciente que expressa esse tipo de objeção, pode-se explicar o seguinte: "Pouco importa se você se atrapalha na hora de realizar os exercícios sozinho. As sessões permitir-lhe-ão perceber os erros e o orientarão pouco a pouco para uma prática correta. Em suma, viva o erro! É percebendo a falha que se progride aos poucos; ao passo que, se você não treinar nunca, será sem-

•••

pre algo desconhecido. O mais importante não é *fazer bem*, mas *perceber bem*. Na sessão, o paciente deve ser guiado passo a passo e, em casa, deve se explorar sozinho.

No final das contas, você verá que é seu esforço pessoal que é o verdadeiro motor de sua reeducação e da ascensão ao domínio do comportamento vocal. Constata-se, de fato, que a ausência da prática pessoal torna o progresso muito mais lento, mesmo multiplicando-se a freqüência das sessões. Atenção, porém, para não culpar o paciente que tem dificuldade em se sujeitar a uma prática regular. Seria ir de encontro ao princípio de "consideração incondicional" (cf. p. 62). Essa dificuldade deve ser encarada como um problema a ser resolvido e não como uma condição *sine qua non*.

Duração e freqüência das sessões

Legalmente, na França, a duração das sessões no consultório do fonoaudiólogo não podem atualmente ser inferior a meia hora. Uma duração média de 45 minutos parece bastante razoável. Quanto à freqüência, para nós, é, em geral, de uma sessão por semana; às vezes, porém, de duas.

Duração objetiva e duração subjetiva

Notemos que a duração da sessão é, às vezes, dificilmente avaliada de maneira objetiva por certos pacientes. Vimos um deles, certamente sem maldade, afirmar que as sessões duravam freqüentemente menos de 15 minutos, ao passo que todas haviam durado no mínimo 45 minutos sem exceção. Isso pode ocorrer seja devido a uma avidez de ordem patológica, seja a uma atitude reivindicatória: "Devem-me infinitamente, pois o que está acontecendo comigo é injusto", ou ainda devido ao fato de que o paciente conta como tempo de sessão o tempo durante o qual pratica os exercícios, descontando o tempo dado à conversa em que se busca ficar a par das dificuldades sentidas no uso de sua voz desde a última sessão e em que se analisa com o paciente os problemas encontrados em sua prática pessoal dos exercícios.

Esse esquema clássico de uma ou duas sessões por semana pode ser substituído por outros. No caso, por exemplo, de um paciente que vem de longe ou que viaja muito, pode-se prescrever um tratamento em séries de sessões aproximadas (5 a 10, de 8 a 15 dias, por exemplo), sendo que cada série mantém um intervalo de algumas semanas ou de alguns meses. Constata-se com freqüência um resultado excelente nos tratamentos praticados desse modo descontínuo. Provavelmente seja porque, nessas condições, o paciente é estimulado pela necessidade a agir de maneira autônoma.

Certos reeducadores indicam tratamentos ainda mais intensivos, comportando, por exemplo, duas sessões por dia em um período de 15 dias, eventualmente repetidos um mês depois (terapia intensiva descontínua de Biesalski). Tratamentos muito intensivos parecem de difícil realização, uma vez que o indivíduo necessita de uma dispensa do trabalho.

Na verdade, o ritmo das sessões não precisa absolutamente ser regular, com a diferença dos exercícios que ganham com isso. Assim, não é necessário alterar a vida do paciente (adiar as férias ou uma viagem) sob pretexto de não interromper a reeducação. A única precaução a ser tomada, no entanto, é organizar de tal modo que as quatro ou seis primeiras sessões sejam seguidas. Se não há tempo para se fazer quatro sessões antes de partir em férias, geralmente é melhor deixar para iniciar a reeducação na volta destas, pois o paciente correria o risco de não ter adquirido suficientemente a técnica dos primeiros exercícios para praticá-los corretamente e mal-entendidos poderiam ocorrer em relação a essa prática.

A respeito da vantagem ou não em se prescrever uma licença de trabalho durante toda uma parte do tratamento, a pesquisa que realizamos, em 1976, mostrou grandes divergências de opinião entre os terapeutas da voz naquela época. Alguns eram favoráveis, argumentando que a licença "propicia o momento de mudar o hábito da voz...", "possibilita a realização de um tratamento cotidiano", "diminui o tempo de tratamento". Outros, hostis, pensavam o contrário: "a licença de trabalho estende o tratamento", ou "a adaptação depois é freqüentemente mais difícil", ou "é importante que o indivíduo siga sua atividade normal durante o tratamento". Refletindo sobre esses argumentos, todos válidos, fica-se tentado a concluir que a solução não está certamente em uma tomada de posição sistemática a favor ou contra, mas em uma atitude de adaptação a cada caso particular, considerando-se os múltiplos fatores psicológicos, sociológicos e profissionais que podem intervir.

Quanto ao número de sessões, evidentemente isso varia segundo o caso. Pode ser inferior a 20 sessões, distribuídas em seis meses, mas pode freqüentemente chegar a 30 ou 40 sessões, distribuídas em seis meses ou até um ano. Às vezes, pode-se ultrapassar bem mais de 50 ou mesmo cem sessões distribuídas em vários anos, sem que se possa falar de abuso.

Na verdade, tudo depende de como o paciente vê sua reeducação. Pode necessitar resolver somente um problema de pura mecânica vocal, no contexto de uma profissão particularmente exposta à disfonia. Nesse caso, provavelmente a reeducação será curta. Pode, em compensação, estar enfrentando dificuldades mais sérias, na medida em que suas relações com a própria voz estão perturbadas ou se há fatores psicológicos graves. Nesse caso, a reeducação poderá ser muito longa. Poder-se-ia objetar, evidentemente, que o paciente deveria então ser encaminhado para um tratamento psicoterápico. Pensamos que, mesmo que isso seja lógico, é preciso, primeiro, que o paciente esteja de acordo. Por outro lado, constata-se que a reeducação permite que muitos pacientes progridam psicologicamente por meio da prática do relaxamento, da reeducação das inibições que dificultam o ato de projeção vocal, bem como da prática de textos; sem contar tudo o que se pode aprender com o simples fato de viver uma situação de reeducação.

Constata-se ainda que a reeducação vocal é, para certos pacientes, uma etapa que permite aceitar posteriormente um tratamento psicoterápico. Temos boas razões para pensar que, nesses casos, a reeducação serviu, como dizemos mais adiante, de degrau para aceder ao tratamento psicológico[3].

INFORMAÇÃO

Segundo a pesquisa citada anteriormente, a maioria dos reeducadores da voz considerava importante dar ao paciente uma informação mais ou menos detalhada a respeito do funcionamento do aparelho vocal, do mecanismo dos distúrbios, do lugar e do processo da reeducação no quadro dos tratamentos que lhe são propostos.

[3] Cf. Capítulo 4.

Nos Volumes 2 e 3, marcamos, para cada afecção, os elementos de informação específicos necessários ao paciente para uma boa compreensão de seu caso particular. Nesse capítulo, retomaremos as informações mais gerais e indispensáveis referentes, de um lado, ao funcionamento e à disfunção do aparelho vocal e, de outro, ao tratamento reeducativo. Tais informações estarão presentes ao longo da reeducação, mas, desde o primeiro encontro, o paciente deverá receber todas as indicações necessárias a uma boa compreensão dos distúrbios que apresenta.

Sobre o funcionamento normal e patológico da voz

A descoberta da imagem laringoscópica, por um lado, e a escuta do primeiro registro da voz, por outro, são dois momentos privilegiados para se responder a todas as dúvidas do paciente, adequando-se à extensão de sua curiosidade intelectual.

A vantagem de uma informação suficiente e adequada nos parece bem exemplificada pelo trecho de uma primeira conversa (cf. p. 68) que tivemos com uma paciente. A transcrição *integral* do diálogo mostra a que ponto a falta de uma informação adequada pode acarretar uma grande confusão.

Em um caso desses, certamente uma informação sucinta sobre a anatomia da laringe e sobre o mecanismo do círculo vicioso do esforço vocal teria evitado muitas angústias dessa pessoa. É bem provável que, apesar da afirmação da paciente, o médico consultado não tenha utilizado a expressão "corda vocal rompida"; ao menos, é o que se espera. Isso não impede que seja dessa forma que essa paciente veja as coisas.

Objetar-se-á talvez que é impossível informar corretamente uma pessoa que está tão pouco interessada em compreender noções como essas. Estamos totalmente convencidos do contrário. A experiência mostra que essa orientação é possível, que pode ser rápida e que é realmente útil ao tratamento.

Há 30 anos, passávamos regularmente aproximadamente 15 ou 20 minutos dando noções elementares de anatomia e de fisiopatologia da laringe com esquemas. Isso nem sempre dava o resultado esperado, pois o paciente não vem *a priori* com a idéia de que lhe será dado um curso. Com a experiência, chegamos a fornecer os elementos necessários a uma boa compreensão do funcionamento normal e patológico da laringe em menos de três minutos. Há alguns anos, a possibilidade de filmar as pregas vocais em ação permite, aliás, uma informação muito mais surpreendente para o paciente.

É preciso ter o cuidado, porém, para que a imagem laríngea seja bem-contextualizada, ou seja, observada pelo paciente no contexto de sua própria anatomia e não projetada na tela como uma imagem exterior a ele. O ponto mais importante é que o paciente pare de pensar que o funcionamento laríngeo é algo extremamente complicado para ele e acessível somente ao especialista. Deve perceber que vai muito rapidamente saber mais sobre esse assunto do que a maioria das pessoas, tão mal conhecido e sobre o qual a imaginação propõe esquemas, às vezes, poéticos, mas freqüentemente muito inexatos.

Pode-se evidentemente objetar que o fato de imaginar seu órgão vocal da forma mais fantasiosa não tem importância alguma. Estamos de acordo em relação ao caso em que a voz não apresenta problemas para o indivíduo. Afirmamos, porém, que isso pode ser prejudicial quando a voz se torna objeto de preocupação.

> **Uma corda rompida!**
>
> FLH – A senhora havia me dito o que exatamente?
> Sra. X – Que perguntei ao doutor, quando ele me auscultou (ele fez como o senhor, me fez pronunciar "e", me fez mostrar a língua) e depois, então, eu disse "o senhor vai me receitar medicamentos". Então ele me disse "não, não, não vou receitar nada, vou lhe fazer uma carta para o Doutor L". Daí, eu lhe disse "mas, o que é que eu tenho?". E ele "bom, a senhora tem uma corda vocal rompida".
> FLH – Rompida, realmente?
> Sra. X – Sim, rompida.
> FLH – O que a senhora sentiu quando ele lhe disse isso?
> Sra. X – Foi um susto... Estava com laringite crônica.
> FLH – Verdade?
> Sra. X – Disso eu estava certa.
> FLH – Sim! Era uma laringite crônica!
> Sra. X – Laringite crônica e depois então... porque ele, ele falava no senhor porque, em suma, não podia fazer nada por mim.
> FLH – Devido à sua corda vocal rompida?
> Sra. X – Sim! Devido à minha corda...
> FLH – E então o que a senhora disse à sua filha?
> Sra. X – Disse-lhe isso.
> FLH – A senhora disse o quê?
> Sra. X – Disse-lhe a mesma coisa.
> FLH – Mas o que exatamente?
> Sra. X – Bom, ela me perguntou: "O que é que tu tens na garganta?". Bem, eu lhe disse: "Escuta, tenho uma laringite crônica, o doutor me mostrou num desenho, assim, e depois, veja, assim" (*fez um gesto com os dedos*).
> FLH – E depois, ele fez a senhora ver o quê?
> Sra. X – Bem, como dizer, isso se afastou, e isso não deveria se afastar!
> FLH – Ah, bom! Mas ele utilizou a palavra *rompida*? O que a senhora sentiu?
> Sra. X – Bem, isso me abateu. Me vi quase como uma deficiente, muda. Eu que gostava tanto de falar, disse a mim mesma: "Se minha voz não voltar, estarei acabada, aniquilada". Desmoronei completamente. Foi isso exatamente o que aconteceu. Confiava nesse doutor, ele fez tudo o que pôde, foi realmente sensacional esse doutor, sensacional, me compreendendo bem, tentando me reanimar, enfim, fez de tudo. E cada vez que eu tinha alguma coisa, ele me encaminhava ao especialista.
> A mesma coisa eles, tão gentis, isso é verdade, e então isso me encorajava. Depois, me deparava com essa voz que não voltava, pois antes era, como direi, de supetão! E depois, repentinamente, perdia novamente a voz e dizia a mim mesma: "De novo, fiquei rouca". E ao telefone, me diziam "Como vai, senhor?". Isso me assustava: "Mas, então, o que é que eu tenho?".
> FLH – O resultado dessa consulta com o especialista foi...?
> Sra. X – Sim, não foi boa para mim.
> FLH – Não foi para a senhora?
> Sra. X – E é por isso que hoje cedo lhe telefonei, aí me disseram que o doutor L não poderia atender antes de tal data. Ah, não! O senhor não pode me receber antes? Infelizmente, não posso! Não posso! Isso não está certo! O que eu vou fazer? O que vou fazer? Vou procurar um outro médico? Mas não arrisquei, pois pensei: "Vão me enviar para lá novamente, é preciso que eu vá lá". Veja o senhor, eu refleti mesmo assim.

Naturalmente, essa orientação varia conforme o interlocutor, mas, de modo geral, pode ter o seguinte formato.

> **A voz, como isso funciona?**
>
> FLH – O senhor tem alguma idéia do que seja uma corda vocal?
> Paciente – Sim, claro, é para produzir a voz.
> FLH – Sim, mas de modo concreto: coloco uma corda vocal em sua mão, o senhor tem o quê na mão?
> Paciente – Oh! Assim, eu não sei! Deve ser um tipo de tendão no fundo da garganta ou talvez no pescoço (*gesto com um dedo mostrando alguma coisa na vertical e de alguns centímetros*), ou talvez lamelas... eu não vejo... devo ter aprendido no colégio, mas não me recordo mais.
> FLH – Fique tranqüilo, o senhor não esqueceu nada. Não se aprende nada sobre isso no colégio e é uma pena. Na verdade, as cordas vocais não são cordas, mas *lábios*. Há mais de 20 anos, aliás, seu nome oficial é "prega vocal".

Paciente – Ah, tá!

FLH – Se o senhor sopra pelos lábios, pode fazer vibrá-los (*ruído do beijo*). É o que acontece quando se toca trompete, clarim, trompa de caça ou trombone. (*Mas talvez o Sr. não toque nenhum instrumento?*). O trompetista faz vibrar seus lábios em sua embocadura, e então as pregas vocais, para utilizar seu nome mesmo, são como lábios colocados na ponta de um tubo, a traquéia, que termina no fundo da garganta, bem atrás do pomo-de-adão (*... que pertence também à Eva!*).

Se represento esse tubo assim (*gesto do polegar e do dedo indicador esquerdos fazendo um círculo para mostrar a traquéia*), as pregas vocais funcionariam como meus dedos (*gesto do indicador e do dedo médio direitos, flexionados para baixo, representando o movimento das pregas vocais; suas primeiras falanges mantidas na horizontal se afastam e se aproximam abaixo do "orifício traqueal"*). Em suma, como uma meia-boca.

Paciente – Sim! E é horizontal!

FLH – Sim! E isso funciona como meus dedos: quando se quer respirar, fica aberto. O ar pode entrar e sair então dos pulmões; quando se quer produzir um som, após ter tomado ar, aproxima-se as pregas vocais, o ar passa então nessa fenda, fazendo vibrar seus lábios.

Paciente – E quando a voz sobe, então, isso depende do quê? Do grau de afastamento das cordas talvez?

FLH – Não, justamente! Normalmente, as pregas vocais estão sempre próximas no momento da fonação, embora deixem passar ar devido à sua vibração. Exatamente como os lábios do trompetista. A qualidade dos sons depende do equilíbrio que se estabelece entre a pressão do ar que vem dos pulmões e a tensão que se coloca nas pregas vocais. No seu caso (*suporemos assim*), é sobretudo esse equilíbrio que apresenta problemas.

Paciente – Mas por que isso acontece comigo? Sendo minhas pregas vocais normais, não deveria ter uma voz normal?

FLH – Não, necessariamente. Para se ter uma voz normal não basta ter pregas vocais normais, é preciso ainda saber utilizá-las de modo normal.

Paciente – Mas o que pode ter acontecido repentinamente para que eu não saiba mais utilizar minhas pregas vocais? Eu não tinha problemas até então!

FLH – Bom, é o resultado do círculo vicioso de esforço. Pode-se dizer que, quando alguma coisa está momentaneamente mal com a voz, qualquer que seja o motivo (*uma laringite aguda, uma fadiga, uma preocupação, etc.*), a primeira coisa que se faz é forçar para que ela saia mesmo assim. Normalmente, paramos em seguida, pois sentimos que é preferível moderar se se quer que isso melhore. Mas, em certos casos, esse comportamento de moderação não se produz. Por exemplo, quando, assim como o senhor, o indivíduo julga que isso lhe é impossível devido a suas obrigações profissionais. É então que, quanto mais se força, mais a voz se torna difícil e quanto mais difícil, mais se força até que isso se torna um hábito, despendendo-se automaticamente 10 ou mesmo 50 vezes mais esforço do que o normal na fala. É essa desordem que a reeducação vocal buscará corrigir.

Paciente – Em suma, é sobretudo uma questão de respiração.

FLH – Sim, mais precisamente do sopro, isto é, a expiração. Mas antes de tentar dominar seu sopro, o senhor deverá trabalhar o relaxamento. Para controlar o sopro, é preciso, primeiro, dominar os "nervos" ou, em outras palavras, sua *energia psicomotora*, ou sua tensão interior, se o Sr. achar melhor.

Paciente – Ioga, em suma!

FLH – Uma parte da técnica que lhe será proposta vem do ioga, de fato, mas é adaptada aos problemas próprios do disfônico. Esse relaxamento lhe fará bem, aliás, não somente por sua voz, mas de uma maneira geral.

Informações complementares são freqüentemente necessárias quanto à importância relativa dos fatores "desencadeantes" e "favorecedores".

O lugar dos fatores desencadeantes

Muitas vezes, por não considerar o mecanismo do círculo vicioso do esforço vocal, o paciente tende a fixar-se sobre um ou outro desses fatores. Isso daria certo se tivéssemos como descobrir em sua disfonia uma causa isolada, tal como sinusite, amigdalite, alergia, germe microbiano particular, etc. O esclarecimento a respeito do lugar de cada fator envolvido – do qual seria estúpido negar sistematicamente a importância – exige freqüentemente um certo trabalho com o paciente. Às vezes, mesmo exames complementares serão prescritos com o único objetivo de tranqüilizar o paciente, mesmo que, para o médico, as coisas estejam perfeitamente claras. Sem esquecer que qualquer médico pode ter surpresas!

Sobre o processo de reeducação – A estátua

Uma maneira bastante fácil de apresentar ao paciente as etapas da reeducação é estabelecer a seguinte comparação: a voz, dir-se-á, é como uma estátua erigida sobre uma praça pública. Se essa estátua apresenta problemas de estabilidade, a origem destes pode residir na própria estátua, sem dúvida, mas, de modo mais freqüente, no pedestal ou no solo.

A reeducação compreenderá assim três etapas.

A primeira etapa (o solo) diz respeito ao domínio da *energia psicomotora*. Por um treino pessoal de prática de relaxamento, o indivíduo aprenderá a controlar sua tensão interior, aprendendo a relaxar, evidentemente, mas também a mobilizar pequenas quantidades de energia (noção de economia de energia). A prática do relaxamento será, por outro lado, o momento de uma tomada de consciência de seu próprio corpo e de desenvolver seu imaginário corporal[4].

A segunda etapa (o pedestal) representa a técnica do sopro e do comportamento geral. Quando se trata de projeção vocal, na verdade, o comportamento fonatório correto implica uma atitude física e mental particular que compreende respiração abdominal e verticalidade.

A terceira etapa (a estátua) diz respeito à própria prática vocal, isto é, aos exercícios vocais.

Nessas condições, o paciente compreende que lhe é impossível adquirir facilmente uma técnica vocal correta sem ter trabalhado previamente a técnica da respiração e praticado exercícios de verticalidade. Compreende, além disso, que essas últimas técnicas não podem ser comodamente abordadas se ele ainda não adquiriu um certo domínio de sua tensão psicomotora: em primeiro lugar, o solo deve ser bem preparado!

Notemos que, mesmo que o paciente tenha aceitado bem a necessidade dessas etapas sucessivas[5] durante a primeira conversa, essa informação deve ser repetida ao final de algumas sessões. De fato, o indivíduo esquece muitas vezes depois de certo tempo as razões, por exemplo, da prática de relaxamento, não percebendo mais tão bem em que essa prática pode ser útil para a sua voz.

O paciente deve ser informado ainda de que deverá exercitar-se alguns minutos todos os dias: 10 a 15 minutos em princípio; eventualmente, menos, quando estiver apressado. Deve-se insistir sobre o fato de que a regularidade dos exercícios é um dos fatores de progresso dos mais importantes.

Explicar-se-á que não há necessidade de um controle contínuo de sua maneira de emitir a voz. Quando se fala, pensa-se em outras coisas e não na voz. Se olhamos constantemente nossos pés quando andamos, sob pretexto de caminhar melhor, temos pouca chance de obter um bom resultado. Trata-se, com efeito, de modificar alguns reflexos, ou sobretudo de *readquirir os automatismos normais que foram perdidos ou distorcidos pelo esforço*.

---

[4] *Imaginário corporal* é um sinônimo mais apropriado para *esquema corporal*.
[5] Na realidade, essas etapas não são exatamente sucessivas: na prática, sobrepõem-se.

A preocupação contínua com sua própria maneira de funcionar não pode em nenhum caso substituir um treinamento metódico e regular, pois somente este é capaz de desenvolver um recondicionamento realmente adequado.

Informações complementares

Poder-se-á orientar o paciente, além disso – mas pode igualmente ser feito mais adiante –, que convém distinguir formalmente o estado de espírito que se deve ter quando se exercita e o que deve existir no momento do uso.

No primeiro caso (*treinamento*), será interessante analisar com precisão as atitudes a serem tomadas, os movimentos a serem realizados, as sensações a serem percebidas no momento da execução dos exercícios: trata-se, nesse caso, de regulagens a serem feitas. A atenção ao detalhe é aqui fundamental.

No segundo caso (*uso*), a única coisa que se pode fazer é restabelecer-se rapidamente quando se percebe que há esforço para falar: uma pausa de um ou dois segundos, um suspiro, um esforço de soerguimento do corpo, uma rápida atenção à respiração abdominal e se recomeça sem pensar muito na técnica.

Uma comparação com a maneira de se utilizar um automóvel permite compreender melhor esse, ponto importante: não nos comportamos com um automóvel da mesma forma na rua, quando vamos a algum lugar, e à oficina, para arrumar alguma coisa ou fazer uma revisão. Na oficina, ficamos preocupados com o detalhe de funcionamento de cada órgão, que se observa atentamente, experimenta-se, somos exigentes (a princípio) com o bom funcionamento da mecânica. Na via pública, pensa-se sobretudo em se chegar onde se quer. Em caso de dificuldade, um conserto um pouco mas rápido parece preferível. De qualquer forma, não interessa olhar o motor quando se dirige.

Durante a reeducação, uma série de outras informações pode ser dada no momento da prática dos exercícios e das dificuldades encontradas. Veremos, por exemplo, no capítulo dedicado ao relaxamento, como a noção das quatro funções da mente, segundo Jung, permite combater eficazmente o perfeccionismo que atrapalha com freqüência a prática desse exercício.

Informações de ordem lingüística serão também muitas vezes úteis. A noção das *três faces da manifestação falada*, segundo Troubetskoy[7], a definição da *projeção vocal* e o esquema de *distribuição* da "energia de convicção", tais como apresentamos no Volume 1, serão, na maioria dos casos, explicados ao paciente de modo mais eficiente.

Deve ficar claro, porém, que é interessante se fazer o possível para apresentar essa informação de modo não-prescritivo, mantendo um clima de troca com o paciente, que normalmente tem também muitas coisas a ensinar a seu reeducador.

Observação a respeito dos exercícios

Antes de começar a descrição dos exercícios utilizados na reeducação vocal, convém observar que eles não têm a mesma importância. Alguns aparecem como *primordiais*; nesse sentido é que, em nossa prática, nenhum disfônico – salvo exceção – poderia ser dispensado. Uns, em compensação, serão propostos somente a certos pacientes para os quais a introdução direta aos exercícios primordiais é impossível: tratam-se de exercícios *auxiliares*. Outros, por fim, servem para corrigir problemas particulares: estes são exercícios *secundários*.

☞

---

[7] Cf. A voz, Volume 1, Capítulo 8.

Os exercícios primordiais

Para o relaxamento
Relaxamento com olhos abertos (cf. p. 78)
Respiração ramificada (cf. p. 108)

Para o sopro
Sopro ritmado (cf. p. 132)
Sagitário (cf. p. 139)
Porco-espinho (cf. p. 142)
Dragão (cf. p. 144)

Para a verticalidade
Esfinge (cf. p. 151)
Suspiro do samurai (cf. p. 152)
Cinco charneiras (cf. p. 156)

Para a voz
Mosca (cf. p. 163)
Ma, Me, Mi, Mo, Mu (cf. p. 163)
Gravollet (cf. p. 155)
Quintas (cf. p. 164)
Contagem projetada (cf. p. 172)
Dragão-texto retotono (cf. p. 178)

Parece-nos interessante fornecer aqui a lista dos 15 exercícios primordiais que serão assinalados no texto, chamando a atenção do leitor pelo sinal...

TÉCNICAS DE RELAXAMENTO

A utilização do relaxamento no tratamento dos distúrbios vocais está em evidente ascensão há várias décadas. É o que já evidenciava certamente os resultados de uma pesquisa internacional, realizada em 1976.

A favor ou contra o relaxamento

De 108 reeducadores entrevistados, tanto na França quanto no exterior, em 1976, 50 declararam praticar "sempre" o relaxamento no tratamento das disfonias disfuncionais, 51 declararam praticá-la "às vezes" e 7 apenas declararam não praticá-la "nunca".

Evidentemente, o relaxamento é utilizado há muito tempo por certos profissionais da voz antes de iniciar a técnica vocal. É assim que, pessoalmente, pudemos conhecer a prática de um certo tipo de relaxamento, freqüentando o curso de arte dramática de Charles Antonetti, nos anos 50.

Por outro lado, Luchsinger e Arnold, citando Panconcelli Calzia, ressaltam a possível vantagem da *Active relaxation therapy*, de Faust (1954), para a terapia dos distúrbios vocais. O Treinamento Autógeno, de Schultz, é igualmente citado por esses autores. No entanto, se, em 1958, Van Riper e Irwin dedicam algumas páginas ao relaxamento, citando o relaxamento progressivo, de Jacobson, o relaxamento "semântico", de Johnson, bem como o ioga, é principalmente para chamar a atenção contra uma utilização extremamente generalizada dessas práticas. Deixam entender que, na verdade, a descontração obtida é o resultado da simples presença do terapeuta em quem se confia: "o melhor agente relaxante é um bom terapeuta". Além disso, perguntam-se "se é realista, nesse mundo de aço, pedir a alguém para se tornar boneca de pano[a]".

No tratado de Tarneaud, não se encontra nenhuma menção feita à utilização do relaxamento. Essa palavra é citada apenas uma vez na edição de 1961 e justamente para criticar seu emprego.

[a] Vê-se que há aqui confusão entre o estado obtido na sessão e o benefício que se pode obter na vida da experiência feita na sessão desse estado.

Devemos ter atenção com o fato de que a palavra relaxamento não tem o mesmo sentido para todo mundo.

O relaxamento pode ser:
– relaxamento muscular (para Tarneaud) (1);
– ou ainda a experiência sistemática do relaxamento muscular durante um treinamento guiado, com o objetivo de obter não o próprio relaxamento, mas o controle deste (2).

Pode ser também:
– um estado de descontração profunda induzida pelo terapeuta, acompanhada por uma redução mais ou menos grande da vigilância (estado hipnóide) (3);
– ou ainda um estado de descontração também marcado, mas obtido ativamente pelo próprio indivíduo e sem diminuição da vigilância (4).

Pode ser também:
– uma simples ginástica, visando ao domínio corporal e à tomada de consciência do corpo (5);
– ou ainda uma prática orientada para o próprio conhecimento por meio da análise dos acontecimentos que constituem, no decorrer dessa prática, o vivido corporal no contexto da relação com o terapeuta (6).

Como se vê, conforme o caso, está-se do lado do "soma" ou da "psique". Certamente, a grande vantagem dessas práticas está em poder-se situar tanto de um lado quanto de outro.

Quando se trata de sua utilização em vista da reeducação vocal, o relaxamento deve, para nós, ser compreendido como um exercício de domínio do tono muscular (2), obtido por uma prática pessoal em que o paciente é ou se torna pouco a pouco autônomo (4). Essa prática consiste em uma ginástica do corpo e da mente que avança para um melhor conhecimento de si e sobretudo da energia contida em si mesmo (6). Assim, ela visa, não à própria descontração, mas a *um controle sadio da energia psicomotora*, essa energia que está em nossa mente e, ao mesmo tempo, em nossos músculos, sem que ninguém saiba realmente como se dá a comunicação entre um e outro desses domínios da economia psicossomática.

Acrescentemos a respeito desse sexto ponto que, mesmo que a análise das reações transferenciais não integre aqui o programa, elas não podem deixar de ser realizadas.

Alguns de nossos correspondentes, no momento da entrevista rápida, justificaram sua oposição à prática do relaxamento, deixando entender que esta é de competência da psiquiatria *"e não tem, conseqüentemente, nada a ver com a reeducação vocal"*. Particularmente, parece-nos impossível colocar barreiras rígidas desse modo entre áreas vizinhas, como a foniatria e a psiquiatria. Isso, no entanto, levanta problemas quanto à competência dos terapeutas. Para nós, essa competência está, fundamentalmente, em *uma prática pessoal, em um trabalho sobre si mesmo*, sem os quais não se poderia de modo eficiente exercitar um paciente. Não se pode levar alguém aonde de fato nunca se foi.

A contribuição da prática do relaxamento ao tratamento dos distúrbios vocais aparece claramente se considerarmos os seguintes aspectos:

– as perturbações que atingem a voz e a fala caracterizam-se, em muitos casos, por um comportamento de esforço que resulta, como vimos, do círculo vicioso do esforço vocal; o exercício de relaxamento permite ao indivíduo quebrar esse círculo vicioso graças à aquisição do domínio de sua energia (energia psicomotora), primeira condição de um comportamento fonatório "econômico" e bem-adequado;

– o sintoma vocal é freqüentemente apenas a manifestação de um distúrbio mais geral, que envolve a vida relacional do indivíduo e a dinâmica de seu comportamento global. É lógico, nesse caso, prescrever um tratamento que não pare no sintoma vocal. Ora, a prática do relaxamento revela-se totalmente suscetível de ajudar o indivíduo a encontrar seu equilíbrio psicológico. A iniciação do paciente à prática pessoal do relaxamento confere, assim, à reeducação vocal uma dimensão psicoterápica. Essa extensão do tratamento foniátrico justifica-se perfeitamente na medida em que a voz e a fala não poderiam ser abordadas de modo adequado se permanecessem em seu aspecto puramente mecânico. A voz e a fala integram-se nas funções de expressão e de relação com o outro;

– a ação terapêutica pela qual o paciente é levado a controlar sua energia psicomotora aparece como uma excelente preparação ao trabalho pelo qual será, em seguida, levado a controlar sua voz e sua fala, com todas as implicações psicológicas que isso apresenta, como veremos;

– na prática, pode-se verificar que a utilização do relaxamento permite ao tratamento foniátrico um resultado mais rápido, mais profundo e sobretudo mais duradouro;

– e, finalmente, a idéia de relaxamento é, em geral, muito bem-aceita pelos pacientes que têm consciência de seu nervosismo, ansiedade, emotividade ou sobrecarga.

Antes de abordar a descrição de nossa própria prática em matéria de relaxamento (relaxamento com olhos abertos), diremos algumas palavras a respeito dos outros métodos.

Método de Schultz

É o método mais antigo (1932) conhecido na França desde aproximadamente 1950. Utiliza a heterossugestão e depois a auto-sugestão. É chamado ainda autodescontração concentrativa ou treinamento autógeno.

Esse método, praticado em posição deitada e com os olhos fechados, comporta um certo número de estágios. Cada estágio caracteriza-se por um tipo de sugestão. Falaremos um pouco sobre os dois primeiros estágios desse método na medida em que isso nos possibilitará fazer observações a respeito dos processos psicofisiológicos que intervêm no relaxamento em geral.

▶ *Fase preparatória*

O indivíduo é, primeiramente, solicitado para se concentrar na frase: "estou completamente calmo". Somente o fato de fixar sua atenção nessa frase induz efetivamente um estado relativo de distensão psíquica e física. Cada um pode facilmente testar.

▶ *Primeiro estágio*

Passa-se, em seguida, à primeira sugestão propriamente dita, que é formulada da seguinte forma: "Meu braço direito está pesado". O indivíduo deverá repetir, em casa, esses exercício que consistem em se concentrar nessa frase até que constate efetivamente uma sensação de peso em seu braço direito. Quando isso for obtido, faz-se o mesmo com o braço esquerdo, depois com a perna direita e com a perna esquerda.

A duração de cada sessão é variável: cinco minutos, para alguns autores, meia hora, para outros.

▶ *Segundo estágio*

A sugestão desse segundo estágio diz respeito à sensação de calor. O indivíduo é solicitado a se concentrar na frase: "Meu braço direito está quente". É uma experiência bastante surpreendente constatar que a repetição mental dessa frase acaba realmente dando a impressão de que o braço considerado está quente. Quando isso é obtido, passa-se para os outros membros, da mesma forma que a sugestão anterior.

Sensação de peso ou de leveza

Notemos que a sensação de peso pode muito bem ser substituída pela sensação de leveza e de vôo: quando se utiliza a frase "Meu braço está partindo" ou "Meu braço está relaxado" ao invés de "Meu braço está pesado", observa-se que essa sensação de vôo é obtida em um a cada seis indivíduos aproximadamente.

Esse fenômeno pode ser explicado da seguinte maneira: ele depende da forma como se apagam as diversas aferências sensoriais no momento do relaxamento. Geralmente, são as sensações proprioceptivas provenientes dos tendões e das articulações que se apagam primeiro devido ao relaxamento muscular. A sensação de apoio do membro no plano horizontal que persiste começa a ficar cada vez mais forte em relação à sensação de posição do membro que vai-se apagando. Em certos casos, é a sensação cutânea que desaparece primeiro, então se tem uma impressão de dissolução ou de vôo do membro.

Com treino, pode-se sugerir um ou outro dos dois estados. Isso constitui, desse modo, uma espécie de ginástica, um tanto divertida, que, quando é possível, prova que o estado de relaxamento está bem-estabelecido. Podemos resumir da seguinte maneira: "quando o relaxamento muscular é obtido, as aferências sensoriais interrompem-se de tal forma que mais nada impede as eventuais fantasias da imaginação". Assim, pode-se imaginar o que se quiser. Por exemplo, que as pernas (alongadas) são verticais ou que os braços (colocados sobre si) estão, de fato, cruzados nas costas, etc. Se tais imaginações desencadearem pânico, por mínimo que seja, basta mexer levemente o dedão do pé ou o dedo mínimo para voltar instantaneamente à realidade (!).

▶ *Estágios seguintes*

O método de Schultz comporta ainda quatro outros estágios que apenas citaremos. O terceiro diz respeito à regulagem dos batimentos cardíacos, o quarto, à regulagem da respiração, o quinto, à sugestão de calor epigástrico, e o sexto, à sugestão de frescor da testa.

Esses seis estágios constituem, na verdade, o ciclo inferior do método que pode ser completado por um ciclo superior orientado para a meditação. Normalmente reduzido ao ciclo inferior, esse método pode ser definido como uma psicoterapia (e não como uma fisioterapia). É indicado nas "reações neuróticas superficiais, nas reações psicossomáticas e nas diversas doenças funcionais" (R. Durand de Bousingen).

Notemos, para finalizar, que esse método tem um efeito e que, em mãos inexperientes, pode desencadear crises de angústia. Deve, portanto, ser realizado somente por terapeutas que tenham praticado adequadamente essa técnica durante, no mínimo, um ano.

Método de Ajuriaguerra

Esse método é voltado à análise das resistências ao relaxamento no contexto da relação relaxador ou relaxado e introduz a noção de "diálogo tônico".

Evita intencionalmente qualquer indução pela sugestão: o indivíduo deve buscar relaxar, por exemplo, sua mão direita e tentar sentir todas as sensações percebidas nesse nível. Estas serão uma descoberta autônoma do paciente. A presença do outro influencia o estado "tônico-afetivo" do paciente. Esse outro – o terapeuta – procede por mobilizações do membro relaxado, permitindo a confrontação entre o *vivido subjetivo* e a constatação objetiva.

Calor ilusório ou calor real

Notemos que, no segundo estágio de Schultz, não se trata simplesmente de uma impressão subjetiva. Pôde-se constatar, de fato, que a temperatura cutânea aumenta realmente com a influência da auto-sugestão de calor no membro considerado. Acrescentemos que o resultado é muito mais rapidamente obtido se, ao invés de se concentrar na frase, representamos mentalmente a própria sensação de calor; se imaginamos, de algum modo, o resultado a ser obtido como já obtido.

Esse fato é muito interessante na medida em que mostra o poder da representação mental sobre certos fenômenos físicos, isto é, do imaginário ou da *função imaginante*.

Aqui, a representação desejada, ativa, criadora, do braço quente induziu a uma modificação biológica: provocou uma vasodilatação cutânea, fenômeno que se produz justamente quando, por algum motivo, esse membro está quente.

Assim, se a vasodilatação provoca uma sensação de calor, a imaginação dessa sensação produz a vasodilatação que, normalmente, está associada àquela. Dessa forma, um fenômeno passa do imaginário à realidade. A vasodilatação pode, aliás, tornar-se um ato voluntário. Schultz conta o caso de um pianista que serviu como soldado no Fronte Leste, durante o inverno de 1943, conseguindo, graças ao Treinamento Autógeno, preservar seus dedos das consequências do frio intenso.

Muitos de seus companheiros tiveram, com efeito, de sofrer amputações devido ao gelo. A cada 10 minutos, esse homem provocava voluntariamente, por meio da sugestão do calor, um fluxo de sangue em seus dedos, o que lhe permitiu, após a guerra, voltar a tocar seu instrumento sem problemas.

Se refletirmos um pouco sobre isso, não foi de outra forma que adquirimos os movimentos voluntários. Assim, com apenas algumas semanas de vida – e talvez mesmo antes de nascer – você percebeu próximo a seu rosto um objeto deslocando-se (sua própria mão), o que despertou o prazer de chupar o dedo. Essa representação imaginária produziu o estabelecimento de todos os elementos que normalmente vêm junto com o dedo na boca: flexão correta do antebraço, orientação adequada do rosto, posicionamento dos lábios, etc. Foi muito tempo depois que a flexão do antebraço se tornou, para você, um movimento voluntário possível, mas se pode afirmar que o controle de sua vontade em relação a esse movimento passou inicialmente pela ação de sua função imaginante.

Essa maneira de ver permite tranqüilizar certos pacientes no início da prática do relaxamento, quando se trata, para eles, de experimentar as sensações de peso ou de calor. Esses pacientes ficam incomodados, de fato, pelo medo de serem vítimas de ilusões e por seu desejo de distinguir claramente o real do imaginário. Ora, observa-se que, no nível do vivido corporal, há uma ambigüidade natural e que o desejo de eliminar tal ambigüidade só afasta um real conhecimento de si mesmo. Nessa matéria, é muito interessante compreender o poder da *função imaginante*. O controle da energia psicomotora depende finalmente desta.

O terapeuta é a testemunha generosa das dificuldades subjetivas que a realidade da descontração obtida representa. "A ação terapêutica pode se situar em distintos níveis, conforme o ponto de vista inicial do terapeuta, o desejo do doente e as possibilidades práticas. Pelo relaxamento, é possível propor uma descontração muscular sugerida, a descoberta do corpo enquanto fonte de prazer, a possibilidade do controle tônico em situações diversas em relação a uma realidade externa e, por fim, *o controle tônico-emocional em relação ao Outro* (por elaboração dos sintomas e dos conflitos)". É nesta última acepção que está situado o método de Ajuriaguerra.

Relaxamento de sentido psicanalítico (Sapir)

Esse método deriva do de Schultz, mas, por seu espírito, aproxima-se um pouco do de Ajuriaguerra. Diferentemente do que ocorre no método de Schultz, a indução não se limita a algumas frases curtas e estereotipadas. Da parte do terapeuta, trata-se de um verdadeiro discurso que varia de um para outro, descrevendo as sensações corporais ou utilizando imagens e comparações sugestivas.

O objetivo é obter uma regressão profunda para que, a partir desse retorno, seja possível uma evolução para uma estruturação, partindo do que o paciente verbaliza a respeito do vivido durante a sessão.

Método de Jacobson

Criado praticamente ao mesmo tempo que o método de Schultz, define-se como progressivo e diferencial. Contrariamente a este último, não utiliza a sugestão, mas parte do controle consciente do tono muscular e do relaxamento progressivo: "A experiência do indivíduo das *tensões-descontrações* lhe permite aproveitar o relaxamento progressivo e o leva ao controle muscular"[7]. Não insistiremos mais a respeito desse método que não é muito praticado na sua forma original (bastante obsessiva), salientando apenas que muitas práticas utilizadas em psicomotricidade fazem referência diretamente a ele.

Relaxamento estático-dinâmico (Jarreau e Klotz)

Esse método, bastante parecido com o nosso, é inspirado ao mesmo tempo no de Schultz e no de Jacobson. Associa exercícios estáticos e exercícios em movimentos (derivados do método de Youri-Blistin); utiliza igualmente certas práticas da Hatha-

---

[7] Citado por E. Désobeau.

loga e do Zen Budismo. Inicialmente, recorre a formulações auto-sugestivas, tais como "Meu braço está pesado", como no método de Schultz, ou "Tente ficar calmo" ou "Deixe seu braço pesar sobre o divã e busque sentir como está pesado". Esse exercício é breve (1 minuto) e deve ser repetido cotidianamente, três vezes ao dia em casa. Durante a consulta, o indivíduo passa por um controle de seu estado de relaxamento por mobilização dos membros. Assim, o paciente pode comparar sua impressão subjetiva e seu estado de descontração real, o que permite revelar *paratonias resistentes*. Vários exercícios, de ordem estática ou dinâmica, são praticados, tais como alongamentos, abaixamento ativo dos ombros, rotação da cabeça, hiperextensão dos dedos das mãos. Após os exercícios, o paciente verbaliza o que sentiu e se chega assim a um aspecto de psicoterapia verbal, propositadamente restrita nesse método, embora o estabelecimento de uma relação positiva entre relaxador/relaxado seja um fator primordial. Jarreau ressalta "que, ao contrário do método de Schultz, em que as resistências são *encobertas* a favor do elemento sugestivo, seu método confronta o doente com suas próprias defesas e o ajuda dessa forma a se livrar delas".

Método de Wintrebert

Trata-se de um método adaptado à criança, composto por três etapas.

Primeira etapa: a criança fica deitada, de preferência com os olhos fechados. Movimenta-se sucessivamente cada um de seus membros, segmento por segmento. Na mão, por exemplo, faz-se uma extensão, depois uma flexão, 10 vezes aproximadamente, em um ritmo preciso (três movimentos durante dois segundos, por exemplo). Pede-se então à criança para que deixe sua mão passiva, para que não se movimente mais. A criança acaba, dessa forma, deixando seu corpo ser controlado por outro.

Segunda etapa: a criança deve levantar sozinha a mão, o antebraço ou o braço e deixá-los cair.

Terceira etapa: a criança deve pensar na descontração e obtê-la sem mover os membros. A descontração é induzida então por simples indicações verbais e tácteis.

Numa outra fase, a criança aprende a passar de certas atitudes ao relaxamento muscular total e a controlar sua respiração.

Sofrologia

É a denominação da hipnose sem qualquer conotação de charlatanismo ou mistério. Esse método é, atualmente, utilizado em cirurgia dentária, permitindo a obtenção de anestesias locais com redução ou supressão do produto anestésico.

Utiliza sugestões referentes às sensações corporais e a todo tipo de vivências imaginárias. A eficácia da sugestão é reforçada por orientações que fixam a atenção do indivíduo e pelo emprego de uma fala monótona, o *terpnos logos*. Desse modo, podem-se obter – se o paciente concordar – estados de consciência bastante particulares, indo do relaxamento simples aos estados de sonambulismo. Nesses estados, o indivíduo torna-se receptivo a qualquer ordem que lhe seja dada, com exceção de algo que vá contra seus princípios morais. Felizmente, estes acabam, de fato, despertando o paciente.

A sugestão por hipnose foi muito utilizada na tentativa de fazer desaparecer certos distúrbios do comportamento (a gagueira, por exemplo). Infelizmente, seu eventual efeito não é duradouro e pode provocar desagradáveis deslocamentos de sintomas. Aliás, foi do fracasso do tratamento hipnótico das neuroses que nasceu a psicanálise. A sofrologia pode ser útil, no entanto, para certos resultados pontuais interessantes, como a anestesia dentária, por exemplo. Na terapia dos distúrbios da voz, permite superar certas resistências ao relaxamento. Permite ainda que se consiga do indivíduo uma prática regular de seus exercícios, contanto que ele esteja de acordo.

Relaxamento locorregional

Certos movimentos permitem ao paciente uma descontração muscular localizada preparatória à prática de exercícios vocais. Em nosso levantamento de 1976, destacamos alguns desses movimentos. Trata-se essencialmente de movimentos da cabeça (oscilações lentas da cabeça da direita para a esquerda e de cima para baixo), de descontração dos maxilares (estalo do maxilar), descontração do pescoço e dos ombros, e de suspiros profundos. Esses relaxamentos locorregionais podem ser acompanhados de certas ginásticas que preparam o paciente, no início da sessão, para os exercícios vocais.

Citemos, por exemplo, o seguinte exercício (proposto por Reiko): sentado no chão, com as pernas estendidas na frente e os braços estendidos lateralmente, inspirar profundamente e expirar lentamente, inclinando-se para frente, levando o rosto na direção das pernas.

Descreveremos mais adiante alguns exercícios destinados à descontração dos maxilares e da língua que integram esse quadro de relaxamento locorregional.

☞ Relaxamento com "olhos abertos" (F. Le Huche)

É importante esclarecer, inicialmente, que esse método não é uma invenção inteiramente nossa. Foi a partir de um curso seguido nos anos 50, no teatro-escola Perceval, sob a direção de seu criador Charles Antonetti, que chegamos a esse tipo de relaxamento. Na época, Charles Antonetti chamava seu método de *relaxamento dinâmico*. Alguns elementos foram tomados também de Youri Blistin-Martenot, e, com certeza, há igualmente um parentesco com as técnicas eutônicas de Gerda Alexander.

A palavra *relaxamento*, na verdade, não é realmente a mais adequada a essa prática. Como poderá ser observado, ela não é direcionada apenas ao relaxamento muscular, mas ao *controle da energia psicomotora*[8]. De fato, o paciente é levado progressivamente tanto à descontração quanto à movimentação de sua musculatura de forma precisa e controlada.

Trata-se de um exercício de pouca duração durante o qual o indivíduo deve adotar uma respiração especial com suspiros intercalados por pausas, mais ou menos longas, em "apnéia confortável". Em algumas dessas pausas, o paciente deverá realizar movimentos ditos de contração-descontração localizados, numa espécie de passeio circular em torno de si, implicando sucessivamente a mão e o braço direitos, a perna e o pé direitos, a perna e o pé esquerdos, a mão e o braço esquerdos, o ombro esquerdo, a cabeça e, por fim, o ombro direito. Como já se pode constatar observando o memento (cf. p. 88), esse exercício destina-se tanto à realização de um movimento preciso quanto à receptividade das sensações corporais sentidas.

▸ *Por que esta técnica?*

A razão por que adotamos e adaptamos essa técnica, que se diferencia em vários pontos importantes dos métodos mais tradicionais, é a necessidade que tínhamos quanto aos 5 seguintes aspectos, impostos pelo problema específico do disfônico.

---

[8] Notemos que a palavra *controle* exclui aqui qualquer idéia de repressão; deve evocar sobretudo a idéia de *movimentação saudável*, de um *saber movimentar-se*, de destreza.

RAPIDEZ DOS PRIMEIROS RESULTADOS

Os outros métodos raramente prometem um efeito favorável antes de vários meses de prática. Ora, considerando que o disfônico tem, muitas vezes, pressa e impaciência, parecia-nos indispensável a obtenção de um primeiro resultado em menos de um mês.

CARÁTER POUCO RESTRITIVO

Com freqüência, o disfônico tem uma vida particularmente sobrecarregada de atividades e de preocupações. Era necessário, portanto, que essa técnica exigisse apenas um tempo de aprendizagem reduzido, de maneira que sobrasse tempo nas sessões para as outras técnicas. Por outro lado, era necessário que fosse uma prática cotidiana, mas curta, não passando de 10 minutos.

APRESENTAÇÃO MAIS ATRATIVA E CARÁTER DINÂMICO DESSA PRÁTICA

Um exercício puramente mental é difícil para o paciente disfônico, freqüentemente *ansioso por agir* e pouco inclinado à meditação. É por isso que preferimos uma prática constituída de *coisas para se fazer* e suscetível de ser interpretada como uma simples ginástica muscular e respiratória com objetivos precisos e pontos referenciais bem-definidos.

POSSIBILIDADE DE EXECUÇÃO EM UM AMBIENTE MAIS AGITADO

Contrariamente a muitos outros métodos, o ambiente "silencioso" não é, neste caso, indispensável, e isso facilita imensamente a realização regular de uma prática.

CARÁTER NÃO-ANSIOSO E NÃO-OBSESSIVO

A obrigação de manter os *olhos abertos* constitui o primeiro amparo contra a ansiedade que pode ser decorrente de um relaxamento profundo, demasiadamente profunda ao que queremos propor. Falaremos mais adiante sobre o que representa, além disso, a obrigação de manter os olhos abertos, que é a principal novidade de nossa técnica.

Um outro amparo contra a ansiedade é a *presença verbal* constante do terapeuta durante as sessões de aprendizagem. Este dá, de fato, as instruções e comenta constantemente as realizações do indivíduo, como poderá ser observado com a leitura do registro integral de uma sessão.

O terceiro amparo contra a ansiedade está no fato de que o terapeuta "manipula" o paciente em alguns momentos. Na hora oportuna, ele levanta um ombro, gira a cabeça, ou mesmo apóia a ponta dos dedos na parte justaclavicular do tórax, entre outras coisas. Tudo isso visa principalmente a mostrar ao paciente as tensões remanescentes, mas como uma preocupação secundária, buscando protegê-lo da angústia.

Evidentemente, fica-se privado, dessa forma, das possibilidades terapêuticas relacionadas à análise dessa reação de angústia. Preferimos contudo nos privar disso e conservar assim um caráter mais anódino da técnica, que permite uma aplicação mais ampla.

▶ *Execução do exercício*

O exercício é praticado em casa, uma vez por dia, durante alguns minutos. O momento de sua execução deverá ser bem-escolhido para que este se torne rapidamente um hábito regular. A duração deverá ser em torno de 5 a 7 minutos, reduzida eventualmente a 2 ou 3 minutos nos dias em que o tempo for curto.

O paciente deita sobre um plano relativamente duro, sobre um tapete, por exemplo, ou numa cama, se esta não for macia demais ou para dentro (a hora de se deitar, como havíamos dito, não é aliás o melhor momento para o exercício). Pode colocar eventualmente um travesseiro – bastante firme – sob a cabeça, cuidando para que sua nuca fique livre; coloca também, se necessário, um travesseiro sob os joelhos, com o objetivo de evitar as dores lombares. Em alguns casos, pode-se propor uma posição semi-sentada ou mesmo, com alguns cuidados, completamente sentada, mantendo-se a cabeça, porém, apoiada atrás.

TEMPO 1: PERÍODO DE ADAPTAÇÃO À POSIÇÃO HORIZONTAL

Durante um certo tempo (de 10 segundos a 2 minutos), o paciente toma consciência de sua própria posição, acomoda-se de alguma forma. Verifica se está confortavelmente apoiado nas costas e se os lados direito e esquerdo de seu corpo estão apoiados de forma igual no plano horizontal. Arruma, conforme sinta necessidade, a posição de seus ombros ou de seu quadril.

Não une os calcanhares, mas não os afasta além da medida de um pé; deixa as pontas dos pés cair cada uma para seu lado, tentando manter seus joelhos mais ou menos para fora (acompanhando os pés).

Verifica se o eixo de sua cabeça e o eixo de seu corpo estão na mesmo linha. Eventualmente, vira levemente, uma ou duas vezes, a cabeça para a direita e para a esquerda, assegurando-se de que seu pescoço está descontraído e de que seu mento está "próximo da garganta", o que significa que a cabeça não está caída para trás.

Os *olhos permanecem abertos,* e seu olhar dirige-se para cima e levemente para frente (de 70º a 80º acima da linha do horizonte).

As mãos ficam sobre seu corpo, uma sobre a barriga, *na altura da cintura,* e a outra sobre o tórax, *acima do peito,* bem próxima da clavícula. Os cotovelos repousam levemente sobre a base, mesmo que, no caso de um indivíduo corpulento, para isso seja preciso afastar lateralmente as mãos. Os dedos ficam alongados e unidos: eles têm a função de "captores sensoriais", permitindo ao indivíduo controlar os movimentos de sua parede abdominal e de sua caixa torácica.

O indivíduo não precisa ficar imóvel (nada se opõe tanto ao relaxamento quanto à imobilidade forçada!). É sempre permitido mexer-se um pouco na medida em que esse movimento é feito com o objetivo de um relaxamento maior. É recomendado até quebrar a imobilização total, movendo um joelho, um cotovelo, as costas, as pernas, pescoço, buscando (de modo não desagradável) adotar o que se chama "posição de petrificação" da qual falaremos mais adiante a respeito das táticas de movimentação.

Durante esse período de adaptação à posição horizontal, pede-se ao indivíduo que observe sua respiração *sem alterá-la.* É abdominal? Torácica? Ou as duas ao mesmo tempo? Nesse último caso, qual a que predomina, a torácica ou a abdominal? No início dessa técnica, o indivíduo constatará que, na verdade, é impossível observar sua respiração sem alterá-la. Em geral, essa observação desencadeia, além de uma certa rigidez, uma diminuição do ritmo e, muitas vezes, interrompe com um desses movimentos (torácico ou abdominal). Pode-se então incitar o indivíduo a um ritmo um pouco mais rápido, sem ficar preso à regularidade, e à predominância torácica (o que pode ser surpreendente), em um contexto de leveza do movimento. Isso poderá ser feito com a seguinte instrução: "Não diminua seu ritmo respiratório, acelere-o um pouco mais, não deixando-o relentar, como acontece involuntariamente quando se observa a respiração. Tente manter uma respiração *mais abdominal do que torácica* e sobretudo fácil e não necessariamente regular. Tente observar o quanto de energia muscular você despende na respiração. A boa resposta é: "o mínimo"! Mas cuidado: não é o movimento que deve ser reduzido, mas a quantidade de energia implicada nesse movimento. É dessa forma que seu conforto respiratório será o menos perturbado possível pela atenção dada".

Às vezes, é necessário dar ao indivíduo, desde o início, algumas informações referentes à noção de *natural do movimento respiratório* e às relações que se estabelecem entre seu ritmo, seu estilo e sua amplitude.

O movimento respiratório e suas variações

O movimento respiratório é descrito conforme três parâmetros. O primeiro é o *ritmo* que pode ser mais ou menos regular, mais ou menos rápido ou mais ou menos lento. O segundo é a *amplitude*, conforme a qual o deslocamento das paredes corporais é mais ou menos marcado. O terceiro é o *estilo*, segundo o qual o movimento é predominantemente (ou exclusivamente) torácico, abdominal ou vertebral.

Lembremos que, na respiração natural em repouso, deitado ou sentado, o estilo do movimento respiratório varia, como dissemos[a], conforme "o que se tem na cabeça". Se você não pensa em "grande coisa", se você está, por exemplo, em um estado de sonhos vagos, em um contexto de sonolência pós-prandial, sua respiração é estritamente abdominal; mas se qualquer coisa lhe desperta e lhe interessa – talvez mesmo seus sonhos – sua respiração se torna rapidamente mais torácica superior, esteja interessado, sensível, irritado, estimulado, excitado, etc. Qualquer emoção viva – a da surpresa, por exemplo – provoca a elevação torácica. Para citar um exemplo extremo, a respiração do orgasmo é exclusivamente torácica superior!

Veja, nesse caso, o erro que cometem os especialistas de qualquer área que apresentam como única opção válida a respiração abdominal, acrescentando às vezes que, além disso, ela deve ser nasal, lenta, ampla e consciente. Nada fácil quando se trata de correr para pegar o ônibus que parte (o que certamente jamais se deveria fazer?).

Acontece, infelizmente, que o mito da respiração abdominal, que seria a única saída, não tem uma vida muito fácil. Muitos pacientes, e não apenas disfônicos, sentem-se culpados por cometerem o erro da respiração alta. Libertemo-nos dessa opressão insuportável! Mostremos como é bom elevar o tórax em uma grande inspiração, apontando os braços para cima e, por que não, com a boca bem aberta, os olhos fechados e a cabeça inclinada para trás, com a ressalva, evidentemente, que isso não deve ser feito a toda hora.

O movimento respiratório varia conforme as circunstâncias tanto físicas quanto psicológicas. Isso não o impede de garantir com precisão as trocas gasosas, necessárias à vida das células, por um fluxo de ar ajustado à sua necessidade do momento. O movimento respiratório natural é plástico. Pode adquirir, para um bom fluxo, formas diferentes, alterando, conforme o caso, a amplitude, o ritmo ou o estilo. Cada uma dessas variáveis pode, de fato, compensar as outras duas. Em outras palavras, pode-se respirar com menos vigor (amplitude menor) se a respiração for mais rápida; no caso de se estar emocionado a respiração é unicamente torácica superior; ou mais ampla quando devemos dizer uma frase longa sem interrupção, etc.

Quanto à respiração vertebral, que a ciência ainda não esclareceu (isso acontece sempre com um certo atraso!), lembremos, inicialmente, que ela não poderia ocorrer em decúbito dorsal já que utiliza os movimentos de extensão ou de flexão da espinha torácica superior. Lembremos, que ela ocorre na respiração de socorro (quando se está ofegante), bem como na voz dita de insistência ou de alerta, sem que se possa falar, nesse caso, de patologia.

O mito da respiração abdominal como sendo a única realmente normal deve ser destruído, reconhecendo-se a diversidade do movimento respiratório que se adapta às múltiplas situações nas quais se respira. Imaginemos uma única maneira de utilizar as pernas qualquer que seja a ação: caminhar, correr, saltar, nadar, chutar uma bola ou qualquer outra coisa. Mesmo que nunca pensemos nisso, tricotar, desenhar ou escrever, numa determinada situação (excepcionalmente e fugindo à regra), podem ser garantidos (mais ou menos bem) pelos pés. Seria a respiração menos rica em possibilidades?

[a] Cf. *A voz*, Volume 1.

Descreveremos mais adiante o exercício da *respiração da pequena locomotiva a vapor* que é um excelente meio de se reconciliar com a respiração torácica superior. A livre disponibilidade dessa modalidade respiratória natural é indispensável ao conforto perfeito dessa primeira fase de adaptação à posição horizontal. É, aliás, indispensável à execução correta dos suspiros na fase seguinte.

Ao final desse período de adaptação à posição horizontal, o indivíduo terá, de fato, inicialmente, uma respiração nasal bastante ampla, mas não lenta demais. Depois, após a expiração (não-forçada), ele não respirará mais de uma maneira natural, mas *por suspiros intercalados por pausas*.

TEMPO 2: INTRODUÇÃO DOS SUSPIROS

Após uma curta pausa, o indivíduo deve realizar um suspiro. Trata-se de uma respiração um pouco ampla, como a precedente, mas com a boca entreaberta e fazendo, com uma posição adequada dos lábios e da língua, uma retenção "ruidosa" do ar, tanto na inspiração quanto na expiração. O ruído realizado assim na inspiração é o de um [f ao contrário], rapidamente crescente e encadeando-se de modo contínuo, *em princípio*, a um ruído expiratório que dá a impressão de um [ch decrescente]. Esse suspiro é seguido de uma nova pausa respiratória.

Transgredindo o "princípio" anterior, uma interrupção será, às vezes, indicada entre o [f ao contrário] e o [ch decrescente], realizando uma espécie de suspensão inspiratória que, paradoxalmente, permite às tensões musculares inspiratórias excessivas dissiparem-se, contanto que a glote permaneça aberta.

O movimento respiratório será *abdominal e, ao mesmo tempo, torácico* e de velocidade natural. Com as mãos sobre si, o paciente controla se suas paredes abdominal e torácica sobem juntas, em um movimento fácil e macio. Essa flexibilidade e simultaneidade talvez apresentem dificuldades no início do exercício. Nesse caso, deve-se orientar o paciente (como no período de adaptação, mas de forma provisória) para uma *predominância torácica*. Dessa forma, poder-se-á evitar o bloqueio do tórax que se produz às vezes quando o indivíduo se limita à respiração abdominal. Uma boa instrução seria a seguinte: "É seu tórax que comanda o suspiro; mas ele não se mexe muito, e a barriga então deve ajudá-lo". Pode-se ainda sugerir ao paciente: "Tome em seus pulmões a quantidade de ar que eles necessitam, mas com o mínimo de movimento e o mínimo de esforço".

Algumas vezes, para tirar o paciente de seu bloqueio, é bom propor-lhe momentaneamente alguns suspiros estritamente torácicos, depois alguns suspiros estritamente abdominais. Às vezes ainda, pode-se ajudá-lo com trações exercidas em seus ombros. Descreveremos isso mais adiante.

No consultório, o suspiro é, em geral, induzido verbalmente pelo reeducador com palavras do tipo "suspiro", ou "e um suspiro", ou "mais um". Assim, pode ajudar o paciente a evitar qualquer tipo de precipitação na execução do suspiro. Deve-se orientar para que marque um segundo ou dois, aproximadamente, entre a indicação "suspiro!" e a realização deste. Esse tempo que se instala naturalmente, quando o exercício começa a ser bem-compreendido, corresponde a *um tempo de olhar para si antes de partir para o suspiro*. Sem esse tempo, e sobretudo esse olhar, o suspiro não pode-se ajustar com exatidão à necessidade respiratória do paciente.

Esse olhar para si é, na verdade, apenas uma aplicação particular do tempo de avaliação imediata, espontânea e subconsciente de uma situação qualquer, antes de se lançar em uma ação adaptada a tal situação. Deve ser distinguido formalmente do tempo de reflexão que poderia ocorrer, atrasando essa ação ou anulando seu desencadeamento.

Para compreender melhor, supomos que você esteja na sala de espera de seu dentista e que, como isso ocorre às vezes, ele está atrasado. Você termina de folhear uma primeira revista e distrai-se um pouco. Depois, sem pensar muito nisso, você decide livrar-se desse objeto que está sobre seus joelhos. Maquinalmente, avista a pequena mesa baixa que está a um metro de você; depois, sempre maquinalmente, você mira brevemente essa revista com uma mão antes de jogá-la na mesa. Ora, entre o momento que mira a revista e o momento em que a joga, há, quando está tudo bem, *um pequeno intervalo* totalmente análogo àquele que separa o fim da emissão da palavra "suspiro" pronunciada pelo reeducador e o início do suspiro do paciente.

Em relação à revista, observe que, se os acontecimentos se encadearam de uma forma completamente maquinal, você pode eventualmente ficar maravilhado com a precisão de seu alvo. Fantástico! A revista caiu exatamente onde, inconscientemente, você desejava. Se, no entanto, por curiosidade, você tenta repetir a experiência, é bem provável que a revista caia no chão! Isso diz muito a respeito das diferenças que existem entre o ato voluntário e o automático, ou ainda a respeito da ação desorganizante da vontade de conseguir.

Colocado atrás da cabeça do indivíduo, o reeducador, após ter pronunciado a palavra "suspiro" pode ajudá-lo a sentir esse intervalo necessário por meio de um gesto de "pare" durante esse intervalo e solicitando o início do suspiro no momento oportuno. Poderá igualmente indicar o momento certo por uma leve pressão dos dedos exercida na face interna de um dos braços do indivíduo ou dos dois ao mesmo tempo ou nos ombros deste.

Nesse trabalho, o reeducador, qualquer que seja sua maneira de proceder, deve estar em sintonia com o indivíduo, de modo a perceber suas necessidades respiratórias e poder-lhe fornecer eventualmente modelos sonoros de suspiros adequados.

Durante a pausa entre os suspiros, o indivíduo deve observar (a princípio) a ausência de respiração. Esta não terá tendência a se produzir se o suspiro anterior for realizado de forma satisfatória. Essa ausência de respiração será, nesse caso, acompanhada de uma sensação de bem-estar geral resultando no *estado de apnéia confortável*.

Esse estado, no entanto, raramente é obtido na primeira vez. Para consegui-lo, o paciente deve tentar avaliar o estado relativo de seu conforto entre os dois suspiros, perguntando-se o seguinte: "Como estou depois desse suspiro: mais à vontade ou menos à vontade?". E também: "Quanto falta para alcançar o estado de bem-estar ideal?". Ele deverá, além disso, obrigatoriamente fazer, num ou noutro momento, algumas concessões a essa regra da ausência de respiração entre os suspiros, caso sinta algum desconforto. É melhor e muito mais válido, de fato, fazer algumas "*respirações clandestinas*" do que suportar o desconforto respiratório. Nesse tipo de trabalho, a obsessão em alcançar um resultado perfeito de modo imediato não serve para nada. Com o tempo e o treino regular, dificuldades aparentemente insuperáveis, num primeiro momento, desaparecem como por encantamento. Qualquer que seja a situação, a descoberta do estado de apnéia confortável é sempre uma etapa importante para o indivíduo que busca controlar sua energia psicomotora.

Apnéia confortável e dupla origem da incitação inspiratória

Certos pacientes duvidam muito, no início, do exercício em que se pode realmente ficar à vontade abstendo-se de respirar, sobretudo se for preciso deixar a glote aberta. Pode-se dizer, nesse caso, que a incitação inspiratória que desencadeia a ação da musculatura inspiratória apóia-se em um duplo mecanismo reflexo. O primeiro inicia na parede dos alvéolos pulmonares. A retração desta, no momento da expiração, excita certas células

• • •

nervosas presentes nessa parede e isso, transmitido aos centros respiratórios, provoca o reflexo da inspiração. Mas esse reflexo não é absoluto e é fácil de inibi-lo pela simples decisão de não respirar. Nessas condições, a vontade de respirar desaparece após um segundo aproximadamente (pelo menos no repouso). Porém, uma nova incitação respiratória, de origem bulbar dessa vez, não tarda a se manifestar, desencadeada pelo aumento da taxa de gás carbônico no sangue. Esse segundo reflexo determina uma vontade de respirar cada vez mais forte à medida que os segundos passam e termina por adquirir resistências ainda mais fortes. É por isso que é impossível se suicidar decidindo parar de respirar!

Pode-se dizer que o estado de apnéia confortável entre os suspiros inicia após a extinção do primeiro reflexo inspiratório e antes do aparecimento do segundo. Para dizer a verdade, se a expiração é bem freada pelo ruído [ch], o primeiro reflexo inspiratório não aparece, e se alcança a apnéia confortável desde o final do suspiro.

Durante a pausa respiratória, o indivíduo cuida para não fechar a boca que fica entreaberta (pronta para o ruído inspiratório). A glote também fica aberta: "nenhum obstáculo deve existir entre o ar exterior e o ar dos pulmões". A tendência em querer fechar os lábios ou a glote significa que o estado de equilíbrio não foi obtido. A ausência desse estado de equilíbrio tende a provocar o fechamento da boca, pois esse fechamento torna essa ausência suportável ou mais exatamente imperceptível.

Indiquemos, por fim, que a duração da pausa entre dois suspiros tem de variar livremente de um suspiro a outro. Longe de restringir-se a uma regularidade na sucessão dos suspiros, buscar-se-á, ao contrário, propor pouco a pouco variações: suspiros mais próximos aqui, mais distantes num outro momento. Conforme a necessidade durante as sessões, pode-se indicar ao indivíduo: "determino um ritmo (variável) de suspiros, e você joga com a amplitude respiratória para garantir seu conforto". Dessa forma, evita-se o *suspiro estereotipado*, preso a uma forma fixa qualquer que seja a necessidade respiratória.

Notemos que é de extrema importância interromper momentaneamente o exercício, voltando por um tempo a uma respiração livre, caso o indivíduo decididamente não consiga alcançar o conforto.

Esse trabalho de esclarecimento referente ao suspiro *durante a sessão* permitirá ao indivíduo, *em seu treinamento diário*, aprender com total liberdade a deixar-se produzir o suspiro que convém melhor a um momento livremente escolhido, experimentando de tempos em tempos a apnéia confortável de uma duração variável.

TEMPO 3: CONTRAÇÃO-RELAXAMENTO DA MÃO E DO ANTEBRAÇO DIREITOS

Esse procedimento de contração-relaxamento (bem como os seis seguintes) deve ser realizado *apenas uma única vez* durante todo o exercício.

Após ter efetuado alguns suspiros, o indivíduo é solicitado a contrair os músculos de seu braço direito. Essa contração dura de dois a três segundos. Começa por "um tempo bem curto" após o fim do suspiro. Fraca no início, aumenta progressivamente e pára em seguida de uma vez.

Traduz-se por um bloqueio das articulações da mão, do punho e do cotovelo (o ombro permanece livre), mas, a princípio, não se produz nenhum movimento. Não se trata de apertar a mão, como quando se contraem os músculos flexores, nem de estender os dedos, como quando se contraem os músculos extensores, mas de tentar fazer as duas coisas ao mesmo tempo. Não se trata também de estender o braço ou apoiar a mão sobre si.

O indivíduo esforça-se para limitar o movimento muscular ao braço e à mão. A energia não deve passar para o resto do corpo. Essa difusão produz-se inevitavelmente no início do treino, ou também se contrairmos os músculos ao máximo. A dificuldade do indivíduo é perceber essa difusão (ao braço oposto, ao rosto, às costas, à glote, ao tórax, etc.) de forma que possa eliminá-la aos poucos. Poderá, nesse caso, tentar jogar com a intensidade da contração, dosando-a de forma conveniente e progressiva. É no momento da descontração que o indivíduo tomará de fato consciência das difusões que lhe escaparam.

Quanto à descontração, deve ser instantânea, "como se se cortasse a corrente". O indivíduo deverá compreender bem que relaxar não significa abrir a mão, estendendo os dedos.

Após a descontração, um ou vários suspiros produzir-se-ão antes de passar ao próximo tempo.

Observa-se, com muita freqüência, que o indivíduo tem vontade de fazer um suspiro no momento preciso da descontração (bem como, aliás, no momento da contração). Tudo acontece como se ele quisesse utilizar, em seu suspiro, a energia que foi privada a seu braço. É preciso recusar essa facilidade, visando a um melhor controle. O indivíduo ater-se-á a "*um tempo*" entre a descontração do membro e o suspiro de modo a ter o total domínio de cada coisa.

Durante o tempo entre a descontração e o suspiro, e principalmente durante as pausas dos suspiros seguintes, o indivíduo perguntar-se-á sobre as sensações que tem no braço que acaba de contrair e descontrair. Esse braço lhe parece pesado? Ou, ao contrário, lhe parece mais leve? Tem sensações de calor? Estas não são sentidas nas articulações do cotovelo ou do punho? Com o treino, o indivíduo direcionar-se-á, como havíamos dito a respeito do método de Schultz, para a sugestão de sua escolha, sendo essencial o esforço em manter o controle sobre si.

Em seu treino pessoal, o número de suspiros entre a contração-descontração do braço e da perna (tempo seguinte) será variável conforme o tempo do qual dispõe o indivíduo e conforme sua vontade de aprofundar e ir além.

TEMPO 4: CONTRAÇÃO-RELAXAMENTO DA PERNA E DO PÉ DIREITOS

O paciente é convidado em seguida a contrair os músculos de sua perna. Do mesmo modo que com o braço e o antebraço, essa contração começa em um "tempo curto", após o fim do suspiro, progride, dura de 2 a 3 segundos e cessa bruscamente. Resulta em um bloqueio do pé (não, "o pé não estica") e em um enrugamento do joelho. A perna fica no plano horizontal. A contração não se alastra. "Um tempo" será encontrado entre a descontração e o suspiro seguinte. Durante esse tempo e durante as pausas entre os suspiros, o indivíduo deverá, assim como fez com o membro superior, perguntar-se sobre as sensações tidas em sua perna.

TEMPO 5: CONTRAÇÃO-RELAXAMENTO DA PERNA E DO PÉ ESQUERDOS

Esse tempo é exatamente calcado no precedente. Um ou vários suspiros são realizados antes do próximo tempo.

TEMPO 6: CONTRAÇÃO-RELAXAMENTO DA MÃO E DO ANTEBRAÇO ESQUERDOS

Esse tempo é exatamente igual ao tempo 3 (*contração-relaxamento da mão e do antebraço direitos*). É igualmente seguido de um ou vários suspiros.

TEMPO 7: ELEVAR O OMBRO ESQUERDO

"Um curto tempo" após o fim do suspiro, o paciente é solicitado para imaginar que um fio, vindo do teto, prende-se ao seu ombro esquerdo e que é puxado verticalmente – sem precipitação. O ombro sobe; sobe o mais alto possível, mas com o mínimo de esforço, cuidando para que o ombro não leve a metade das costas, nem realize um movimento de rotação da cabeça. O rosto deve permanecer imóvel, os maxilares sem tensão, o conjunto do corpo deve estar relaxado, a respiração não se produz. Ao final de 2 ou 3 segundos, corta-se o fio. O ombro cai inerte. Após "um tempo", os suspiros recomeçam.

Descreveremos mais adiante, um procedimento chamado "reter o ombro", que ajuda o paciente a progredir rapidamente no controle desse movimento do ombro.

TEMPO 8: LEVANTAR CABEÇA

"Um tempo curto" após o final de um suspiro, o paciente é solicitado a levantar a cabeça, tentando olhar para seus pés. Deve tomar o cuidado para levantar apenas a cabeça e o pescoço, mas de forma alguma as costas ou os ombros, que devem permanecer em contato com o plano horizontal. O rosto não se contrai e – em princípio – a glote fica aberta. Ele verifica que seus pés não se moveram e que a ponta está virada simetricamente para fora.

Ao final de 2 ou 3 segundos, o indivíduo volta o pescoço, depois a cabeça à posição anterior, rapidamente, mas sem rispidez. Verifica se seu mento está próximo à garganta, porém, sem contração; depois de um tempo, a respiração por suspiros é retomada.

TEMPO 9: LEVANTAR O OMBRO DIREITO

Esse tempo é exatamente igual ao tempo 7 (*levantar o ombro esquerdo*). Será seguido também por um ou vários suspiros.

TEMPO 10: RETORNO À RESPIRAÇÃO CONTÍNUA

É o final dessa viagem circular em torno de si, que iniciou no braço direito e terminou no ombro direito. "Um curto tempo" após um suspiro, o indivíduo fecha a boca até então entreaberta e retoma uma respiração nasal contínua. Esta será "não lenta demais" e "ao menos, tanto torácica quanto abdominal". O indivíduo deve ter cuidado para que os dois tempos respiratórios se encadeiem sem interrupção, colando-se um no outro. Pode-se ajudá-lo com a seguinte instrução: "A partir do final da inspiração, a expiração começa e vice-versa. Como se a inspiração já fosse um germe no coração da expiração que a antecede e, reciprocamente, a expiração como germe no coração da inspiração a qual sucede".

Chamar-se-á a atenção do indivíduo eventualmente para o fato de sua respiração estar mais fácil e mais natural do que no início do exercício. Para ressaltar esse caráter natural da respiração, pode-se sugerir ao paciente que "há um ajuste automático da respiração conforme suas necessidades" e que ele pode "brincar com sua própria respiração como um barco na ondulação do porto". Além disso, deve ser prevenido que sua respiração não precisa ser obrigatoriamente regular. Como as ondas do mar (uma sobre sete, digamos), sua respiração pode aumentar repentinamente se houver necessidade. Na verdade, deve deixar que ela reaja conforme os acontecimentos vão-se produzindo, interiores ou exteriores a si. Uma proposta do reeducador, um pensamento, uma lembrança, e a respiração altera-se.

Às vezes, essa retomada da respiração contínua traduz-se para o paciente em um sentimento de libertação: "finalmente livre para respirar como quero!". Se isso acontece significa que o paciente não conseguiu plenamente produzir *suspiros satisfatórios*, isto é, bem-ajustados à sua necessidade respiratória, apesar das restrições de um ritmo imposto. Precisa, portanto, progredir mais. No caso oposto, ou seja, se a mudança de modo respiratório não o incomoda de forma alguma, é porque já adquiriu uma boa técnica.

Assim é o desenvolvimento desse exercício do *relaxamento com olhos abertos*, que está resumido no memento (cf. p. 91). Como se pôde perceber, sua realização é suscetível de inúmeros problemas. É justamente dando a possibilidade ao paciente de resolver essas dificuldades de execução prática que se pode fazê-lo progredir quanto ao domínio de si mesmo. Isso exige evidentemente uma experiência própria.

Como se vê, esse exercício é "ativo": o indivíduo deve fazer coisas. No entanto, o mais importante no final das contas – o indivíduo vai compreendendo aos poucos – não é "fazer bem", mas "ver bem" o que se passa com ele e experimentar os movimentos da energia no conjunto de seu corpo e em cada uma de suas partes.

Isso traz ao indivíduo algumas experiências, tais como:
– estar *bem em seu corpo* e ter consciência disso;
– descobrir a liberdade de dar um pouco de *atenção a si mesmo*;
– experimentar a sensação em seu estado interior da *presença ou não de um observador* de sua pessoa;
– a possibilidade de conjugar o *voluntário e o natural*;
– a possibilidade de conjugar o *automático e o consciente*.

Até então, o paciente vivia essas duas últimas entidades como totalmente incompatíveis. A reeducação de comportamentos tão naturais e automáticos quanto à voz ou à fala é extremamente facilitada pelo fato de passar, entre outras, por essas cinco experiências.

MEMENTO

O paciente teme, freqüentemente, sobretudo no início do tratamento, não saber fazer o exercício sozinho. Às vezes, deseja levar uma gravação magnética da sessão dos exercícios. Pensamos não ser conveniente lhe dar tal registro. Na verdade, as instruções do reeducador adaptam-se ao que se passa no momento da sessão: não poderiam ser realmente válidas em outras circunstâncias.

Em compensação, entregamos regularmente ao paciente um memento (cf. p. 91) onde figuram todas as instruções do exercício. Nosso conselho é dar uma rápida olhada nesse memento antes de praticar o exercício para relembrar brevemente seu processo, depois percorrer mais uma vez o memento após a prática a fim de verificar os eventuais erros. Está evidentemente fora de questão exercitar-se com o documento na mão!

TRANSCRIÇÃO INTEGRAL DO REGISTRO DE UMA SESSÃO

Para completar a apresentação dessa prática do *relaxamento com olhos abertos*, achamos que seria útil reproduzir aqui o texto da gravação integral de uma sessão. Desse modo, pode-se ter uma idéia mais exata da maneira como as coisas ocorrem concretamente.

Preferimos o registro de uma sessão coletiva, porque as instruções e os comentários correspondem melhor a uma situação mais geral. A sessão individual permite evidentemente uma adaptação bem mais eficaz ao caso particular do paciente. Mas a técnica do exercício continua a mesma.

Algumas modificações foram feitas aqui e ali visando a uma maior clareza, mas conservamos integralmente o estilo espontâneo e as repetições.

O fluxo é relativamente rápido e irregular. Isso deve-se à necessidade de dar as informações durante o curto período de apnéia entre dois suspiros. Essas informações são de dois tipos: correspondem a instruções de execução ou a comentários a respeito da execução.

Na leitura, pode-se imaginar um tom de repreensão aos pacientes. Mas não se trata disso. A atmosfera da sessão caracteriza-se, na realidade, por uma bonomia que não se desmente em nenhum momento, apesar da firmeza e da ausência de delicadeza que se manifestam constantemente.

Nessa sessão, havia quatro indivíduos, dentre os quais três disfônicos e uma pessoa gaga. Sua duração foi de aproximadamente 30 minutos e comportou, além do *relaxamento com olhos abertos*, um exercício chamado *passeio pela ossatura* e o exercício da *respiração ritmada* que descreveremos mais adiante.

Os indivíduos devem ficar deitados sobre um tapete para o início da sessão.

Desenvolvimento de uma sessão

Pensem em seu eixo, em seu corpo. Pensem no eixo de seu corpo. Pensem que vocês estão aí, estendidos, tranqüilos. Os membros bem-colocados.

Tentem corrigir o eixo de seu corpo em relação ao eixo de sua cabeça, isto é, os eixos de sua cabeça e de seu corpo devem estar no prolongamento um do outro, o que não está acontecendo em alguns. O senhor, por exemplo, o eixo de sua cabeça passa por seu lado esquerdo. Pense que a linha que passa pelo meio da testa e do queixo deve passar também entre os calcanhares. Mas não são, obviamente, os calcanhares que devem se mover, e sim a cabeça! Arrume mais um pouco. Não mova os calcanhares; mova somente a cabeça. Aí! Aí o senhor está quase na posição.

Tenham atenção também para que o nariz esteja em direção vertical e não para a direita ou para a esquerda. A senhora, seu corpo faz uma bela curva! Uma espécie de curva assim... Tente corrigir. Ainda não está bom! Seus calcanhares estão para esquerda em relação à cabeça. Sim, mas quando a senhora olha, a senhora altera tudo!

Tentem ter uma visão interior do eixo do corpo. A senhora, por favor, precisa deslocar levemente a bacia para a esquerda. É preciso que vocês tenham, aos poucos, a visão interior de tudo isso. Melhor!

Deixem seus pés se abrirem. Pensem então em sua respiração: o ar entra... o ar sai, o mais tranqüilamente possível. Não deixem suas mãos suspensas no ar. Deixem-nas acomodarem-se, seja sobre o corpo, seja no chão; mas que estejam apoiadas.

Você, sua mão direita está suspensa no ar e certamente ela não está assim por nada, mas devido a uma tensão muscular no bíceps. Com certeza, se você relaxar seu bíceps, ela não vai ficar assim; ela vai cair. Se deixá-la cair, ela vai cair certamente aqui.

Atenção, senhora! Mantenha os olhos abertos. Deixe o olhar dirigir-se a 70 ou 80° aproximadamente acima da linha do horizonte. Essa orientação dos olhos visa a um melhor olhar sobre si. Resista à tentação de fechá-los. Fechar os olhos significa esquecer do mundo exterior. Neste exercício, você deve estar consciente deste mundo e, ao mesmo tempo, de seu mundo interior.

Agora, aos poucos os *suspiros* vêm. Pensem: "Tomo um pouco mais de ar, mas em compensação, com menos freqüência", pela boca entreaberta. E têm-se esses dois ruídos quase iguais que se encadeiam: [fff aspiratório] e [chchch expiratório]. E então, vocês pensam: "Tomo o ar com o peito, mas, como não o movo muito, minha barriga também participa". Vamos! [ffff chchch]... e mais nada.

Pensem então em seu braço direito. Contraiam seus músculos, inclusive os da mão. *Forte! Forte! Forte!* Sem mexer de forma alguma os dedos, e relaxe de repente. *Um suspiro!* [fff chchch]. Não se trata de apertar o punho; nem de estender a mão; mas todos os músculos se contraem. Nada mexe porém. *Um suspiro!* [fff chchch]. E vocês pensam: "Deixo-me ir. Meu braço vai embora. Desaparece, parte." *Um suspiro!* [fff chchch].

Pensem agora na perna direita. Mesma coisa! Firmem o pé no calcanhar. Mantenham imóvel a articulação da perna. Toda a sua energia está na perna. *Forte! Forte!* Nada além de sua perna. E solte-a de repente. *Um suspiro!:* [fff chchch]. Perguntem-se agora: será que minha perna está realmente relaxada? *Mais um suspiro!* [fff chchch]. Pense: "Como está

• • • •

meu joelho? Está de fato relaxado para fora?" *Suspiro!* [fff chchch]. Não fechem a garganta nem a boca entre os suspiros. *Suspiro!* [fff chchch]. A comunicação entre o ar exterior e o ar dos pulmões deve permanecer livre. *Suspiro!* [fff chchch]. Mais nada.

Contraiam a outra perna. *Bem forte!* Bloqueiem, não mova a articulação. Relaxem. *Suspiro!* [fff chchch]. "Minha perna está livre. Vai embora" *Suspiro!* [fff chchch]. Mais nada. "Meu pé cai. Desce". O joelho está flexível. Mexam-no um pouquinho para que caia melhor. *Um outro suspiro!* [fff chchch].

Contraiam o braço e a mão esquerda. Sem flexionar os dedos. Forte! (manipulação da mão de um dos pacientes). Tudo isso deve estar mole, pois você pensa movimento e não tensão interior. Posso fazer o que quiser com seu dedo! Você não se defende! Defenda-se! Ah, agora sim! Alguém de repente! E solte tudo! Um suspiro! [fff chchch]. É melhor se os dedos não se moverem nem um pouco. É interior. Se você faz uma coisa assim, estendendo-os, você pensa que se trata de um movimento e não pensa mais na energia que está dentro do braço e você está "ao lado". Um suspiro! [fff chchch]. Você recomeça ainda com a mão esquerda. Sim. Pense em seus dedos. Deixe-os absolutamente relaxados. Relaxe. Outro suspiro! [fff chchch]. Mais nada. Um suspiro! [fff chchch].

Novamente, vamos contrair a mão esquerda pensando: *"Nenhum movimento!"*. Tudo é interior. Vamos! Contraiam! Não se pode mais mexer os dedos do exterior. Apertem completamente do interior. Seus dedos estão ainda flexionados. Deixem-nos tranqüilos e aperte de dentro! Aí sim está fechado! E parem! *Um suspiro!* [fff chchch]. Vocês têm muita vontade de ficar na superfície, de permanecer superficial. Pensem: "É o ponto de vista do interior do membro que convém que eu tenha". Quando se está no exterior, está-se "ao lado" por definição! *Suspiro!* [fff chchch]. Mais nada.

Pensem: "Meu ombro esquerdo é puxado para o teto por um cordão, e o ombro se eleva". Somente o ombro esquerdo. Levantem, levantem. Relaxem de repente. *Um suspiro!* [fff chchch]. Mais nada. Pensem: "Meu ombro está completamente mole. Ele se deixa levar". *Outro suspiro!* [fff chchch]. E meu rosto continua absolutamente relaxado. *Suspiro!* [fff chchch]. Tentem ter "um rosto alongado". Os traços do rosto se deixam cair. *Mais um suspiro!* [fff chchch]. Virem a cabeça para a direita e para a esquerda: Hop! Hop! Hop! Mais nada. *Suspiro!* [fff chchch].

Levantem a cabeça. Somente a cabeça se move, mesmo os ombros estão imóveis. Sem contrair o rosto. Levantem! Levantem mais! Repousem tranqüilamente. Não respirem. Queixo no lugar. *Um suspiro!* [fff chchch]. Mais nada. Pensem: "Como está minha cabeça? Como está meu pescoço? Estão relaxados?".

O ombro direito sobe por um fio em direção ao teto. Levantem, levantem. Relaxem de uma vez. *Um suspiro!* [fff chchch]. Mais nada. Pensem em vocês.

Pensem em como vocês estão [fff chchch]. Nada mais. *Novamente um suspiro!* [fff chchch]. E agora, voltem a uma respiração nasal. Não lenta demais. Tanto torácica quanto abdominal. Atenção, senhor, é somente sua barriga que respira. Deixe-me ajudar a desbloquear seu tórax.

A sessão continua, como dissemos, com o exercício do *passeio pela ossatura*, depois com o exercício da *respiração ritmada*, após o qual os participantes devem-se sentar e dar suas opiniões. Algumas observações suplementares lhes são feitas, como esta que segue, por exemplo.

Senhor G, o exercício não foi tão ruim. No entanto, o senhor tem dificuldade em perceber o eixo de seu corpo, parece-me! E, além disso, o senhor tende a dormir um pouco. Então, desconfie. Não se trata, de forma alguma, de dormir nesse exercício; ao contrário, deve-se estar presente todo o tempo! Bem!

Já a senhora tende a relaxar deixando o rosto de fora. É como se seu rosto se colocasse "do lado de fora". O rosto também deve participar do mergulho. A senhora sente isso? Não totalmente? E a senhora está aqui, e é possível perceber que seu rosto fica externo ao exercício, como se ele ficasse para fora da água, entende. Seu rosto também deve participar. Não mantenha, assim, como uma espécie de janela em que a senhora se coloca para conversar com as pessoas ao redor. A senhora compreende o quero dizer? Aliás, quando o relaxamento é realmente bom, podemos sentir, constatando que será incômodo ter de falar.

Então tá, fiquem em pé. Vamos agora fazer os exercícios de respiração em pé.

▶ Algumas observações complementares

Devemos agora fazer alguns esclarecimentos a respeito de vários pontos importantes do exercício.

OLHOS ABERTOS

Trata-se de uma característica fundamental do exercício. Na maioria das técnicas de relaxamento, os olhos ficam fechados, e nós devemos então justificar essa diferença.

Se se admite que o relaxamento profundo corresponde a um repouso com as costas no fundo do mar, o relaxamento com olhos abertos corresponde à conservação do corpo na superfície da água; somente o rosto ultrapassa, como quando boiamos. Assim, ao final do exercício, o indivíduo sai instantaneamente do estado de relaxação sem que haja necessidade de "retomada tônica". Nem por isso, o relaxamento muscular e a descontração interior deixam de ser perfeitos. No entanto, a vigilância e a disponibilidade mental e física são preservadas. A passagem à ação pode ser imediata. O relaxamento com olhos abertos é imediatamente preparatório à ação.

Notemos que se pode igualmente considerar esse estado como preparatório ao relaxamento profundo. A experiência mostra, de fato, que os indivíduos que iniciam com esse método adquirem em seguida muito mais facilmente a técnica do treino autógeno de Schultz. Em compensação, aqueles que praticaram o treino têm, às vezes, muita dificuldade em praticar o relaxamento com olhos abertos.

Como podemos constatar anteriormente, com a leitura do registro de uma sessão, a direção do olhar nos parece muito importante: ela deve ficar entre 70° e 80° acima do horizonte. Essa orientação corresponde à *atenção a si, sem esquecer do mundo exterior*, coexistência da presença no universo interior e da presença no mundo exterior. Salientamos que toda reeducação funcional exige esse duplo ponto de vista.

O olhar *para trás*, subindo os olhos para as pálpebras superiores, parece-nos o sinal de uma atitude intelectualista em relação ao exercício: desejo de compreender e de memorizar, diferente da atitude de espectador de si mesmo. O olhar *para baixo*, descendo ao final do corpo, testemunha mais uma tomada de distância em relação ao exercício. Percebe-se muito bem essas diferentes atitudes experimentando-se sucessivamente essas três posições do olhar.

Notemos que o princípio da abertura dos olhos apresenta exceções. Nas disfonias espasmódicas, por exemplo, as dificuldades "interiores" do indivíduo são tão grandes que é melhor deixá-lo com os olhos fechados por algum tempo; em certas afonias por inibição vocal, o fechamento do olhos freqüentemente parece ser indispensável também.

PRESENÇA VERBAL DO TERAPEUTA

Como dissemos, o terapeuta verbaliza mais ou menos constantemente o que sente a respeito do que o paciente está vivendo: "Atenção, seu suspiro pareceu-me um pouco brusco, e a tensão que sinto em seu tórax me sufoca um pouco"; "Sua perna direita não está muito relaxada, mova então um pouco seu joelho para fora, para que seu pé fique melhor acomodado"; "Mova sempre o direito aqui e ali, se isso lhe permite uma maior entrega".

Pela virtude da empatia, esse olhar do terapeuta sobre o corpo do indivíduo leva progressivamente este último a um olhar autêntico sobre si mesmo.

Após a sessão, o indivíduo está livre para verbalizar o que sentiu, mas isso não é solicitado expressamente. Em contrapartida, é o terapeuta quem verbaliza o que sentiu em relação ao corpo do paciente, o que permite esclarecimentos valiosos. Essa parece ser uma particularidade importante do método.

OBSERVAÇÕES

1. O número dos suspiros efetuados, de um tempo a outro, varia durante o exercício conforme a disposição do momento.
2. Se o paciente tende à distração e à "divagação", faça uma primeira vez bem rapidamente: a mente concentrar-se-á com mais facilidade em um segundo momento mais lento.
3. Combinar-se-á que o paciente pode se mover um pouco aqui e ali durante o exercício se isso o ajuda a descontrair-se, evitando assim o estado "fixo".
4. Não se lutará por meio de restrições contra as respirações clandestinas. Elas serão simplesmente consideradas como o sinal de que o equilíbrio respiratório – *a apnéia confortável* – não foi obtido.
5. Será tolerado, ocasionalmente, uma curta pausa "suspensa" entre a fase inspiratória e a fase expiratória do suspiro.
6. Concentrar-se bem nos cinco pontos seguintes, que devem ser considerados como cinco objetivos ideais para os quais se pode progredir indefinidamente:

❶ Não difusão da contração.
❷ Descontração imediata.
❸ Profundidade da ilusão de peso ou de "evasão" dos membros.
❹ Tórax-abdome ao mesmo tempo no suspiro.
❺ Bem-estar geral mesmo com a ausência de "respiração clandestina".

Para melhor guardar esses "cinco objetivos", observe que eles que se sucedem a partir do início de uma contração-relaxamento até o final da série dos suspiros que seguem.

Memento

Relaxamento com olhos abertos

(exercício para o domínio da energia psicomotora)

Pratica-se todos os dias.
A duração do exercício é de 5 a 7 minutos aproximadamente.
Posição deitada (ou semi-sentada) confortável.

Olhos abertos

Caso necessário, pode-se utilizar uma almofada sob a cabeça (não na nuca) e sob os joelhos.
Preferir um plano duro (tapete).
Na cama, somente em último caso, e sobre o lençol, não coberto.
Os pontos mais importantes estão em negrito no texto e numerados dos ❶ ❷ ❸ ❹ ❺ segundo a ordem dos cinco objetivos comentados anteriormente.

Execução do exercício

Tempo 1. Adaptação à posição horizontal
(de 10 segundos a 2 minutos)
– cabeça posicionada bem no eixo do corpo;
– calcanhares mais ou menos próximos; pontas dos pés afastadas, cada uma para um lado;
– joelhos descontraídos, mais ou menos virados para fora;
– uma mão no peito, a outra sobre o abdome; braços em repouso;
– respiração nasal "não muito lenta", tanto torácica quanto abdominal;
– ritmo livremente variável de um ciclo a outro;
– impressão geral de ficar à vontade ❺.

---

* Extraído de François Le Huche e André Allali. *A voz: tratamento dos distúrbios vocais*. Porto Alegre: Artmed, 2005, Volume 4.

Tempo 2. Introdução dos suspiros

Após uma última respiração mais ampla, passa-se à respiração por suspiros intercalados por pausas.

Descrição de um suspiro:

– a parede abdominal e a parede torácica sobem em um movimento coordenado e natural;
– o ar é aspirado com facilidade pela boca entreaberta. Um ruído aspiratório é produzido [fff ao inverso]; esse ruído, inicialmente fraco, aumenta progressivamente sobretudo durante essa breve inspiração;
– o ar escapa desde o final da inspiração (salvo exceção: ver observação nº 5), sem ser nem expelido nem contido, ao mesmo tempo em que abaixam as paredes torácica e abdominal;
– um ruído de boca decrescente [CHchch] freia essa expiração que se prolonga um pouco e pára calmamente;
– as costas não participam do movimento. A cabeça e o mento permanecem no lugar; cuidar particularmente com o funcionamento simultâneo do tórax e do abdome ❹;
– essa simultaneidade só é possível quando o suspiro é executado com facilidade ❺ e economia de energia muscular;
– o suspiro deve parecer fácil, naturalmente confortável: poderia significar "Enfim!"; variável em sua forma, deve adaptar-se naturalmente à necessidade respiratória do momento.

Entre os suspiros das pausas variáveis em sua duração para a apneia confortável:

– ausência completa de respiração, sem tensão nem bloqueio: esta do de equilíbrio natural, que resulta da facilidade do suspiro anterior "A que distância estou do bem-estar ideal?";
– tomar consciência, sem se sentir culpado, das *respirações clandestinas* (❺ e observação nº 4);
– rosto inerte, boca levemente entreaberta: a glote deve permanecer aberta.

Tempo 3. Contração-relaxamento de mão e antebraço direitos

– realizada uma única vez no exercício, ela é feita na pausa que segue a um suspiro;
– ela espera "um tempinho" após o término do suspiro: o tempo "de um olhar para si";
– deixa "um tempo" igualmente entre o final da contração e o suspiro seguinte.

Contração (2 a 3 segundos):

– inicialmente leve, aumenta progressivamente;
– localizada, a contração não deve espalhar-se ❶; o restante do corpo, inclusive o ombro e o rosto, permanecem descontraídos;
– mesmo que a glote fique aberta, a respiração não se produz;
– não fechar o punho, nem estender a mão (nem o braço), mas bloquear todas as articulações (dedos, punho, cotovelo) pela tensão de todos os músculos;
– não apoiar a mão sobre si, nem levantá-la: deixá-la imóvel; ao alcançar seu máximo, a contração cessa subitamente ❷.

Relaxamento (10 segundos a 1 minuto):

– segue-se à descontração súbita dos músculos da mão, do antebraço e do braço;
– estar atento às sensações que surgem após a descontração, às ilusões sensoriais: "Como me parece meu braço? Mais pesado? Mais leve?";
– respiração por suspiros intercalada por pausas (após um "tempinho").

Tempo 4. Contração-relaxamento de mão e antebraço direitos
(segue-se as mesmas instruções da mão e do antebraço direitos)

Contração:

– contrair o joelho e bloquear o tornozelo;
– sem levantar a perna, sem alongar nem puxar para si a ponta do pé;
– mesmas preocupações mencionadas antes para o braço ❶ ❷.

Relaxamento:

– segue a descontração súbita, assim como feito com o braço;
– mesma atenção às ilusões sensoriais ❸;
– respiração por suspiros (após um "tempinho").

Tempo 5. Contração-relaxamento de perna e pé esquerdos
(respiração por suspiros)

Tempo 6. Contração-relaxamento de mão e antebraço esquerdos
(respiração por suspiros)

Tempo 7. Levantar o ombro esquerdo

– imaginar que um fio vertical, preso ao teto, prende-se ao ombro esquerdo;
– puxa-se o fio: o ombro sobe levemente, mas somente com um esforço mínimo;
– o restante do corpo permanece inerte, especialmente a cabeça, o pescoço e o tórax;
– solta-se o fio: o ombro cai inerte. Suspiros.

Tempo 8. Levantar a cabeça

– a cabeça levanta e olha-se os pés;
– os ombros e o conjunto do corpo ficam perfeitamente inertes;
– ficar alguns segundos nessa posição, depois repousar a cabeça, inerte. Suspiros.

Tempo 9. Levantar o ombro
(mesmo procedimento feito com o ombro esquerdo, suspiros)

Tempo 10. Retorno à respiração nasal natural

SUSPIROS

Na vida cotidiana, um suspiro provoca uma perda de energia. Alguém, por sua presença, apresentava-me um problema mais ou menos preocupante. Esse alguém vai embora. "Suspiro". Sua forte presença obrigava-me a dispensar uma quantidade grande de forças para permanecer ali. Sua partida torna essa mobilização inútil, fazendo com que me libere em um suspiro.

O suspiro voluntário pode ter um efeito comparável ao suspiro espontâneo, podendo ser utilizado para diminuir o nível de tensão interior do indivíduo. É preciso para isso, no entanto, que sua própria realização não necessite de uma mobilização intempestiva de energia como costuma ocorrer com muita freqüência (Figura 3.1).

A aprendizagem do suspiro é, às vezes, difícil. O indivíduo tende freqüentemente a tomar o ar com muita força, a fazer uma pausa inspiratória e a prender o ar ativamente. A mobilização excessiva de energia impede o indivíduo de descobrir esse estado de equilíbrio respiratório que constitui a *apnéia confortável*. Essa apnéia – de glote aberta – pode durar de 2 a 8 segundos aproximadamente. Nesse estado, o indivíduo tem a impressão de que não tem nenhuma necessidade respiratória e que flutua agradavelmente. A experiência desses segundos de apnéia confortável é um momento de predileção que permite ao paciente uma percepção particularmente fácil de suas tensões residuais.

A obtenção da apnéia confortável é facilitada pela realização dos ruídos da boca: [fff aspiratório] ou "f ao inverso" na inspiração, [chchch] na expiração. Esses ruídos constituem uma espécie de freio que facilita a instalação do estado de equilíbrio respiratório. Tem-se a impressão, quando se realiza de modo correto, de uma aterrissagem suave ao final da expiração. Uma instrução que pode ajudar é a seguinte: "Deixe sair o ar que quer sair. Não o prenda voluntariamente". Diversos comentários podem eventualmente ser acrescentados, tais como: "Você está abaixo da linha de equilíbrio, como sob uma pedra!", ou ainda "Há restrições em seu tórax" ou, finalmente, "Você não está *totalmente* à vontade".

Muitas vezes, no início do exercício, o indivíduo tende a iniciar o suspiro de uma maneira brusca e imediata, assim que ouve a palavra "suspiro". É como se estivesse preparado para partir rapidamente, como em uma corrida! Ele tem dificuldade em respeitar *esse tempo de um olhar para si antes de partir para o suspiro* do qual falamos anteriormente. Ora, esse olhar interior é de fato indispensável. Somente isso permite a adaptação exata do suspiro à necessidade respiratória do indivíduo. Quando esse intervalo entre o sinal dado pelo reeducador e o início do suspiro se instala naturalmente é o indício da autonomia do indivíduo em seu funcionamento respiratório.

Quando esse suspiro é realizado "sem intervalo", trata-se de um gesto condicionado não mais à necessidade do indivíduo, mas à palavra (*suspiro*) pronunciada pelo reeducador. Termina-se, pois, em um *suspiro estereotipado* que não leva o indivíduo ao *estado de conforto ideal* desejado. O reeducador poderá lembrar seu paciente de deixar um pequeno intervalo pelas seguintes indicações: "Suspiro! espere um tempo", ou "... sem esquecer o intervalo", ou ainda "... agora sim, você".

Para obter um suspiro melhor adaptado, poder-se-á ainda sugerir ao paciente um modelo (mais rápido, mais amplo ou mais lento conforme o caso), dizendo-lhe "Escute o ruído que faço" e, em seguida, "Tente fazer um ruído desse tipo para ver". Freqüentemente, será interessante acompanhá-lo em seu suspiro, fazendo o ruído do suspiro ao mesmo tempo que ele.

Às vezes, o indivíduo declara que os suspiros, assim como lhe são sugeridos, não o satisfazem e que desejaria ir até ao final de suas possibilidades de

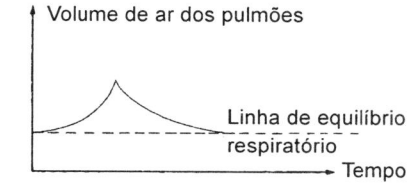

> **Fig. 3.1**
Curva espirométrica do "suspiro ideal".

Nota-se, na curva, que a inspiração parte da linha de equilíbrio respiratório (que corresponde à ausência de qualquer tensão toracoabdominal). Nota-se igualmente que a expiração termina com suavidade nessa mesma linha de equilíbrio respiratório.

inspiração. Ele acha que, de alguma forma, os suspiros que lhe são propostos ficam somente "pela metade".

Isso corresponde, na verdade, a uma necessidade de alongamento que poderá muito bem ser satisfeita por dois exercícios que descreveremos mais adiante. Um se chama "O hipopótamo", e o outro, "As fases da lua". É conveniente também propor ao indivíduo permitir-se *fazer uma parada às vezes por alguns segundos entre a inspiração e a expiração* para que a sobretensão respiratória se dissipe. Estando satisfeita essa necessidade de prolongamento respiratório, o paciente achará bom que os suspiros se inscrevam em um contexto de economia de energia e que sua realização permaneça leve e flexível.

"OS CINCO OBJETIVOS"

Quando o indivíduo compreendeu e assimilou o desenvolvimento geral do exercício, pode-se propor utilmente para que se concentre sobretudo num ou noutro dos cinco pontos descritos abaixo. Trata-se de cinco detalhes de aperfeiçoamento particularmente importantes que possibilitarão ao indivíduo progredir quase indefinidamente.

Os três primeiros objetivos dizem respeito, na ordem cronológica, ao momento da contração-descontração e ao tempo imediatamente seguinte a esta. Os dois últimos correspondem ao momento do suspiro e ao tempo que o segue.

■ Não-difusão da contração

Quando se contrai a mão e o braço, deve-se cuidar para que esta contração não se alastre para o resto do corpo. Isso pode ser objeto de atenção durante muito tempo. Na verdade, o indivíduo vai pouco a pouco refinar sua atitude em detectar a "fuga" de energia para uma outra parte do corpo (outra mão, o rosto, o tórax, etc.). Por outro lado, poderá reforçar, conforme deseja, a dificuldade, aumentando progressivamente a potência da contração suscetível de não provocar a difusão, sabendo, porém, que a contração máxima se alastra obrigatoriamente.

■ Imediatismo da descontração

A contração deve ser progressiva, estabelecendo-se em 2 ou 3 segundos. A descontração, por sua vez, deve ser instantânea. É exatamente ao contrário do que se faz espontaneamente no início. Em qualquer esforço, tende-se, de fato, a contrair bruscamente e a relaxar progressivamente. A obtenção de uma contração progressiva, seguida de uma descontração rápida exige um controle que é adquirido aos poucos. O indivíduo tem na aprendizagem desse detalhe a possibilidade de medir os progressos de seu controle muscular e, conseqüentemente, do controle de seu nível de tensão psicomotora.

■ Profundidade da ilusão de peso ou de perda do membro, seguida por uma rápida instalação dessa ilusão

Quando um membro está completamente relaxado, as sensações cinéticas de origem muscular desaparecem.

Como já dissemos, pode-se pensar que, devido a essa ausência de informação, nada contradiz as eventuais fantasias imaginativas do indivíduo. Este pode então imaginar seu braço de modo diferente do que de fato é: pesado, desmaterializado, pendendo verticalmente (apesar do plano do divã), etc. Se, ao contrário, as aferências de origem muscular diminuem as primeiras, as sensações de suporte cutâneo tornam-se proporcionalmente maiores, daí a impressão de peso. Mas, se as sensações de suporte cutâneo desaparecem mais precocemente, isso pode dar a ilusão de vôo e de desmaterialização do membro.

Não insistimos muito no início sobre esse terceiro objetivo. Chamamos a atenção do indivíduo para essas ilusões como curiosidades divertidas que indicam que o estado de relaxamento foi alcançado. Afirmamo-lhe, porém, que às vezes elas não ocorrem, apesar de um estado de relaxamento satisfatório.

■ **Tórax e barriga juntos no suspiro**

É, de fato, somente em um sincronismo absoluto da respiração torácica e abdominal que se atinge o melhor rendimento do suspiro, isto é, que se obtém o suspiro mais satisfatório e com menos desperdício de energia, perturbando o mínimo possível o estado de calma absoluto. Entretanto, no início, será melhor fazer com que o paciente tome consciência da possibilidade de ter uma respiração totalmente natural e exclusivamente torácica, bem como uma respiração, não menos natural, e exclusivamente abdominal. Porém, quando o nível de tensão interior do indivíduo se torna muito baixo, é o estilo misto e sincrônico que é automaticamente adotado.

Muitas vezes, será preciso mostrar ao indivíduo que ele tem uma dificuldade em deixar o tórax baixar normalmente na expiração, mantendo a tendência incontrolável deste de se elevar. Trata-se nesse caso de um aspecto muito semelhante a um reflexo de pânico.

Essa tendência será eficazmente corrigida pela técnica das manipulações e pelos exercícios da *pequena locomotiva a vapor* e da *respiração ramificada*, que descreveremos mais adiante.

■ **Bem-estar geral apesar da ausência de "respiração clandestina"**

A princípio, o indivíduo não deve respirar de forma alguma entre os suspiros: é a "apnéia confortável". No início do treino, essa apnéia, às vezes, não é nem um pouco confortável. O indivíduo tende então a se permitir, mais ou menos conscientemente, discretas respirações ditas "respirações clandestinas". Sua detecção é algo que pode ocupar por um tempo o indivíduo e obrigá-lo a descobrir o meio para ficar à vontade sem ter de utilizar essa "trapaça", mas por uma melhor regulagem de seus suspiros.

O bem-estar geral é evidentemente o resultado final do exercício. Qualquer que seja o caso, o indivíduo deverá avaliar (silenciosamente), entre os suspiros, o grau de conforto (ou de desconforto) interior: "A que distância estou de meu estado de bem-estar ideal?", esta deve ser a questão. Quando o conforto é perfeito, o indivíduo tem, como já dissemos, a impressão de flutuar agradavelmente, até mesmo de levitar!

▶ *Manipulações-imperturbabilidade*

Trata-se de pequenos procedimentos destinados a fazer o paciente tomar consciência de suas tensões residuais de forma a lhe permitir liberar-se delas.

A realização desses movimentos é bastante delicada, pois, inicialmente, podem perturbar o paciente. Eles o perturbam na medida em que "quebram" um estado de equilíbrio no qual ele pode estar à vontade, mas que adquiriu por meio de bloqueios que excluem esta ou aquela parte do corpo. Esses bloqueios dão realmente a impressão de uma falta de unidade do corpo. Certas partes (a cabeça, as costas, o tórax, a bacia, as mãos, as pernas, a garganta) ficam de fora do exercício, não sendo consideradas pelo indivíduo. A região considerada fica fechada em um sistema de muralhas, e sua energia parece retida por um sistema de represas.

São essas muralhas e essas represas que as manipulações vão revelar ao indivíduo, provocando nele saudáveis cortes, contanto que se proceda com delicadeza.

Dar-se-á uma atenção especial à liberdade respiratória durante esses procedimentos. Assim, a energia liberada pelas rupturas dessas barreiras poderá ser levada pelo fluxo respiratório.

Quando a unidade do corpo estiver perfeita, o indivíduo se tornou relativamente imperturbável. Embora continue tendo consciência de seu corpo e esteja atento ao que lhe acontece, o fato de ser, não somente olhado, mas tocado e movido não o perturba mais. Seu estado de abandono consciente, em compensação, aumenta. Para isso, evidentemente, é preciso ganhar a total confiança do paciente.

Descreveremos rapidamente os movimentos mais comuns que exigem – repetimos – um certo cuidado: é preciso estar seguro de que serão bem-aceitos pelo paciente. Para isso, deve-se preveni-lo: "Deixe-me mover levemente sua cabeça para permitir-lhe uma descontração maior do pescoço". Proceder de surpresa pode provocar desagradáveis mal-entendidos sobre as intenções do reeducador.

■ Girar a cabeça

Assim que o paciente dá início a um suspiro, o terapeuta gira, com a ponta dos dedos, a cabeça para a esquerda, mantendo-a assim por alguns suspiros antes de fazê-la girar levemente para o outro lado. Isso, muitas vezes, será suficiente para reduzir a tensão do pescoço e liberar, ao mesmo tempo, a respiração torácica.

■ Levantar a cabeça

É a seqüência do procedimento anterior, sendo a cabeça levemente levantada com os dedos. O indivíduo é solicitado para largar sua cabeça, para perceber o contato dos dedos que a seguram, sentir o peso de sua cabeça assim mantida. Isso não é tão fácil. Não se deixa a cabeça em mãos estranhas sem pensar duas vezes! Se a entrega é obtida, pode-se mesmo deslocar lentamente a cabeça lateralmente antes de recolocá-la com cuidado no lugar.

■ Reter o ombro

Esse procedimento é utilizado nos tempos 7 e 9 do exercício. Quando o paciente levanta o ombro (puxado por um fio preso no teto), o terapeuta introduz seu punho sob esse ombro. Este faz com que o paciente o deixe realmente repousar sobre essa "pedra", que parece ter se formado embaixo. Quando isso é obtido (após vários suspiros), ele adverte o paciente de que vai retirar (levemente) seu punho, indicando-lhe para mantê-lo sozinho, sem deixar descer. O paciente percebe então que pode manter seu ombro com o mínimo de tensão e evitando qualquer difusão. Em seguida, poderá deixar seu ombro cair de forma mais pesada, para depois levantá-lo uma última vez com muito mais facilidade.

■ Puxar os ombros

Com as mãos sob os ombros, palmas viradas para cima, o terapeuta pode, encaixando seus dedos nas axilas, fazer trações horizontalmente em relação a ele. Esse procedimento permite liberar a respiração torácica no momento de um suspiro.

■ Pressão dos dedos no alto do tórax

O terapeuta, atrás do paciente, coloca a ponta dos dedos sobre o tórax, imediatamente abaixo das clavículas. Imobilizando seus dedos, pode permitir ao paciente tomar consciência da quantidade excessiva de esforço inspiratório. Os dedos, apesar de sua resistência, são empurrados pelo movimento torácico com uma energia, às vezes, surpreendente. Pode-se igualmente realizar, com essa mesma posição dos dedos, leves pressões curtas suscetíveis de desencadear um relaxamento torácico expiratório.

■ Deslizar as mãos nas costas

Posicionado atrás do paciente, o terapeuta desliza suas mãos – palma voltada para o divã – pelos ombros, depois pelas costas do paciente. Pode então, apoiando-se sobre os dedos, mover a parte direita ou esquerda das costas do paciente. Deixa as mãos imóveis durante dois ou três suspiros, realizando repentinamente depois um pequeno deslocamento após o início ou antes do final de um suspiro, isto é, em um contratempo em relação a este. Isso permite ao indivíduo descobrir mais facilmente o estado de equilíbrio respiratório entre dois suspiros.

■ Levantar as costas

Às vezes, o terapeuta pode levantar bem o tórax do indivíduo com as mãos durante alguns suspiros.

■ Levantar um braço e um ombro

Posicionado ao lado do indivíduo, o terapeuta, com uma mão, levanta o braço, puxando-o pela mão ou pelo antebraço flexionado, e, com a outra, levanta o ombro.

■ Levantar uma perna

Com uma mão sob o joelho e a outra sob o tornozelo, levanta-se a perna, flexionando-a. Em seguida, fazem-se movimentos com a perna, levando o joelho levemente para dentro, depois para fora, ou flexionando mais ou menos o joelho.

■ Observações

Convém, nesses movimentos, alternar os momentos de deslocamentos com momentos de imobilização. Essa forma de proceder permite bem mais facilmente chegar a uma resolução profunda das tensões.

Convém, além disso, proceder com muita precaução e delicadeza, sem o que o paciente pode acabar transferindo suas tensões residuais de uma região para outra. Relaxando a perna, corre o risco, por exemplo, de bloquear o pescoço ou tornar a respiração rígida.

▶ *Os cinco ou sete meios*

Se considerarmos o conjunto das diversas maneiras possíveis de indução ao estado de relaxamento, tentando situar estas em relação às outras, pode-se dizer que há, inicialmente, cinco meios que permitem a qualquer indivíduo obter *sozinho* o repouso, essa distribuição harmoniosa de energia entre o corpo e a mente que caracteriza esse estado de tranqüilidade ideal.

O primeiro meio é a *atividade muscular*. Deslocar um membro ou outro, alongar-se, contrair momentaneamente a musculatura, mas também agir, dançar, cantar, etc.

O segundo meio consiste em *modificar a respiração*, deixando-a mais profunda ou mais rápida, mais torácica ou mais abdominal, conforme o caso.

Esses dois procedimentos são de extrema banalidade. Cada um os utiliza indistintamente para relaxar após ter trabalhado, por exemplo, sentado a uma mesa durante uma ou duas horas.

Suspirar é uma mistura desses dois primeiros meios. Um suspiro serve – entre outras coisas – para deixar a pessoa à vontade.

O terceiro meio é mais sofisticado. Ele não faz parte do comportamento habitual de cada um e resulta de uma aprendizagem. Chama-se *concentração mental sobre as tensões residuais*. Consiste em uma tomada de consciência do estado mais ou menos tônico das partes do corpo que permite diretamente uma quebra das tensões inoportunas.

O quarto meio, mais sofisticado ainda, passa pela *representação mental voluntária das sensações corporais* que se quer obter nesta ou naquela parte do corpo: leveza, peso, calor, frio.

O quinto, bem particular em relação aos dois anteriores, recorre, pode-se dizer, à *magia das palavras*, adquirindo a forma de uma recitação mental de frases tais como "Meu braço está pesado", ou "Estou completamente calmo", ou "Minha respiração me acalma".

A esses cinco meios, acrescentaremos mais dois que não se inscrevem nessa primeira série na medida em que não necessitam da vontade do indivíduo.

Um sexto meio é possível certamente, mas exige a *intervenção de uma terceira pessoa*. Pode-se "relaxar" com a ajuda de alguém que lhe massageie, que lhe movimente, que fale com você, ou, melhor, que lhe murmure ao ouvido ou que lhe faça um carinho, etc., com a condição, evidentemente, de seu consentimento, pois, senão o fenômeno se inverte.

Notemos que essa inversão é também observada para os cinco meios anteriores. Atividade muscular, modificação respiratória, concentração mental, representação imaginária, repetição de frases, podem tanto perturbar o estado de conforto quanto aumentá-lo. Isso pode ser facilmente compreendido se pensarmos, por exemplo, que um *botão que sintoniza* um rádio é igualmente o *botão que o tira de sintonia*.

Sétimo meio, finalmente: a *distração*. Pode-se, de fato, relaxar "pensando em outra coisa". O problema é que este não é um meio muito maneável, mesmo se é o que normalmente se aconselha a um amigo preocupado com alguma coisa: "Tente pensar em outra coisa, vamos!". Sabe-se que esse conselho é, na maioria das vezes, ineficaz. É inegável, no entanto, que, se sua mente embarca em uma lembrança agradável ou em um pensamento bom, você pode constatar, ao voltar ao momento presente, que está mais tranqüilo em seu corpo. Isso não o traz, infelizmente, nenhum domínio.

Se considerarmos agora o conjunto das técnicas de relaxamento, pode-se ver que se distinguem umas das outras pelo uso diferente que fazem desses sete meios mencionados.

Assim, o método de *Jacobson* utiliza o primeiro e o terceiro meio, o de *Schultz*, o quinto, e somente ele o faz na forma mais ortodoxa. *Métodos derivados*, mais modernos, por outro lado, acrescentam a esse quinto meio o quarto e o sexto. Quanto ao *yoga*, utiliza particularmente o segundo.

Quanto ao *relaxamento com olhos abertos*, vê-se que ele utiliza o conjunto de todos esses meios, exceto o sétimo. Isso não quer dizer que esse método seja melhor que os demais, mas que se situa em uma pesquisa mais dinâmica, de eficácia imediata, embora deixe de aprofundar em um segundo tempo. É provavelmente isso que faz deste um bom método de iniciação, e é provavelmente por isso que convém especialmente aos indivíduos pouco inclinados, por seu temperamento, a esse tipo de prática.

▶ Algumas dificuldades particulares

Devemos agora examinar algumas dificuldades que podem surgir durante a aprendizagem ou a prática do *relaxamento com olhos abertos*, tais como acabamos de descrevê-las.

DIFICULDADES DE ORDEM RESPIRATÓRIA

■ **Respiração estereotipada, os três parâmetros da respiração**

Como dissemos, não é tão fácil observar sua respiração sem alterá-la. Essa simples observação resulta, em geral, em um relentar respiratório e em uma evolução para uma respiração estritamente torácica ou estritamente abdominal.

Durante a primeira etapa do exercício (período de adaptação na posição horizontal), quando se pede ao indivíduo para reagir a esse relentar por meio de uma leve aceleração voluntária da respiração, ele protesta, às vezes, alegando que isso o incomoda na medida em que seu próprio ritmo respiratório é naturalmente lento. A isso, pode-se responder que, mesmo que se tenha o hábito de respirar lentamente, pode ser interessante saber respirar rápido também. A instrução para ficar à vontade, respirando lentamente não significa uma grande liberdade de movimento em relação à respiração.

Seguindo o mesmo raciocínio, lembremos que é necessário tomar certa distância do dogma que afirma que a "boa respiração" deveria, *a priori*, ser ampla, nasal e abdominal. A boa respiração é, na verdade, a que é suscetível de variar facilmente para se adaptar às circunstâncias e às tarefas diversas que lhe são impostas ou propostas.

A observação da respiração espontânea mostra que esta varia segundo diversos fatores: vê-se que, em repouso, ela é mais torácica e rápida quando o indivíduo está numa situação "psicologicamente excitante" e mais abdominal e lenta quando está tranquilo mentalmente e sem pensar em nada. Mas a respiração depende igualmente da vontade e isso deve ser levado em conta.

A forma da respiração resulta, lembremos, de três parâmetros que são o *ritmo* (a respiração pode ser mais ou menos rápida ou lenta), o *estilo* (a respiração pode ser abdominal, torácica ou mista em proporção variável), e a *amplitude* (o movimento respiratório pode ser de pequena amplitude ou, ao contrário, ter um curso extenso). Pode-se conservar um caráter natural da respiração, isto é, bem-adaptado à necessidade respiratória, mesmo que se modifique voluntariamente dois desses três parâmetros (e, particularmente, o ritmo e o estilo), contanto que se deixe o terceiro parâmetro (especialmente a amplitude) adaptar-se automaticamente conforme as necessidades respiratórias. O movimento respiratório deve permanecer também flexível, ou seja, deve ser realizado com uma relativa economia de energia muscular.

Notemos que, em tal manipulação respiratória voluntária, temos o exemplo de uma ação, por um lado, voluntária e, por outro, automática, estando o conjunto sob domínio da consciência. Essa experiência de uma conjunção entre o voluntário, o automático e o consciente se encontra, em outros níveis, na continuidade da reeducação.

O exercício da *pequena locomotiva a vapor* permite ao indivíduo treinar a conservação do conforto respiratório, apesar da aceleração voluntária do ritmo da respiração.

■ **Apreensão respiratória**

Em alguns indivíduos predispostos, pode-se, quando se procede de modo muito precipitado, ver surgir, após a introdução dos suspiros, uma tendência ao pânico respiratório. O indivíduo tem a impressão de sufocar e tenta acumular mais ar, ao passo que sua inspiração já está mais ou menos bloqueada. Caso se deixe chegar em tal situação, uma crise tetânica pode ser desencadeada com agitação de todo corpo e perda de consciência.

Para evitar essa evolução – impressionante, mas sem nenhum perigo – convém, inicialmente, não se assustar, depois indicar ao indivíduo para que sente, incline a cabeça para frente e pense em expulsar lentamente o ar de seus pulmões e deixá-los encher sozinhos tranqüilamente. Sentado atrás dele, o terapeuta pode ajudá-lo a controlar o pânico exercendo, com uma mão, uma pressão sobre sua cabeça inclinada e, com a outra, massageando suas costas, orientando-o com uma voz calma.

■ Tontura após o exercício

Quando o paciente se levanta bruscamente após o exercício, pode sentir – quanto mais profundos tiverem sido os suspiros – uma "tontura" (pseudovertigem) com ofuscamento e perda de equilíbrio. É o mesmo fenômeno que pode ocorrer quando se levanta após ter respirado por algum tempo a fumaça da lareira, ou após ter enchido um colchão de ar com a boca. Esse fenômeno está relacionado diretamente com o excesso ventilatório que provoca um desperdício de gás carbônico (hipocapnia), provocando uma baixa da acidez sangüínea (alcalose). O remédio consiste, nesse caso, em efetuar uma flexão apoiada da cabeça. Colocando sua mão atrás do occipício, o paciente deve empurrar sua cabeça para trás, endireitando o peito. Segue-se um alongamento da nuca que interrompe, por alguns segundos, a pseudovertigem, graças provavelmente a uma ação sobre a circulação sangüínea no bulbo raquidiano.

FENÔMENOS SENSORIAIS E MOTORES DESAGRADÁVEIS

■ Queimação dos olhos

O fato de ter de manter os olhos abertos causa freqüentemente uma sensação de queimação que obriga a piscadas repetidas vezes. O indivíduo tende a acusar a luz que julga forte demais ou o ar que lhe parece poluído. Na realidade, trata-se geralmente de uma manifestação de ordem psicológica relacionada ao fato de olhar para si do qual já falamos.

■ Formigamentos

Durante a prática do *relaxamento com olhos abertos*, às vezes, ocorrem formigamentos nas pernas ou, mais freqüentemente, nos braços.

Assim que acontecer, o indivíduo deve reagir movendo a raiz do membro. Agitar o pé ou mão apenas reforça o formigamento, podendo até torná-lo doloroso. Este está relacionado a compressões na emergência das raízes dos nervos nas regiões paravertebrais. Convém, portanto, não se comportar de forma pouco racional como alguém que espera resposta ao telefone, sacudindo-o, enquanto há uma pane na central telefônica!

Para liberá-lo dos formigamentos do braço direito, pode-se propor ao indivíduo agarrar seu ombro direito com a mão esquerda e puxá-lo para frente ao mesmo tempo que inspira fortemente. Poderá ainda agarrar sua cabeça, cruzando as mãos atrás, cotovelos próximos na frente, antebraços contra suas têmporas e fazer, sempre inspirando com força, uma tração da cabeça para frente e levemente para a esquerda. Para o formigamento da perna, poderá flexioná-la, agarrar o joelho com as duas mãos cruzadas e trazer por tração sua coxa até o abdome, puxando o joelho um pouco para dentro. Como os anteriores, esse movimento deve ser acompanhado por uma inspiração forte.

■ Cãibras nas pernas

A contração desencadeia, às vezes, em algumas pessoas predispostas, uma cãibra na perna. Se isso ocorrer, é preciso orientar o indivíduo para levantar, rapidamente, e começar a andar na peça de modo "razoável".

Para tal paciente, deve-se substituir a "contração máxima sem difusão" de cada perna pela contração mínima. Em outras palavras, o indivíduo deverá, em vez de contrair sua perna, tensionar progressivamente os músculos dessa perna, mas relaxar assim que a tensão se tornar perceptível.

■ Tremores, movimentos involuntários

Tremores e movimentos involuntários podem ocorrer durante o relaxamento, particularmente nos pacientes que apresentam distúrbios neurológicos.

Deve-se indicar ao indivíduo para não tentar impedir esses fenômenos "pela força", mas, ao contrário, deixá-los expressarem-se sem restrição, depois livrar-se deles movendo levemente a raiz dos membros no nível do tronco ou suspirando. Progressivamente, o paciente aprenderá a utilizar tais procedimentos para prevenir ou interromper esses fenômenos desde o início.

Às vezes, em pessoas que nunca passaram por nenhum distúrbio neurológico, quando se entra no estado de relaxamento, um tipo de vibração das costas e da cabeça pode ocorrer. Um pequeno tremor é então perceptível no nariz. Essa vibração é agradável e, com treino, pode-se prolongar a duração. Esse período vibratório antecede, em geral, um grande aprofundamento do estado de descontração.

■ Dores nas costas e nos "rins"

Dores nas costas e nos "rins" podem aparecer, às vezes, repentinamente no meio do exercício, comprometendo seu desenvolvimento. A parada consiste em flexionar bem as pernas, deixar as plantas dos pés levemente afastadas sobre o divã e manter essa posição até o final do exercício. Em seguida, é indicado colocar algumas almofadas a mais sob os joelhos e na altura dos rins e até mesmo propor uma posição semi-sentada.

■ Tendência ao sono

Pode acontecer de o indivíduo ter tendência a dormir durante o exercício e dormir realmente. De uma hora para outra, percebe-se que o indivíduo não responde mais às orientações. Para evitar esse tipo de coisa, pode-se então acelerar o ritmo do exercício ou intercalar movimentos, como girar a cabeça para a direita e para a esquerda, despertando-o.

Pode-se reagir simplesmente interrompendo-se o exercício e passando a uma parte mais ativa do treinamento. A falta de sono pode ser revelada pelo relaxamento. Este, aliás, como dissemos, pode ser utilizado para induzir ao sono.

Para certos indivíduos, entretanto, o sono pode ser interpretado como uma defesa de ordem psicológica, indicando a impossibilidade de ocupar sua mente na análise das sensações corporais. Voltaremos a falar sobre isso ainda.

■ Bocejos

Isolado, o bocejo é desejável e significa que o paciente começa a relaxar de modo autêntico. Às vezes, porém, o bocejo se torna repetitivo e atrapalha a execução dos suspiros.

Vê-se, em geral, que esses bocejos param com o aprofundamento da prática. O bocejo pode, na verdade, ser interpretado como uma espécie de suspiro acompanhado de um prolongamento. Esse fenômeno involuntário desaparece quando o controle (voluntário) dos suspiros e das contrações-descontrações melhoram.

■ Deglutição

O indivíduo pode sentir necessidade também, às vezes, de deglutir, sentindo-se incomodado. Uma parada eficaz consiste em lhe recomendar para não lutar contra essa vontade e não hesitar em lhe satisfazer cada vez que isso ocorra. De qualquer forma, essa vontade se torna rapidamente mais rara, deixando de incomodar.

■ Borborigmos

Às vezes, o indivíduo em relaxamento fica perturbado com a ocorrência de borborigmos intestinais, vividos por ele como algo inconveniente. Nesse caso, convém sugerir ao paciente deixar esses ruídos se produzirem livremente, considerando-os como uma *participação visceral no relaxamento* a ser tratada como algo favorável.

INIBIÇÕES E PROBLEMAS DE ORDEM PSICOLÓGICA

■ Inibição quanto à atitude de entrega

A atitude de relaxamento é igualmente uma atitude de vulnerabilidade. Se seu maior inimigo lhe surpreender em estado de relaxamento, você corre o risco de não vencê-lo. Aprender a se descontrair é aprender a tirar sua couraça. Isso só é feito quando sentimos total segurança. Compreende-se nessas condições que, para alguns indivíduos (mesmo que conscientemente eles se sintam seguros), a atitude de entrega é objeto de hesitações instintivas. Deve ficar claro, porém, que essas hesitações originam-se no inconsciente do indivíduo e estão relacionadas a problemas que certamente poderiam ser abordados por um tratamento analítico.[9]

Não é necessário um procedimento tão sofisticado para superar o problema; pode-se muitas vezes permitir ao indivíduo desfazer-se progressivamente dessas hesitações.

É preciso para isso reconhecer com ele que essas hesitações existem e que são apenas a hipertrofia de inibições normais (não nos soltamos na presença de qualquer um sem tomar algumas precauções e sem algum tempo). Desse forma, as hesitações acabam normalmente por se fundirem sob o efeito de uma "mordiscada" progressiva que resulta do treinamento regular. É bem provável, aliás, que essa resolução se traduza por benefícios psicológicos em profundidade. Acrescentemos que a solução para a inibição quanto à atitude de entrega é facilitada pelo fato de que a reeducação vocal propõe a aquisição compensatória de uma melhor técnica da projeção vocal. Exercitar a projeção vocal é como aprender a manusear uma espada. Compreende-se nesse caso que o indivíduo aceite melhor retirar sua couraça. Notemos que não se trata de destruí-la, mas de aprender a utilizá-la com bom senso; saber relaxar para melhor utilizar sua energia. Saber, enfim, transferir sua energia para onde for mais útil.

---

[9] Entregar-se confunde-se, às vezes, para certos pacientes, com deixar-se morrer.

■ Dificuldades referentes à tomada de consciência do corpo e das sensações corporais

Há, em algumas pessoas, uma dificuldade incrível em tomar consciência de seu próprio corpo e em analisar concretamente suas próprias sensações corporais. Essas dificuldades são de origem variável. Pode se tratar de inibições de ordem psicológica. Nesse caso, o corpo ou alguma parte dele (o abdome, a garganta, as pernas) é tido, às vezes, como um objeto ao qual não se tem direito, ou a idéia, de dar atenção. Pode se tratar ainda – voltaremos a falar disso depois – de uma dificuldade referente ao fato de que a mente do indivíduo, que se volta preferencialmente para o mundo das abstrações, tem dificuldade em viver a realidade, e particularmente a realidade corporal, como uma sensação concreta.

Essa dificuldade será resolvida como a anterior, na medida em que o paciente conseguir, aos poucos, expressar-se sobre si conforme o desenvolvimento da prática do exercício.

■ Divagação mental

Alguns pacientes que apresentam distúrbios da voz têm dificuldade em fixar sua atenção no exercício e distraem-se com outros pensamentos.

Isso pode corresponder a um comportamento de fuga em relação ao exercício, o que nos leva ao parágrafo anterior. Pode se tratar simplesmente de uma mente móvel que não consegue impedir o desenrolar de cada idéia que aparece. Qualquer que seja o caso, dois procedimentos podem ser utilizados para tentar vencer a divagação. O primeiro consiste em iniciar o paciente a *relaxamento em dois turnos* (cf. p. 112). O segundo consiste em aprofundar a questão dos *cinco objetivos* (cf. p. 94) que o indivíduo poderá decorar tirando o máximo proveito. Assim, pode-se propor a ele que escolha um ou outro desses objetivos e o trabalhe mais intensamente cada vez que praticar o exercício.

INTELECTUALISMO, PERFECCIONISMO

Pode-se dizer que o intelectualismo é o inimigo número um do paciente na prática do relaxamento, sobretudo se for proveniente de uma tendência perfeccionista. A ânsia por superar o problema impede a realização correta desse estado psicossomático particular que decorre principalmente de um "deixar acontecer" na mente do "não-agir" ensinado pela filosofia *zen*. Para nós, o efeito do não-agir corresponderia mais à ação da *função imaginante* da qual já falamos.

O relaxamento que propomos com olhos abertos é, no entanto, relativamente acessível aos perfeccionistas na medida em que se trata de um método dinâmico: contrair, relaxar, suspirar; bem como objetivos precisos a serem atingidos: 1. não difusão; 2. rapidez de relaxamento; 4. sincronismo toracoabdominal no suspiro; 5. ausência de respiração clandestina. Observe que omitimos intencionalmente aqui o terceiro objetivo – sensação de peso ou de vôo –, e uma parte do quinto – bem-estar geral. Alguns indivíduos têm, de fato, muita dificuldade quanto a esses dois objetivos: são nesses dois pontos que, na prática, no perfeccionista se choca com sua ansiedade de conseguir e a impossibilidade de deixar acontecer.

Não há, porém, com o que se desencorajar. Possuímos vários meios para ajudá-lo a sair de tal situação apesar de tudo.

O primeiro passo consiste em falar com ele sobre essa tendência perfeccionista, fazendo-lhe aceitar o direito de ser assim (Rogers).

O segundo consiste em ajudá-lo, durante o exercício, a descobrir o universo das sensações corporais, utilizando manipulações, tais como descrevemos, e as sugestões verbais das quais demos alguns exemplos. Pode-se ainda solicitar o fechamento dos olhos, ao menos ocasionalmente: "Feche os olhos para ver melhor o que se passa com você".

Pode-se também recorrer a outros exercícios que descrevemos mais adiante (*a respiração ramificada, a bomba de petróleo*, etc.). Tudo isso ficará muito mais fácil, porém, após algumas informações sobre o funcionamento da mente segundo Jung. Será o momento para o paciente, aliás, de assimilar noções psicológicas fundamentais (e extremamente malconhecidas) que lhe permitem compreender – e assim viver melhor – uma série de problemas práticos que podem surgir em sua vida.

Tal informação poderá parecer, para alguns, supérflua, ou simplista demais. Quanto a nós, sempre observamos que o paciente com muito interesse a acolhia bem e que ela resultava, sem dúvida, em benefícios práticos. Como nosso objetivo não é avançar nas idéias, mas na eficácia prática, não hesitamos em desenvolver aqui esses dados teóricos bastante úteis, remetendo o leitor, desejoso de aprofundá-los, a nossas fontes.

■ As quatro funções da mente segundo Jung

A descrição das quatro funções da mente, segundo Jung, permite compreender senão a origem, ao menos os mecanismos do intelectualismo e do perfeccionismo e trabalhar de uma maneira eficaz em sua regressão.

Essa descrição resulta da análise que Jung faz da *maneira como a mente organiza a realidade exterior e interior* (em Jung, conhece-se a importância das noções de introversão e extroversão), antes de se determinar em relação a essa realidade, de adotar, conscientemente ou não, uma posição face a ela. Ignorá-la, fugir, reagir, decidir-se a agir, fazendo entrar em jogo eventualmente a vontade a cargo de um projeto, etc.

Se você tem um gato, certamente já pôde observar que, quando traz para casa um objeto um pouco volumoso, passado um momento, o gato deixa sua almofada, aproxima-se do objeto, fareja-o, gira em torno dele, tenta entrar ou ficar em cima, retornando depois para sua almofada. Essas manobras lhe permitem elaborar uma representação mental desse objeto que, desde então, faz parte de seu universo familiar. É graças às quatro funções da mente descritas por Jung que podemos elaborar assim, a partir da realidade exterior ou interior, esses objetos "internos" que nos permitem viver adaptando-nos "instintivamente" a essas realidades.

Apresentaremos as funções junguianas tendo por base a apresentação de Yves Diénal em suas palestras de psicologia-psicanalítica. Com efeito, Jung descreveu essas funções visando principalmente a estabelecer uma tipologia. Ora, com Diénal, pensamos que seu interesse ultrapassa o da tipologia e insistimos na idéia de que cada uma dessas quatro funções corresponde a um instrumento do qual a mente pode utilizar-se. Cada indivíduo, sem dúvida, pode ser mais ou menos propenso à arte de utilizar um ou outro desses instrumentos (e é neste dado que se apóia a tipologia), mas não devemos parar nesta noção. Pode-se, de fato, aprender a lidar melhor com cada um desses instrumentos, aproveitando ao máximo seus dons pessoais e desenvolvendo eventualmente uma função mais deficiente. Veremos que a prática do relaxamento constitui uma pedagogia possível de sobretudo uma dessas funções: a função "sensação".

Para apresentar as funções junguianas, Diénal começa por descrever um esquema que representa a mente e uma divertida síntese entre os dados junguianos e os dados freudianos. "A que pode-se parecer uma mente? A uma bola evidentemente (Figura 3.2)!" Diénal utiliza o humor, "e perder a bola, todo mundo sabe o que isso significa!" Essa bola tem evidentemente um conteúdo (a mente não é vazia) e esse conteúdo está relacionado com o exterior por um pequeno orifício no topo da bola (a mente deve ser permeável e não poderia estar cheia!). Por esse orifício, penetram na mente experiências que representaremos por pequenas bolhas. A maioria dessas bolhas cai na parte inferior da bola e ali são esquecidas. Elas representam o inconsciente que pode ser definido como o conjunto das experiências esquecidas, embora influenciem tanto o comportamento do indivíduo quanto as outras.

Na parte superior da bola, distinguem-se duas partes que designaremos, para simplificar, *zona profunda*, relacionada mais à vida do inconsciente, e *zona superficial*, relacionada sobretudo aos fenômenos do mundo exterior.

Esse conteúdo, porém, (explorado por Freud) não nos interessa aqui. Em compensação, o envelope, a casca, interessa-nos. Ela corresponde justamente às funções junguianas. Essa casca será assim cortada em quatro regiões, como no esquema da mente vista do exterior (Figura 3.3). Notar-se-á que cada função pode "trabalhar" para o interior da mente (em introversão) e também para o exterior (em extroversão). Notar-se-á ainda que cada quarto dessa casca está no nível do consciente em sua parte superior e no nível do inconsciente em sua parte inferior.

Para permitir apreender a adequação desse esquema à realidade, Jung propõe que se pergunte o que se passa quando a mente encontra alguma coisa nova, isto é, quando faz uma experiência (cf. p. 106).

Essas explicações teóricas vão permitir que o indivíduo compreenda que, devido ao desenvolvimento preferencial de sua função pensamento e ao subdesenvolvimento de sua função sensação, é normal que o relaxamento constitua, para ele, uma atividade particularmente pouco natural; no entanto, revelar-se-á ainda mais útil. Evidentemente, não se trata de modificar sua tipologia. Sua função dominante será sempre a mesma; mas, por pouco que se desenvolva uma função subdesenvolvida, aumenta-se consideravelmente o potencial global de sua mente. Ora, como dissemos, a prática do relaxamento constitui uma boa pedagogia da função sensação. Aí está provavelmente a explicação para as transformações psicológicas, às vezes, consideráveis que ocorrem em uma reeducação vocal.

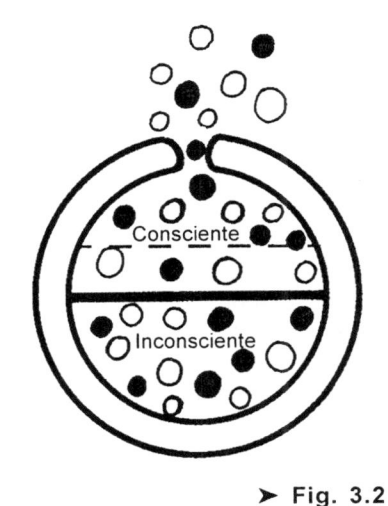

➤ **Fig. 3.2**
A bola da mente segundo Diénal (vista em corte).

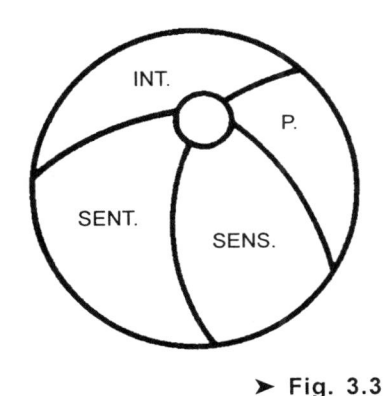

➤ **Fig. 3.3**
A bola de Diénal e as funções da mente segundo Jung.

DESVIO SOPORÍFICO

Trata-se de um lamentável e freqüente desvio do método. Somente o fato de se deitar e ouvir alguém em quem se confia falar com uma voz igual e lenta é suscetível de induzir a uma descontração que pode ser vivida como algo totalmente agradável.

Essa maneira de proceder que pode valorizar o reeducador – ele consegue descontrair o paciente – não apresenta para este grandes vantagens. De fato, se o paciente experimentou a descontração, isso não lhe confere o domínio, podendo permanecer assim na dependência da ação do terapeuta durante muito tempo.

A iniciação ao *relaxamento com olhos abertos* tem poucas coisas em comum com esse tipo de procedimento soporífico, mesmo quando este (não é sempre o caso) traz ao paciente um certo bem-estar. A vantagem para o reeducador é que pode obter esse resultado por meio de suas frases habituais, completamente estereotipadas, ao mesmo tempo em que pensa em outra coisa (com a condição, porém, de que o paciente não se dê conta desse aspecto mecânico do discurso de seu reeducador).

Elaboração psíquica a partir do real segundo Jung

A primeira operação que a mente realiza na presença de algo novo consiste em perceber, distinguir. De modo mais simples, pode-se dizer que a mente toma consciência "que alguma coisa existe, que há algo". Essa percepção resulta do trabalho de uma função da mente (Figura 3.4) que Jung chamou de *função sensação*.

Quando essa primeira operação acontece, intervém uma segunda, chamada por Jung de *função pensamento*. É esta que permite à mente classificar (e nomear), analisar, deduzir, abstrair. Em suma, após ter certeza que há "alguma coisa", a mente compreende que é "algo" de tal espécie, que se chama assim, que tem tais e tais particularidades, cuja existência é a prova de que... o que confirma a lei geral que diz que, etc. A função pensamento é a parte da mente que se assemelha mais a um computador. Por aí mesmo pode-se perceber que a mente é uma coisa bem diferente.

Em terceiro lugar, tem-se a *função intuição* (mal nomeada). De fato, ela não corresponde de forma alguma à intuição no sentido corrente do termo e que se pode definir como a aptidão a adivinhar com rapidez, exatidão e sem saber como; aptidão complexa que implica provavelmente a atividade de todas as funções da mente.

Poder-se-ia definir a *função intuição*, afastando-nos um pouco de Jung, como a aptidão a imaginar a origem, o futuro, o possível (o possível resume tudo). Em outras palavras, após ter compreendido do que se trata esse "algo", pode-se imaginar sobre e além desse "algo". Esse "algo" poderia estar relacionado com tal fenômeno; poderia, graças a ele, fazer isso ou aquilo; se "isso" não tivesse acontecido, as coisas teriam acontecido assim, etc.

A *função intuição* é, em suma, a máquina de fazer hipóteses. Jung a definiu como a percepção para além do objeto. Talvez fosse preciso dizer, imaginação sobre e para além do objeto. Ver personagens a partir da forma das nuvens depende de nossa função intuitiva.

Quando essas três primeiras funções trazem alguma contribuição a essa elaboração da realidade, o indivíduo pode eficazmente realizar a última, batizada por Jung de *função sentimento*. É a máquina de estabelecer relações. A mente, em suma, conclui que esse "algo" é bom ou ruim, ou mesmo indiferente. Com Diénal, pode-se nesse nível distinguir o sentimento frio, com o qual nos distanciamos: estimo, aprecio, avalio; e o sentimento quente pelo qual nos aproximamos: gosto, adoro, detesto, isso me repugna, etc. Mas já começamos, nesse caso, a deixar o domínio da elaboração da realidade para entrar naquele da reação quanto a esta.

Para se convencer de que há uma ordem adequada na realização de cada função, pode-se considerar a inadequação de um funcionamento que começaria pelo sentimento: antes de ter certeza que há realmente alguma coisa, antes de me perguntar do que se trata, antes de imaginar um pouco qualquer coisa a respeito, começo por adorar ou detestar. Esse comportamento certamente existe; é mesmo freqüente, mas não é muito útil!

Outro elemento que reforça a idéia de que esse esquema dá conta do funcionamento da mente: Jung mostra que não se pode realizar ao mesmo tempo duas funções opostas. Não conseguimos ter interesse pelo que descobrimos e, no mesmo instante, imaginar o que poderíamos descobrir. É de modo sucessivo que a mente considera um e outro, mas não simultaneamente. A bola não pode dirigir para o mesmo lado dois quartos opostos.

A boa saúde mental exige que o indivíduo saiba passar rapidamente de uma função à outra (a bola deve poder girar rapidamente sobre seu eixo), em vez de ficar bloqueado naquela de sua preferência. De fato, cada indivíduo (segundo o tipo) prefere uma das quatro funções, e se tudo está bem, orienta sua vida em um sentido de modo que possa recorrer mais freqüentemente à sua função preferida (ou dominante). Isso pode terminar acarretando um subdesenvolvimento das demais funções e, especialmente, diz Jung, daquela que se opõe à dominante.

Ora, algumas operações exigem obrigatoriamente a realização de tal função. Trata-se de instrumentos. Mesmo que você não saiba manejar um fio e uma agulha e não entenda muito de prego e martelo, você deve, apesar de tudo, decidir utilizar o fio e a agulha na hora de pregar um botão.

A prática do relaxamento exige um funcionamento da mente segundo o eixo sensação/intuição. Trata-se, com efeito, de tomar consciência das sensações sentidas no corpo e, alternadamente, de representar (imaginar) o que se poderia sentir se o relaxamento muscular fosse mais intenso.

Quando o intelectualismo é também perfeccionismo funciona de preferência sobre o outro eixo, o eixo sentimento/pensamento (que Jung batizou eixo racional), ocupando sua mente com a tarefa de compreender melhor o porquê e o como do que lhe é proposto (*função pensamento*) de forma a ser considerado como um aluno irrepreensível (*sentimento*), que realiza metodicamente o que é perfeitamente justificado. O bloqueio da mente no eixo racional (que, observemos, é o da escola tradicional) impede o funcionamento da mente sobre o outro eixo (batizado por Jung de irracional) que dá ao indivíduo uma aparência "não séria" (*intuição*) ou "não permitida" (*sensação*). Trata-se, com efeito, de funções, muitas vezes, extremamente reprimidas por uma educação rígida e malcompreendida.

```
                    Intuição
              (imaginar o possível)
                       ↑
                       |
  Sentimento           |          Pensamento
(avaliar, estimar, ←———+———→   (classificar, analisar,
 gostar, odiar)        |         deduzir, abstrair)
                       |
                       ↓
                    Sensação
              (perceber, distinguir)
```

> **Fig. 3.4**
> Jung dispõe graficamente as funções que descreve segundo uma cruz, opondo-as assim duas a duas.

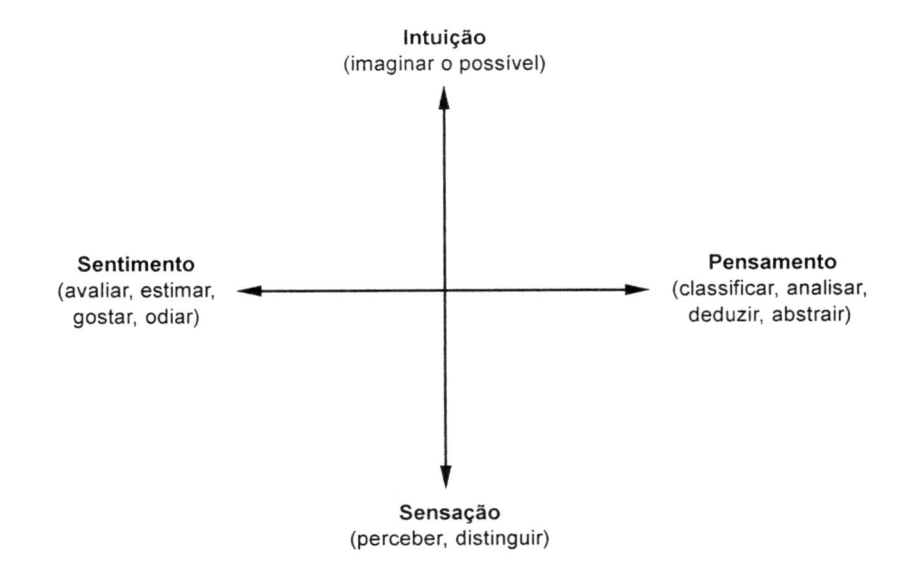

Isso nos faz lembrar o caso de uma paciente disfônica que, após três sessões, não agüentando mais, decidiu abandonar sua reeducadora. Da sala de espera, de fato, antes da sessão, escutou o paciente que a antecedia ouvir exatamente o mesmo discurso que lhe fora aplicado: "um suspiro, meu braço está pesado, um suspiro, meu braço está pesado, como se pequenos sacos com chumbo o empurrassem para o chão...". Essa paciente não suportou mais "os pequenos sacos com chumbo" impostos assim – parecia-lhe – a todo mundo, sem discernimento, e podemos bem compreendê-la.

De fato, a coisa mais importante para conseguir conduzir o paciente no relaxamento com olhos abertos é a atenção ao que provavelmente ele sente. É entrar em empatia com ele a fim de poder contar-lhe o que se passa em seu corpo no momento exato em que isso se passa. É lançar, de algum modo, um olhar sobre o corpo do paciente, permitindo a este ter um olhar próprio *em* seu corpo e para as tensões que o habitam. Certamente é isso que o ajudará a elaborar melhor esse "objeto interno" tão particular que é a representação de seu próprio corpo.

Observemos que as fitas comercializadas com registro de falas "relaxantes" provêm de um desvio semelhante na medida em que priva o paciente de autonomia.

Às vezes, o indivíduo insiste para que o reeducador grave a sessão a fim de que possa escutar a voz do terapeuta em casa para aplicá-la quotidianamente. Isso traz algumas satisfações – em geral, passageiras –, mas não resulta em domínio algum.

▶ *Exercícios complementares*

A aprendizagem e a prática do relaxamento com olhos abertos, tal como descrevemos, nem sempre constitui uma técnica suficiente para o que buscamos, isto é, a aquisição de um certo domínio do nível de tensão psicomotora. Às vezes, essa aprendizagem revela-se extremamente difícil num primeiro momento ou impossível de se aprofundar tamanha dificuldade do indivíduo para se concentrar em seu corpo. Dois exercícios podem então ser úteis: a *respiração ramificada* com suas variantes (e especialmente a *bomba de petróleo* adequada à criança) e o *relaxamento em dois turnos*. Há casos em que a dificuldade diz respeito mais particularmente à rigidez do ritmo respiratório e ao bloqueio torácico, cabendo então indicar o exercício da *pequena locomotiva a vapor*.

Em alguns pacientes, o relaxamento com olhos abertos é beneficiado se complementado ou mesmo substituído por práticas mais ou menos equivalentes. Pode-se, de fato, comparar a aquisição do domínio da tensão psicomotora a um trabalho de polimento para o qual podem ser utilizados instrumentos variados: fortes raladores para aparar, limas comuns para o trabalho corrente, lixa de papel mais fina para o "acabamento". O exercício de *relaxamento com olhos abertos* representa uma lima comum. Descreveremos quatro exercícios de alongamento: *o hipopótamo, as fases da lua, o Arlequim* e a *respiração alternada* que correspondem a instrumentos mais grosseiros. Descreveremos igualmente exercícios de aprofundamento: *uma perna para dentro, a cabeça para esquerda, o cachalote, o passeio pela ossatura, o exercício do hara, as quatro casas* como instrumentos mais finos que permitem ir mais longe contanto que já se tenha avançado. No caso dos três últimos, trata-se, na verdade, de instrumentos especiais que devem ser reservados certamente a casos particulares.

PARA UMA MELHOR CONCENTRAÇÃO

☞ **Respiração ramificada** (também conhecida como *as quatro estações*)

É um exercício que aprendemos com Nil Haoutof (eminente mestre de *yoga*) com o nome de *respiração com a ajuda dos braços*. Originalmente, apresentava-se de uma forma bastante mecânica, centrada na coordenação da respiração e do movimento dos braços. Aos poucos, foi se tornando suscetível de dar ao paciente muito mais do que o simples domínio dessa coordenação.

A respiração nesse exercício é exclusivamente nasal. Os olhos devem, a princípio, ficar fechados. O exercício comporta quatro tempos cuja duração respectiva pode variar.

Deitado no chão, pernas soltas, braços largados ao longo do corpo, o paciente observa sua respiração durante alguns ciclos, depois, após uma respiração mais ampla e bastante rápida, faz uma pausa respiratória de dois a quatro segundos aproximadamente, começando em seguida o exercício propriamente dito.

Tempo 1: inspiração (primavera)
Solicita-se ao indivíduo para deslizar seus braços pelo chão, cada um deles descrevendo um grande semi ou terço de círculo de um lado e de outro do corpo, com um movimento macio e vivo cuja duração pode variar de menos de um segundo a vários segundos, como explicaremos depois. Ao mesmo tempo, deve deixar entrar o ar em seus pulmões *pelo nariz* (a princípio) em perfeito sincronismo com o movimento dos braços que são, na verdade, o motor dessa inspiração. Assim, o indivíduo não deve pensar: "Inspiro e movo os braços", mas: "Movo os braços e isso me faz inspirar".

Os cotovelos não saem do chão. O movimento dos braços e o movimento inspiratório devem ser absolutamente sincronizados. A inspiração é de estilo mais torácico (o abdome permanece plano). Nenhum esforço inspiratório é realizado na altura do tórax. O indivíduo não deve buscar sobretudo tomar o máximo de ar! São somente os braços que trabalham e que produzem a inspiração (os braços, e não as mãos, devem conduzir o movimento!). O movimento é de extensão impulsional, mais *lançado* do que conduzido. Começa lentamente, acelera-se, depois relenta antes de parar e isso qualquer que seja sua duração. No final, os braços pousam confortavelmente no chão, como raios em torno da cabeça. Alongam-se no eixo do corpo se os ombros estão flexíveis, mas param lateralmente, em posição de cruz, caso contrário. Normalmente, posicionam-se de modo intermediário.

Tempo 2: sustentação inspiratória (o verão)

O paciente mantém-se na mesma posição anterior, *ao menos por dois segundos*, eventualmente por muito mais tempo: "enquanto os pulmões satisfazem-se em guardar o ar", dizia Nil Haoutof. Os ombros permanecem baixos, o mento fica "próximo à garganta" sem tensão. Caso necessário, mas sem que isso seja sistemático, o paciente gira um pouco a cabeça para a direita e para a esquerda a fim de garantir a descontração da nuca. Os cotovelos ficam bem-relaxados; os braços, pesados. O ar parece ficar nos pulmões graças somente ao peso dos braços. Nenhuma tensão deve ser sentida, a princípio, na altura do tórax. O indivíduo tenta avaliar o quanto falta para o conforto ideal. Busca instalar-se nessa inspiração parada "como numa espécie de eternidade suspensa". *A glote fica aberta.*

Tempo 3: expiração (o outono)

O indivíduo recolhe seus braços "por cima", descrevendo um semicírculo vertical *ao eixo do corpo*, ao mesmo tempo que realiza, sem golpe de glote, a expiração nasal sem barulho. A parte ascendente desse semicírculo deve, preferencialmente, ser executada com rapidez em um movimento impulsional dos braços estendidos mas flexíveis. Na parte ascendente, o indivíduo segura um pouco, em um movimento contínuo, a queda dos braços antes de colocá-los com leveza ao lado de seu corpo no momento exato em que termina de expirar. Deve cuidar para que seus ombros estejam constantemente em contato com o chão.

Uma dificuldade apresenta-se, às vezes, no momento inicial desse tempo, pois, exceto se os ombros estiverem bem flexíveis, o indivíduo colocou seus braços mais ou menos lateralmente, distante do eixo do corpo. Deve então, bem rapidamente, juntá-los ao plano vertical mediano, o mais próximo do solo possível antes de iniciar a expiração. (Diz-se que deve passar pelo norte antes de percorrer, com a ponta dos dedos, a abóbada celeste de norte a sul, evitando pegar o céu no meio do trajeto!). Não deve, porém, fazer dessa preparação um tempo a mais. A realização desse detalhe, que consideramos importante, é, às vezes, delicada. Constitui então mais um momento para o paciente aumentar sua habilidade em manobrar seu corpo. Pode-se, eventualmente, ajudá-lo manualmente a conduzir os braços. Esse movimento rápido, que vai do final do segundo tempo ao início do terceiro, representa o trajeto entre o término do verão e o início do outono. Isso sugere o retorno das férias durante as quais nem sempre é conveniente exercitar-se!

Um segundo problema é o da partida sem golpe de glote. Se o golpe de glote ocorrer (o paciente deverá aprender a reconhecê-lo), isso prova que a glote se fechou ao final da inspiração; isto é, o indivíduo não soube dosar sua impulsão inspiratória com rapidez para poder manter a glote aberta, em "suspenso" durante o tempo de sustentação inspiratória. A prática regulará isso. Não se trata, de qualquer modo, de fazer concessões duráveis nesse ponto. A obtenção do controle glótico é um dos principais objetivos desse exercício.

Tempo 4: sustentação expiratória (o inverno)

Com os ombros bem relaxados, braços largados novamente ao longo do corpo, o indivíduo aguarda, na busca pelo conforto expiratório, que os pulmões reclamem pela inspiração[10]. A partir do momento em que sente necessidade de respirar, dá início ao deslocamento lateral dos braços sobre o solo ao mesmo tempo em que inicia a inspiração e o ciclo recomeça.

---

[10] Às vezes, porém, com o objetivo de variar o ritmo do exercício, o paciente pode desencadear a inspiração sem esperar que essa necessidade se manifeste. É o que ocorre na variante de duas velocidades do exercício.

Uma dança cósmica

O número de ciclos pode variar de três a quatro ou até a uma quinzena. Se dificuldades se apresentam, é perfeitamente possível interromper o exercício, a cada dois ou três ciclos, para respirar livremente por alguns instantes. Progressivamente, pequenos movimentos parasitas do tórax, dos dedos e sobretudo do rosto, que indicam um mau controle, vão sendo eliminados.

A atmosfera geral desse exercício é a harmonia, a nobreza do movimento. Pode-se imaginar uma espécie de dança sagrada dos braços e da respiração, como em uma dimensão cósmica que poderia ser expressa da seguinte forma:

– no primeiro tempo: "percorro com meus braços toda extensão da terra";

– no segundo tempo: "plano suspenso acima de qualquer coisa como o sol no céu";

– no terceiro tempo: "acaricio com meus dedos a abóboda celeste de norte a sul";

– no quarto tempo: "espero o momento de renascer, o momento em que a vida se manifestará novamente".

As quatro estações

Uma correspondência se estabelece, de fato, naturalmente entre cada tempo desse exercício e uma das quatro estações. A inspiração é a primavera, a vida que floresce. A pausa inspiratória evoca o verão, o sol que reina no céu, os braços representando os raios. A expiração, com o abaixamento dos braços, figura um movimento de fechamento, o ciclo encaminha-se para o final. A pausa expiratória, finalmente, representa o inverno, o recolhimento imóvel da morte aparente antes do renascimento.

O fato de propor ao paciente essas correspondências, incitando-o a evocar mentalmente, no momento da execução desse exercício, imagens relacionadas a cada etapa do ciclo das estações tem um efeito estruturador muito precioso. Isso o leva a viver seu corpo na relação temporal e especial com o cosmos.

O indivíduo será, além disso, levado a comparar sua forma de viver às diferentes estações. Em qual estação se sente mais à vontade? Qual lhe parece difícil de suportar? "Como estou nesse inverno em relação ao verão passado?", "O próximo outono será de menos trabalho que este?", etc. Cada estação será assim avaliada em relação às outras na visão global do conjunto dos ciclos.

Variantes de velocidades programadas

Pode-se intensificar esse exercício solicitando ao paciente para prolongar ao máximo uma das quatro estações, segundo sua escolha, esforçando-se, no entanto, para realizar as demais corretamente, apesar da duração mais curta.

Igualmente, o paciente pode ser solicitado a prolongar ao máximo as *estações passivas* (verão e inverno), passando de forma muito rápida (mas não brusca) pelas estações ativas (primavera e outono). Há um prazer evidente em retardar o final do verão o máximo possível na idéia de que o inverno está próximo, podendo ser alcançado num piscar de olhos por meio de um outono mais rápido. Do mesmo modo, há um prazer evidente em retardar o final do inverno com a idéia de que o verão estará mais próximo, logo após uma primavera fulgurante. Muitos progressos podem ser obtidos assim.

Inversamente, o indivíduo pode *reduzir a dois segundos as estações passivas* (verão e inverno), relentando ao máximo as estações ativas (primavera e outono). Nesse caso, para a primavera, propõe-se que comece de maneira extremamente lenta, acelerando aos poucos para parar assim que chega no verão. Para o outono, ao contrário, o início deve ser bastante ágil para atingir rapidamente o zênite após o qual deve buscar relentar de modo regular, retardando ao máximo o momento de tocar os braços ao solo.

Esse exercício apresenta uma vantagem particular e parece insubstituível no tratamento da disfonia espasmódica em que pode, de modo bastante proveitoso, ser trabalhado durante meses.

É útil também, como dissemos, em caso de bloqueio torácico que impede a execução correta dos suspiros. De qualquer forma, como podemos nos dar conta, é um exercício de uma extrema riqueza que possibilita ao indivíduo viver intensamente e apropriar-se (sucessiva ou simultaneamente) do movimento, da respiração, de sua coordenação, do voluntário, do automático, do tempo, do espaço, da atividade e da passividade.

■ A bomba de petróleo (também conhecido como respiração ramificada reduzida)

Esse exercício pode ser considerado como uma variante da respiração ramificada. Distingue-se por um movimento dos braços mais simples. De fato, o indivíduo deve somente levantar os braços na vertical durante a *primavera*, deixá-los nessa posição durante o *verão*, repousá-los no *outono* para, por fim, deixá-los relaxados durante o *inverno*. Esse movimento dos braços – mãos levemente estendidas para o céu, enquanto os ombros permanecem em contato com solo – lembra o movimento de uma alavanca de algumas máquinas que funcionam nas regiões petrolíferas, por isso esse nome.

A maioria das observações referentes à prática da respiração ramificada podem ser aplicadas igualmente à bomba de petróleo. O paciente deve, em particular, cuidar para realizar uma coordenação tão perfeita quanto possível entre o movimento e a respiração. Deve fixar-se também a comparar atentamente o conforto obtido em cada estação com o da estação oposta, isto é, o conforto do verão com o do inverno, o conforto da primavera com o do outono. Buscando a facilidade do movimento dos braços e alterando a duração relativa das estações – encurtando uma ou prolongando a outra conforme sua necessidade –, esforçar-se-á para ficar à vontade em todas elas. Não emendará mais de 12 ou 15 ciclos, consentindo-se todas as pausas necessárias.

Durante o *verão*, o paciente, às vezes, tem dificuldade em manter os ombros bem-repousados sobre o solo na medida em que os levanta com um esforço inoportuno durante a primavera. O exercício das *traves de apoio* descrito logo em seguida permite resolver esse problema.

Pode-se notar a extrema simplicidade da descrição desse exercício (levanto os braços inspirando, espero um pouco, repouso-os expirando, um ponto e termina). Isso não significa que não seja particularmente eficaz. Além disso, essa simplicidade o torna totalmente aplicável à criança a partir dos seis ou sete anos, com algumas modificações (cf. p. 125).

■ As traves de apoio

Trata-se de um *exercício auxiliar* ao anterior cujo objetivo é a descontração dos ombros.

O paciente fica deitado de costas com os braços na vertical. Mantém-se nessa posição durante aproximadamente dez segundos, respirando de modo tranqüilo segundo o estilo mais torácico superior, o que lhe dá a impressão de respirar entre seus braços levantados. Depois, puxa suavemente seu braço direito para cima como se tentasse retirar um poste de seu buraco, envolvendo o ombro, mas não a metade das costas, e sem virar a cabeça! Passados alguns segundos, recoloca o braço em sua posição inicial, no "fundo de seu buraco", bem vertical e com a mão pendente, antes de passar ao braço esquerdo.

Em um segundo tempo, o paciente é solicitado para inclinar *levemente* seus braços levantados na direção de seus pés, de modo que formem um ângulo de 10°

ou 15° em relação à vertical, como se os postes ainda não tivessem sido fixados. Essa posição dos braços levemente oblíquos é mantida por alguns segundos. Em seguida, o paciente deve lançá-los no sentido inverso onde devem permanecer mais alguns segundos numa posição levemente oblíqua em relação à cabeça. Esses movimentos são repetidos várias vezes, buscando-se a naturalidade do gesto, distinguindo especialmente a dinâmica do movimento pelo qual se puxa os postes para a verticalidade deste que impede a queda dos braços, como a terra ao redor do buraco que mantém os postes.

Depois de algumas oscilações, o paciente restabelece a vertical de seus braços, inspirando, e volta assim para o *verão* da bomba de petróleo.

■ Relaxamento em dois turnos

Esse exercício é útil, como dissemos, em caso de tendência à *divagação mental*, bastante freqüente em certos pacientes disfônicos.

O indivíduo é convidado a realizar um primeiro ciclo muito rapidamente, respeitando tanto quanto possível as instruções, mas fazendo apenas um único suspiro entre duas contrações-descontrações e fazendo pausas reduzidas por menos de 2 segundos. Isso é semelhante a uma volta pelo jardim com passos rápidos. Desse modo, fica-se menos tentado a distrair-se com o que se passa do outro lado da grade. Nesse passeio rápido, tendo a mente entretanto registrado alguns fenômenos interessantes, concentrar-se-á mais facilmente no momento de um segundo ciclo, mais lento e com dois ou três suspiros entre cada contração-descontração.

■ A respiração da pequena locomotiva a vapor

Como já mencionamos, esse exercício é indicado no caso de uma falta de maneabilidade respiratória com bloqueio torácico. Ele exige previamente algumas explicações referentes aos três parâmetros da respiração (cf. p. 99).

Pede-se ao indivíduo que realize uma série de dez ciclos respiratórios em um estilo estritamente torácico superior cujo ritmo acelera-se progressivamente. De um ciclo por segundo, no início, o que já é rápido, deve passar a quatro ou cinco ciclos por segundo ao final da série, lembrando a pequena locomotiva que demora um pouco na saída para pegar ritmo ao final do circuito, deslizando sobre os trilhos antes de parar.

Essa aceleração rítmica deve ser evidentemente compensada por uma redução paralela da amplitude de modo a dar uma impressão de facilidade, leveza e conforto respiratório.

Uma pausa de no mínimo 10 segundos, com liberdade respiratória total, deve ser respeitada após cada série antes de dar início a uma nova. Três ou quatro séries serão suficientes.

Para tornar o procedimento mais fácil, pode-se aconselhar o paciente para que deixe, em um primeiro momento, seu abdome entrar levemente a cada inspiração (enquanto o tórax sobe) e deixá-lo sair um pouco a cada expiração (enquanto o tórax abaixa). Assim, será realizado o que se chama, às vezes, (ainda que de modo discutível) de respiração invertida (somente a respiração abdominal seria a correta?). Pode-se ainda mostrar-lhe que, curiosamente, esse estilo de respiração é feito muito facilmente em posição vertical, posição na qual o exercício perde sua utilidade!

Esse exercício permite ao paciente experimentar um modo de respiração "satisfatório", ainda que ao contrário de uma forma de realização mais habitual. O mais importante nesse caso é que, propondo-se um movimento rápido, obriga-se o indivíduo a trabalhar a agilidade na manipulação de sua respiração. De fato, é impossível acelerar se a realização da mecânica respiratória é demasiadamente brusca e sem flexibilidade: a rapidez é aqui um sinal de agilidade. Freqüentemente, o indivíduo constata que suas *performances*, quando pratica essa respiração da pequena locomotiva, são muito medíocres no início da sessão (seu ritmo está extremamente lento), ao passo que se tornam muito melhores alguns minutos depois de ter feito um pouco de relaxamento.

EXERCÍCIOS DE ALONGAMENTO

Trata-se, como havíamos dito, de instrumentos mais triviais para serem empregados quando a mente não está particularmente bem disposta ao relaxamento ou quando se está muito "nervoso". Podem substituir o relaxamento com olhos abertos, ou ainda ser utilizados como exercícios preparatórios para adquirir a disposição necessária à sua prática.

■ **O hipopótamo** (também conhecido como "seis vezes cinco")

O nome desse exercício deve-se ao movimento inicial dos braços que evoca a abertura da enorme boca do animal, mantida assim durante o tempo necessário para que receba algumas migalhas de pão lançadas da borda pelos visitantes do zoológico antes de seu fechamento, simbolizado pelo retorno dos braços à sua posição inicial.

Inspirado no *hatha yoga*, é composto, como revela seu segundo nome, de *seis* tempos com uma duração de *cinco* segundos cada um.

Deitado de costas, dedos unidos, palmas das mãos na direção dos pés, polegares sobre o quadril ou sobre as coxas, o indivíduo verifica se está em uma posição simétrica.

As seis etapas do exercício se desenvolvem então conforme as seguintes instruções:

– inspirar pelo nariz, sem ruído, durante cinco segundos, levantando os braços bem-estendidos com um movimento contínuo e regular até que as mãos toquem o solo atrás da cabeça; os dedos juntos descrevem um semicírculo em volta dela durante esses cinco segundos; a inspiração é necessariamente mais torácica do que abdominal;

– expirar igualmente durante cinco segundos, mantendo os braços alongados sobre o solo;

– inspirar novamente, alongando o corpo desde a palma das mãos até a planta dos pés (sem forçar a ponta dos pés);

– expirar (sempre em cinco segundos) sem se mover, mantendo a extensão. Se bem-executado, este quarto tempo é particularmente agradável;

– inspirar por cinco segundos, alongando-se ainda mais, cuidando para colar o máximo ao solo a parte posterior dos joelhos, os rins e a nuca;

– expirar recolhendo os braços; soltar os dedos ao final de cinco segundos quando as mãos tocam o quadril e respirar livremente afastando as mãos rapidamente e deixando os braços relaxar no solo.

Entre cada tempo, faz-se uma pausa respiratória de um segundo (ou dois), com a *glote aberta*.

Durante toda a duração de cada tempo, o indivíduo deve cuidar para que a inspiração ou a expiração ocupem de forma homogênea os cinco segundos. Deve ter atenção, em suma, para não encher ou esvaziar completamente os pulmões durante os dois primeiros segundos de cada tempo, mas segurando ou rejeitando, durante cada segundo, o quinto da quantidade de ar a ser inspirado ou expirado.

No primeiro e no sexto tempos, cuida, além disso, para que o movimento dos braços seja distribuído igualmente durante os cinco segundos de duração, em sintonia exata com a inspiração e com a expiração.

Esse exercício em que a glote deve ficar constantemente aberta permite ao paciente tomar consciência de sua eventual dificuldade em evitar o bloqueio glótico. Esse bloqueio inoportuno é marcado por um ruído de abertura característico, no início de cada tempo *ex*piratório e, às vezes, mesmo de cada tempo *in*spiratório.

■ As fases da lua

Trata-se de um exercício de alongamento diferencial, pelo qual o indivíduo alonga todo um lado do corpo enquanto o outro lado permanece relaxado.

Inicialmente, o indivíduo pega com sua mão direita o punho esquerdo colocado sobre o abdome. Depois, braços estendidos, leva as mãos assim unidas por cima de sua cabeça até tocar o solo atrás, virando em seguida o rosto para a direita. Alguns segundos nessa posição, inspira fortemente pelo nariz (respiração essencialmente torácica) e, ajudando-se com a mão direita, alonga o braço esquerdo, o flanco esquerdo, a perna esquerda, deslocando tranqüilamente por alguns segundos os punhos e os calcanhares (com pequenos movimentos sucessivos) para a direita, mantendo sua força inspiratória.

Segue-se uma curvatura do corpo que fica côncavo para a direita, como uma meia-lua cujas pontas são as mãos e os pés. O paciente deve cuidar para que os calcanhares permaneçam unidos, a ponta do pé esquerdo mantenha-se virada para a esquerda; ou seja, durante esse movimento, deve evitar virar a perna esquerda e o pé para dentro. Deve ter atenção também para não virar os ombros, nem o quadril (que devem-se manter no plano horizontal) mais do que os braços, estando o esquerdo alongado e o direito meio flexionado em seu esforço de tração.

Após alguns segundos de tração, o paciente expira e relaxa completamente (inclusive os braços que se voltam um pouco para a cabeça), mantendo a mesma posição. Feita uma pausa de 10 a 20 segundos durante a qual respira livremente, descontraindo-se ao máximo, alonga-se uma segunda vez da mesma forma para a direita. Depois da expiração e de uma nova pausa, inspira uma terceira vez, buscando ganhar ainda alguns centímetros antes de fazer uma nova pausa e passar para o outro lado.

■ Arlequim (também conhecido como "contração diagonal")

O princípio desse exercício, que se assemelha ao anterior, é realizar uma contração intensa de um braço e da perna oposta, deixando descontraídos também o outro braço e a outra perna.

Inicialmente, o paciente deve flexionar o braço direito, punho levemente fechado sobre o abdome. O outro braço fica largado, mantendo uma certa distância do corpo.

Alguns segundos nessa posição, o indivíduo inspira e depois bloqueia ao mesmo tempo e cada vez mais forte seu *braço direito* (punho fechado) e sua *perna esquerda* (estendida). Interrompe-se a respiração, porém a glote fica aberta. A contração pode durar (e aumentar) durante um, dois, três segundos ou mais até provocar a vibração do braço e da perna. Durante o tempo de contração, o indivíduo deve sentir seu braço esquerdo e sua perna direita totalmente descontraídos. Assim que a contração termina, respira livremente durante alguns segundos, antes de passar à contração do *braço esquerdo/perna direita*.

Pode-se eventualmente fazer duas ou três vezes o exercício de um lado antes de passar para o outro.

Do mesmo modo, pode-se contrair não apenas um braço e sua perna oposta, mas também a glote, fazendo pressão sobre os pulmões como acontece numa situação de esforço (não-habitual) de, por exemplo, carregar uma carga muito pesada. Para isso, inicia-se respirando tranqüilamente para encher os pulmões com um movimento respiratório torácico superior antes de contrair simultânea e progressivamente um braço, a perna oposta, a glote e os músculos das paredes torácica e abdominal. Com o relaxamento brusco, após alguns segundos, escutar-se-á um golpe de glote mais ou menos sonoro, o que facilita identificar esse fenômeno natural freqüentemente não percebido.

Esse exercício, além de contribuir para a prática do relaxamento, tem uma notável capacidade relaxante.

■ Respiração alternada

Esse exercício é parecido com *as fases da lua*, porém é destinado mais à maneabilidade da parte superior do tórax.

Deitado de costas, o paciente coloca a palma da mão esquerda sobre seu flanco esquerdo bem próxima à axila, dedos voltados para a frente do corpo. O rosto fica virado para a esquerda. O braço direito, sobre o solo, posiciona-se em volta da cabeça distante um pouco desta. A respiração é interrompida.

No momento de inspirar – de uma forma bastante viva e segundo o estilo torácico superior – o indivíduo realiza simultaneamente três ações:
– faz uma pressão breve mas firme da mão esquerda sobre o lado esquerdo;
– vira um pouco mais sua cabeça para a esquerda;
– alonga simultaneamente o braço direito, levando sua mão para a esquerda;
além disso, cuida para que seu abdome não infle.

Desse modo, a respiração aumenta no nível do pulmão direito (e mais exatamente na parte superior deste) e diminui no pulmão esquerdo, com inflexão da parte superior da coluna vertebral que adquire uma posição côncava para a esquerda.

Essa breve e forte inspiração é seguida por uma expiração passiva, depois por um repouso respiratório de alguns segundos. Durante essa pausa, o indivíduo passa, bem calmamente, à posição simétrica, segurando um tempo de imobilidade descontraída e, em seguida, executando a inspiração aumentada do lado direito.

Esse exercício é muito útil no caso de bloqueio muito forte na respiração e especialmente na disfonia espasmódica.

EXERCÍCIOS DE APROFUNDAMENTO

■ Uma perna para dentro

Trata-se de um procedimento de desestruturação (cf. p. 95) destinado a levar o paciente a uma melhor acomodação. É praticado logo após o relaxamento com olhos abertos, quando a respiração por suspiros é substituída por uma *respiração-nasal-não-muito-lenta-e-tanto-torácica-quanto-abdominal*. Só se recorre a ele se o estado de relaxamento obtido parecer suficientemente estável.

Solicita-se ao paciente que leve, sem precipitação, a ponta de seu pé direito em direção à parte côncava do pé esquerdo, fazendo uma rotação de toda a perna em seu eixo sem deslocar sobretudo o calcanhar nem flexionar o joelho. Deverá manter essa posição, "perna para dentro", durante 20 ou 30 segundos aproximadamente (ou mais), buscando relaxar todas as tensões musculares que não são indispensáveis à sustentação dessa posição, começando pela própria perna direita. Somente alguns músculos do lado da virilha devem estar em ação. O pé não deve estar torto: é a rotação da perna que move ou não sua contração. A outra perna, as costas, os braços, o pescoço, a respiração e o rosto devem ser igualmente observados: "Surgiram tensões no momento em que a perna foi movida?". O corpo deve tentar, ao máximo, esquecer que a perna está numa posição particular.

Quando isso é obtido, o indivíduo deixa sua perna voltar com calma à posição inicial. Normalmente, ele constata que ela não volta à sua posição de modo tão fácil, exigindo que dobre um pouco o joelho e o mova um pouco para fora a fim de ajudar sua perna. Por outro lado, o paciente constata que tensões insuspeitas se desfazem aqui e ali nesse momento, tensões do pescoço, do tórax ou do rosto, por exemplo.

Após ter resolvido o problema de todas as tensões residuais, o indivíduo executa o mesmo exercício com a outra perna.

■ A cabeça para esquerda

Trata-se de um procedimento bastante semelhante ao anterior e que é realizado nas mesmas condições.

Na retomada da respiração contínua, pede-se ao paciente para virar a cabeça para a esquerda sem levantá-la e sem "deslizar" seu occipício: a cabeça deve rolar para o lado do ombro como uma mó rolando sobre a grama. O mento deve permanecer próximo à garganta. O movimento deve ser realizado com toda economia de energia possível.

Pergunta-se então ao paciente o que mudou em seu movimento respiratório. Constatará que a rotação da cabeça acarretou um bloqueio relativo do movimento torácico. Este está menos livre. Buscar-se-á então fazer com que o paciente recupere a leveza torácica perdida, o que fará provavelmente em duas ou três respirações em geral. Quando tal recuperação é obtida, pode-se pedir ao paciente que role levemente agora sua cabeça para a direita e realize o mesmo trabalho.

■ O cachalote

Esse exercício é realizado de barriga para baixo. A cabeça fica virada para um lado, encostando uma das bochechas no chão. Os braços ficam ao lado do corpo (a menos que o braço do lado para o qual está o rosto não esteja flexionado, a mão fica bem na frente deste). Os olhos mantêm-se fechados. Eventualmente, uma almofada é colocada sob os tornozelos.

O paciente deve imaginar que é um animal marinho de grande porte (um cachalote, por exemplo, animal imenso de cabeça quadrada que adora alimentar-se de polvos que pesca a 3 mil metros de profundidade) e que corre obliquamente para o fundo na água morna, fazendo intensos suspiros um pouco breves (não importando a verossimilhança). Cada suspiro o empurra cada vez mais rápido um pouco mais adiante. Os suspiros podem ser intercalados por um tempo bastante longo; mas não se trata de considerar essa duração como algo a ser aumentado: somente a obtenção do conforto respiratório deve ser levada em consideração. O terapeuta poderá ajudar o paciente a relaxar melhor suas costas, colocando as mãos sobre estas ou subindo levemente um ombro com uma mão por um ou dois segundos, mantendo as costas com a outra mão colocada entre a coluna vertebral e a omoplata do mesmo lado. Poderá igualmente realizar suspiros maiores pela tração dos ombros.

Alguns indivíduos não "engatarão" nesse exercício. Não conseguindo ultrapassar o elemento líquido, terão tendência a imaginar que se deslocam no ar. Isso não tem importância alguma, não havendo necessidade de insistir. Para outros, em compensação, isso resultará, em geral, na sensação de ter feito uma viagem agradável. Caso queiram depois, podem relatar essa viagem e suas eventuais descobertas.

Trata-se de um exercício muito regressivo com qual o reeducador deve poder contar.

Não é muito útil (e isso também serve também para o próximo exercício) utilizá-lo mais de uma ou duas vezes na reeducação. Ele pode permitir ao indivíduo algumas vezes descobrir a atitude de entrega confortável.

■ Passeio pela ossatura

Trata-se de um exercício bastante longo que será praticado somente em sessão. Será utilizado em casos de pacientes que se deparam com grandes dificuldades em apreender o corpo enquanto objeto concreto, presente, material. Ele permitirá aumentar a precisão do imaginário corporal. É executado com os olhos fechados.

A forma mais simples para se compreender esse exercício, parece-nos, é fornecer a transcrição integral das indicações e dos comentários feitos em uma sessão (a mesma que fornecemos para o relaxamento com olhos abertos, cf. p. 78). Notar-se-á as inúmeras reticências [...] que preenchem o texto. Estas correspondem aos silêncios indispensáveis a uma boa representação mental, podendo durar vários segundos. Observar-se-á também que certas indicações tendem a orientar o indivíduo para a representação mental de sua própria ossatura, recorrendo a seu imaginário e nada mais; outras orientam o paciente a se ajudar com os dedos para melhor perceber; outras, por fim, incitam-no à descoberta de certos movimentos segmentários elementares. Dessa forma, evita-se que o indivíduo visualize seu corpo sob a forma de um esquema anatômico que se apresenta a ele, levando-o a perceber realmente cada peça anatômica onde está, isto é, no interior do envelope que constitui sua pele.

Esse passeio pela ossatura, ou mais exatamente pelos sistemas ósseo e muscular, é um exercício que, com mais três outros, fora proposto aos alunos do teatro-escola Perceval. Cada um desses exercícios explorava quatro grandes sistemas corporais (sendo os três outros o sistema nervoso, digestivo e cardiorrespiratório), correspondentes aos quatro tipos hipocráticos sobre os quais voltaremos a falar quando abordarmos o exercício das *quatro casas*.

Transcrição integral de um registro referente ao exercício do passeio pela ossatura
O *relaxamento com olhos abertos* termina com a instrução de voltar a uma respiração "nasal, não muito lenta e no mínimo tanto torácica quanto abdominal". Uma observação é feita a um dos pacientes cujo tórax tende a se bloquear. Uma manipulação por tração sobre os ombros permite esse desbloqueio; em seguida, algumas explicações são dadas ao indivíduo sobre esse passeio pela ossatura que se vai iniciar.

Passeio pela ossatura: uma exploração teleguiada

"Trata-se de fazer mentalmente um passeio pelo ossatura do corpo. Vocês devem imaginar essa ossatura não como um esquema de anatomia, mas como uma coisa que está realmente no interior do próprio corpo. Representem o osso como um órgão vivo, percorrido por vasos e nervos, contendo a medula óssea que é, entre outras coisas, uma fábrica de glóbulos vermelhos. Vocês deverão fechar os olhos, isso é indispensável para uma melhor concentração...

Pensem primeiro em seu crânio e na forma como toca o solo... Girem levemente agora a cabeça para a direita, depois para a esquerda para sentir melhor o ponto de contato e o peso da cabeça... Agora, na imaginação, percorram a abóbada craniana para frente, não sem an-

• • • •

tes pensar sobre o que há abaixo, ou seja, seu cérebro, órgão mais precioso de todos... cheguem então à testa... Imaginem como é... Continuem essa viagem e chegarão em suas arcadas superciliares... Com a ponta dos dedos da mão direita, vocês tentarão precisar as saliências ósseas da face, fazendo a pele deslizar lentamente sobre osso, tentando descobrir o osso que está por baixo. Percorram assim o contorno do olho direito, depois do esquerdo... Sim, podem mudar de mão, mas não obrigatoriamente... Atenção! Não deslizem os dedos sobre a pele. Não se trata de uma carícia... Façam a pele deslizar pelo osso a fim de perceber o que tem sob a pele...

Descubram agora os ossos da raiz do nariz... à direita... e à esquerda... Vejam como isso se passa agora do lado das maçãs do rosto... Vejam como isso leva até as orelhas... Sintam então sua maxila superior abaixo das maçãs do rosto... E seus dentes de cima através das bochechas...

Agora, descubram sua maxila inferior. Façam-na mexer um pouco em sua mão, da direita para a esquerda... Aí!... Agora, sigam sua borda inferior até o ângulo da maxila e depois subam em direção à orelha... E vejam como isso ocorre movendo um pouco sua maxila. Aí... Isso... Agora, deixem seu braço cair novamente ao longo do corpo e visualizem o conjunto do crânio, da face e da maxila... Respirando tranqüilamente... e então pensem que esse conjunto crânio-face-maxila está ligado ao tronco pela coluna vertebral do pescoço. Desçam então imaginando cada vértebra na ossatura do pescoço. Girem levemente a cabeça para a direita e para a esquerda, pensando no jogo das vértebras. Vamos!... Levemente!... à direita... e à esquerda... imaginando o deslizamento dos discos vertebrais... Vamos!... à direita... Tranqüilamente!... à esquerda. Longe agora!... Para ver até onde vocês podem ir assim... Voltem para o meio... Desçam então pela coluna... e cheguem nas costas... Pensem em cada vértebra, com seu peso, tendendo descer para o solo... Pensem agora em suas costelas presas às vértebras...

Agora, vocês vão levar as costas dos dedos da mão direita contra a caixa torácica, virando a mão na concavidade da axila. Lateralmente... Sim, aí!... Não!... Não em suas costas!... Em sua axila... Como quando se quer imitar pequenas asas com os braços. Assim!... As crianças fazem isso muito bem. Bom!... E agora deixem sua mão – e sobretudo os dedos – imóveis. Percebam assim como suas costelas se movem...

Observem como elas se movem durante um breve tempo. Observem bem... mas sem aumentar o movimento respiratório... Assim!... E então afaste sua mão e caminhe sobre uma de suas costelas com dois dedos, como um rapaz, e então percorram essa costela para frente... tentem não perdê-la... e ela os leva ao esterno. Esse osso plano, vertical, no meio do peito... Fiquem aí por um instante...e vejam que ele se move. Depois, sempre com dois dedos, caminhem sobre ele. Para baixo primeiro... Atenção! Não desviem para o lado... Cuidado, a senhora deixou seu esterno e está sobre a borda inferior do tórax.

Fiquem bem no meio... Vocês chegarão a um ângulo abaixo do esterno, após o qual é mole: é a parede abdominal... Talvez, nesse ângulo, vocês sintam uma ponta orientada para baixo. É o apêndice xifóide, mas ninguém tem. Tentem descobrir se vocês têm... Assim... Agora, sempre com a ponta dos dedos, subam em direção ao pescoço e vocês chegarão a uma pequena fosseta, bem na base do pescoço. Sintam as clavículas de cada lado. E então, com as duas mãos, caminhem com os dedos por elas afastando-se do meio...

Assim... Vocês chegarão dessa forma a essa bola óssea no ombro que é o ápice do osso do braço... E agora, mantendo seus cotovelos fixos ao solo, as mãos segurando os ombros, levem seus punhos levemente para dentro, depois para fora, fazendo girar o braço em seu eixo. Sintam esse movimento no ombro... Atenção, senhor! Não é para girar os cotovelos. Os cotovelos ficam fixos ao solo... O braço gira em torno de seu próprio eixo... Assim!... E então desçam, na imaginação, à superfície do osso do braço. Vocês devem então relaxar os ombros e colocar as mãos sobre vocês... Sem que elas os toquem! À medida que vocês descem para os cotovelos, sentem os músculos se descontrair. Agora, vocês chegam nos cotovelos. Imaginem como funciona essa articulação. Uma dobradiça que permite flexionar e estender o antebraço em relação ao braço...

Coloquem essa dobradiça um pouco em funcionamento. Bem pouquinho!... O menos possível!... Somente o necessário para ter consciência. Tranqüilamente, um único lado de cada vez, experimentem a flexão e depois a extensão desse antebraço... Atenção! Sem grandes movimentos! O menor possível. Isso basta... E então não movam mais e pensem no que acabaram de fazer. Revivam na imaginação. Interroguem-se sobre o que se passou. É o melhor momento para "ver bem"... E agora, desçam em seu antebraço. Há dois ossos que podem virar um em relação ao outro.

É assim que vocês podem virar seus punhos para orientar as mãos para cima ou para baixo ou para fazer as marionetes... tentem esse movimento... Sempre o mínimo possível!... Atenção! Isolem bem o movimento desses dois ossos. Não movam as mãos em sentido algum.

E agora, vocês estão em seu punho: pequeno pacote de ossos que permite os movimentos de flexão, de extensão e de inclinação lateral da mão... Tentem esses movimentos. Sempre o mínimo. Façam bem a diferença entre esses movimentos e o anterior... E agora, sem se mexer, passem pelas costas da mão: cinco canutilhos ósseos que chegam aos cinco dedos. À direita... À esquerda... E então os dedos. Passem em revista cada um deles. Procurem, sem os mover, imaginar em qual posição eles estão. Comparem cada dedo da direita com o mesmo dedo da esquerda. É somente se vocês estiverem completamente perdidos que moverão um pouco este ou aquele dedo. Neste momento, "vejam" como ele é.

E agora, vamos subir. Novamente nas costas de suas mãos... depois de seus punhos... E, subindo, é como se vocês recolhessem toda a energia presente em seus músculos. Dessa forma, a descontração será perfeita... E cheguem no antebraço. Dois ossos... Depois, em seus cotovelos... Na superfície do osso do braço. Bola óssea do ombro... Imaginem a omoplata atrás. Triângulo ósseo em suas costas... Depois, a clavícula... O esterno... As costelas. Deslizem por suas costelas, dos dois lados ao mesmo tempo, e vocês estarão mais uma vez em na coluna vertebral... Subam até o alto para a base do crânio, depois, desçam para o quadril. Vocês podem subir e descer várias vezes. Se vocês fizerem isso bem, terão um agradável arrepio... Respirem fundo... Assim!

Agora, desçam realmente e cheguem à bacia: funil ósseo que se abre para cima e para frente, cujas bordas posterior e laterais (as ancas) são altas e a borda anterior pouco elevada... Coloquem um polegar lateralmente sobre o quadril, depois sigam a borda anterior da bacia até o púbis, bem na frente... Assim!... Pensem agora que sua bacia pode-se movimentar da frente para trás e de trás para frente: se vocês contraírem as nádegas, poderão colocar os rins ao solo, e a bacia move-se num único sentido... Agora, pensem em "colocar as nádegas para trás".

Os rins ficam côncavos porque a bacia bascula em outro sentido. Atenção senhor! Seus ombros não devem se mover. E depois, sua bacia deve fazer o movimento de báscula em torno de um eixo transversal que passa um pouco abaixo de seu quadril. Não se trata, de forma alguma, de passar de uma nádega à outra!

Agora, coloquem novamente o polegar sobre o quadril e deixem os outros dedos alongarem-se para fora, em direção à coxa. Não para dentro, não em direção à virilha, para baixo. Não também em direção às nádegas... mais em direção ao pé. Assim. Não é tão fácil... E agora, sem deslocar o calcanhar e sem flexionar o joelho, virem toda a perna direita para dentro, tentando levar a ponta do pé direito para a concavidade do pé esquerdo. Não virem todo o corpo. Deixem sua bacia bem no lugar... Assim!...

Depois, com a ponta dos dedos, sintam passar em seu quadril uma peça óssea quando vocês viram a perna. Tentem calmamente para a direita, depois para a esquerda. Essa curta peça óssea horizontal faz parte do fêmur, o osso da coxa, o osso mais forte do corpo. Ele tem uma parte vertical na coxa e uma pequena parte horizontal (o colo do fêmur) que se dirige para dentro, articulando-se no quadril. É o final dessa parte horizontal que vocês sentem com os dedos.

Encontrado ou não, voltem agora com os braços para o lugar e desçam, na imaginação, na coxa, na superfície do fêmur cercado por fortes massas musculares que se descontraem na passagem... E cheguem ao joelho. Visualizem então a rótula, disco ósseo na frente do joelho. À direita... à esquerda... Pensem: "Se contraio minha coxa direita, meu joelho fica enrugado e minha rótula é empurrada para mim". E então façam... relaxem... E vocês sentirão um calor em torno do joelho quando vocês relaxarem... Façam então a mesma coisa do lado esquerdo... Assim.

E agora desçam à superfície da tíbia... o osso da perna que está diretamente sob a pele e que dói muito quando bate acidentalmente. Atrás e do lado de fora, há um osso também, mais fino, na panturrilha: é o perônio, menos conhecido... Chegamos então ao tornozelo. Como uma pinça de açúcar com dois freios, um dentro que vem da tíbia e o outro fora que vem do perônio. E graças a essa articulação, o pé pode executar movimentos de pedais. Descubram esse movimento...

Sempre com um deslocamento mínimo: o menor movimento possível... À direita... depois, à esquerda... Atenção! Não entorte seu pé em nenhum sentido. Isole bem esse movimento de pedal. Não se trata também de colocar o pé para dentro e para fora, virando toda a perna a todo momento. Reflitam bem. Não movam de qualquer jeito... Assim! E agora, sem mover mais, visualizem seu calcanhar e o ponto de contato com o solo... E depois, o peito do pé... ou, o que dá no mesmo, a abóbada plantar. Cinco canutilhos ósseos, como na mão... E vocês estão nos dedos dos pés... Podem mexê-los um pouco para senti-los melhor.

E então subam. É o melhor momento... O peito do pé... o calcanhar... o tornozelo... a tíbia... o perônio... o joelho... o fêmur... e agora a bacia... É o fim da viagem... Pensem então em sua cavidade abdominal. Coloquem uma mão em sua barriga e a outra no alto do peito... Respirem livremente!... Vamos encadear rapidamente ao sopro ritmado (dois-oito-quatro)".

■ Exercício do hara

O ponto *hara* que pode ser situado na espessura da parede abdominal, a dois ou três dedos abaixo do umbigo, é considerado o centro vital do corpo por excelência na filosofia zem. O homem bem-equilibrado tem seu centro no *hara*. Desse ponto de vista, o atleta ocidental (ou pelo menos sua caricatura) grande torso, ombros e bíceps, é um homem "mal-centrado". O mestre de sumô[11], sim, está totalmente no abdome.

Nesse exercício que propomos, o indivíduo deve imaginar uma circulação da energia distribuída pela superfície de seu corpo de tal forma que esta migre progressivamente da periferia, isto é, da ponta dos dedos das mãos e dos pés, e da raiz dos cabelos para o centro, ou seja, para o ponto *hara*.

Antes de iniciar o exercício (ao menos na primeira vez), o indivíduo é solicitado a raspar levemente com um dedo a pele de seu abdome no ponto em questão para sentir bem o lugar. Deve imaginar que, nesse lugar, um caminho, um canal ou um condutor (conforme sua escolha) permite que a energia superficial se reintegre ao interior do corpo. Mesmo que o fluxo de energia escorra de um lado para outro na face interna da parede da cavidade abdominal, como um líquido que segue a face interior de uma garrafa na qual é introduzido. Após ter escorrido, essa energia poder-se-á concentrar no sacro, osso posterior da bacia, cujo nome foi oportunamente bem-escolhido. Eventualmente, pode-se imaginar a seqüência desse percurso: subida ao longo da espinha em direção à cabeça, relacionada ao mito da cobra sagrada, enrolada na parte de baixo da coluna vertebral e cujo despertar provoca a subida, no interior desta, até desabrochar em uma flor de lótus acima da cabeça do indivíduo que alcançou o desenvolvimento espiritual perfeito. No entanto, nossa atenção está voltada sobretudo ao que ocorre acima do ponto *hara*.

É a respiração que será o motor da migração suposta da energia. O indivíduo deve imaginar que, a cada inspiração, a energia da periferia é puxada centímetro por centímetro para o tórax, como se houvesse, no nível do manúbrio esternal, uma espécie de cruzamento, de cisterna, de confluência. Na expiração, a energia reunida será sentida como dirigindo-se por uma via central, um canal ou um condutor que desce pela direita para o *hara* e o interior do corpo. A respiração exerce nesse caso o papel de uma bomba aspirante-premente e essa representação imaginária terá como efeito a ampliação do movimento respiratório, diminuindo seu ritmo.

Antes, porém, serão propostos ao indivíduo diversas possibilidades fornecidas pela energia para migrar das extremidades do corpo ao tórax. Ele deve imaginar cinco "caminhos" que perfaçam o peito do pé. Esses caminhos (vias, canais ou condutores) são considerados, sucessivamente, no pé direito e no pé esquerdo. De cinco, resumem-se em dois a partir do tornozelo, passando pela face externa da perna, depois apenas em um a partir do joelho, circulando pela coxa, pelo quadril, pela cintura, unindo-se pelos caminhos colaterais vindos da parede abdominal, das nádegas e das costas, antes de penetrar na concavidade da axila. Fazendo então uma curva para dentro, esse "caminho" passará sob o tendão do grande peitoral para se dirigir paralelamente à clavícula em direção ao cruzamento esternal.

O indivíduo deve imaginar então cinco caminhos que perfaçam as costas de cada mão, resumindo-se em dois na face externa dos antebraços, depois em um a partir do cotovelo, caminho que passa por todo o braço antes de voltar para dentro, subindo o ombro, para circular em seguida na face superior da clavícula e chegar no cruzamento esternal.

---

[11] Luta japonesa.

Imaginará ainda caminhos que nasçam na raiz dos cabelos e circulem pelas têmporas, depois pelas bochechas, pelo pescoço, e por outros caminhos enfim, desde o occipício e a nuca, cruzando o pescoço e juntando-se aos demais no cruzamento esternal.

A cada inspiração, a energia progride tranqüilamente para o esterno por todos esses caminhos. A cada expiração, a energia coletada escorre para o *hara*. O indivíduo volta sua atenção para uma ou outra parte da rede; detecta as eventuais soluções de continuidade que podem apresentar-se (no nível das juntas, das curvas). É assim que essa rede se forma, tornando-se para o indivíduo cada vez mais plausível, ao mesmo tempo em que aprofunda o estado de descontração produzido pelo trabalho de concentração imaginativa. A qualidade do resultado obtido, que se traduz por uma impressão de organização profunda e apaziguadora, é, em geral, muito apreciada pelos pacientes.

Inútil acrescentar que não seria muito bom propor tal exercício prematuramente. As defesas psicológicas do indivíduo correriam o risco, de fato, de desenvolver uma atitude de rejeição, impedindo qualquer realização correta e benéfica. Essas defesas não se manifestarão se o indivíduo já tiver algumas experiências positivas em etapas anteriores de sua reeducação e se pôde tocar com o dedo ao longo de uma delas o poder sobre si da função imaginante.

■ **As quatro casas**

Quando se pergunta a um indivíduo em estado de relaxamento: "Em qual lugar de seu corpo você está mais perto de você?". Ele pode simplesmente não entender a pergunta ou achá-la sem sentido. Se insistimos, no entanto, dizendo: "Se eu lhe digo que é em seu dedo do pé direito, você pensará que *não! O dedo do pé está muito longe! Se há lugares longe*, portanto, talvez haja lugares próximos e talvez *o lugar mais próximo*". Nessas condições, é possível que essa questão receba uma resposta positiva e precisa.

Às vezes, aliás, não há necessidade alguma de insistir, dificilmente sendo a questão reformulada, e o paciente começa a descrever como se só esperasse por isso, um lugar que localiza em um ponto de seu corpo e mais precisamente (salvo exceção) em seu *tórax*, em sua *cabeça* (bem atrás dos olhos), em *seu abdome* ou em uma das suas *mãos*. Essas localizações são muito interessantes. Correspondem aos quatro grandes sistemas corporais aos quais aludimos no passeio pela ossatura em relação aos quatro temperamentos hipocráticos. O tórax corresponde ao sistema cardiorrespiratório e ao temperamento sangüíneo. A cabeça corresponde ao sistema nervoso e ao temperamento de mesmo nome. O abdome corresponde ao sistema digestivo e ao temperamento linfático. A mão corresponde ao sistema muscular (a mão simboliza a ação) e ao temperamento bilioso[12]. Pode-se questionar a respeito da autenticidade dessas localizações ou de sua generalidade. Durante muito tempo, tomamos muitas precauções para não induzir no paciente uma resposta pré-determinada. Com o tempo, pudemos nos persuadir que se trata realmente de um fenômeno geral.

No início de 1969, enquanto ministrávamos pela primeira vez o curso de patologia vocal para os estudantes de fonoaudiologia de Paris, estávamos chegando a essa questão das quatro casas e, mais do que dar a resposta, fizemos a pergunta a aproximadamente 200 estudantes – alguns se lembrarão disso – que assistiam ao curso: "Em qual lugar de seu corpo você está mais próximo de você?" Logo uns dez estudantes se manifestaram e mostraram seu tórax, afirmando: "É aqui". Dois ou três segundos depois, mais cinco ou seis, um pouco indignados, olhavam-se a declarar que: "De forma alguma, é aqui!", apontando com o dedo no meio dos olhos. Ao que, três

---

[12] Os nomes de quatro tipos hipocráticos: sangüíneo, nervoso, linfático e bilioso são freqüentemente traduzidos de forma mais moderna por *cardiorrespiratório, cerebral, digestivo e muscular*.

ou quatro protestaram, pois, em sua opinião, era mais no abdome. Uma estudante, enfim, do fundo do anfiteatro, levantando a mão direita, disse simplesmente: "Eu, na mão!". Além da confirmação que ela nos deu da generalidade dessas localizações, essa experiência nos pareceu refletir de forma bastante convincente a incompreensão que pode existir entre os indivíduos de tipos diferentes quanto à sua maneira de ser. Era surpreendente, de fato, ver o espanto de alguns em relação à localização apontada por outros: "Como você pode sentir em sua mão[13]?".

A localização não é a única coisa interessante. De fato, cada um desses lugares pode ser objeto de descrições curiosamente precisas como testemunha a transcrição integral de um registro realizado durante uma sessão de revisão, após o tratamento.

Trata-se de uma mulher de aproximadamente 40 anos, B., atingida por uma disfonia espasmódica. Estávamos antes da era da toxina botulínica, e ela foi tratada com sucesso, por um pouco menos de um ano, somente pela reeducação funcional. Ela não se curou completamente, mas não apresentava mais do que alguns espasmos episódicos que não a incomodavam mais. Conta como esses distúrbios evoluíram e, após ter explicado que a prática do relaxamento foi, para ela, fundamental, a discussão segue sobre sua experiência das *quatro casas*.

Experiência das quatro casas

FLH.– Você ainda pratica os exercícios?

B.– Sim, sim, pratico principalmente os exercícios de respiração e de relaxamento, e também penso muitas vezes nas casas.

FLH.– Nas casas... Então você pode contar a história das casas?

B.– Sim, eu posso, quer dizer...

FLH.– A primeira que você descobriu...?

B.– É a que está situada no baixo abdome, e me senti imediatamente muito, muito bem.

FLH.– Imediatamente muito bem?

B.– Sim! Sem problemas, de modo que...

FLH.– E então você imaginou o quê?

B.– Era uma casa de campo... agradável... aconchegante, sem muito luxo, mas boa... Gostava muito dela, me sentia bem lá... tinha flores.

FLH.– Você conseguiria descrevê-la com mais detalhes eventualmente?

B.– Sim, era de pedra... com muros interiores também de pedra, havia muita madeira, havia também móveis modernos, enfim, grandes tapetes.

FLH.– Será que ela evoluiu?

B.– Não, aquela foi praticamente encontrada logo... sempre foi daquele jeito, nunca mudou.

FLH.– E depois?

B.– Encontrei a da testa, da cabeça e esta era uma espécie de sótão, cheia de livros.

FLH.– Um sótão cheio de livros?

B.– E eu passava minha vida lendo, me sentia muito bem...Também era simples, sem muitos detalhes. Mas eu ficava muito bem lá... Em seguida, encontrei...

FLH.– Isso evoluiu um pouco? Ela foi construída... ou não?

B.– Não, isso foi num primeiro momento. As que foram mais construídas são as duas outras.

FLH.– Sim... e então?

B.– Bom, a seguinte, que eu realmente não gostei, foi a da mão. Era uma fábrica... muito feia, com muros cinzas, me sentia muito mal e depois ela melhorou. Tinha água ao redor, havia uma roda, uma roda de moinho, enfim, havia barulho... agradável, ela se tornou agradável. E depois, a última... era...era toda minha família, era uma espécie de tenda... em plena natureza.

FLH.– Em qual lugar do corpo você a situou?

B.– Em uma floresta.

FLH.– Sim, mas em você?

B.– A última...espere, já não sei mais agora... Não me lembro mais...

FLH.– Você esqueceu?

B.– É! Esqueci completamente!

FLH.– Na altura do tórax... não?

B.– Não, não sei dizer.

FLH.– Você realmente não sabe onde ela estava.

B.– Ah! Era do lado esquerdo.

FLH. – Ah, é? Deste lado! Em qual lugar? Você poderia me mostrar?

• • •

---

[13] Essa experiência foi repetida nas mesmas condições, em dezembro de 1981, apresentando resultados relativamente semelhantes.

B.– Por aqui *(ela mostra a região pré-cordial)*.
FLH.– Ah, sim! É isso, então tá!
B.– Sim, sim, é isso. Agora me lembro bem... e era... portanto eu estava aqui... era uma tenda no meio de uma floresta... e... estávamos em família, estávamos tranqüilos. Havia uma espécie de barreira em torno... e estávamos felizes, enfim...
FLH. – Como esta evoluiu?
B.– Esta repentinamente, um dia, terminou, não a encontrei mais, foi esta que partiu muito depressa.
FLH. – Porque os outros partiram também.
B.– Não! Não os outros.
FLH. – Os outros estão lá. A casa partiu?
B.– Sim, a casa partiu repentinamente.
FLH. – Você não consegue de forma alguma encontrá-la?
B.– Sim, eu posso encontrá-la, se você quiser, mas... se você quiser é uma que menos...
FLH. – Menos marcou.

B.– Menos marcou. Ela era... não sei como lhe dizer, me parecia completamente natural... e eu... não sei... Ela chegou... ela partiu novamente de repente, eu... procurei menos.
FLH.– Você procurou menos deste lado. Foi sobretudo a fábrica que você trabalhou.
B.– Que trabalhei, que me trabalhou, uma vez que me perguntava por que tinha uma fábrica ali e por que me sentia tão mal e isso me incomodava.
FLH.– E o que você pensa dessa... fantasmagoria...
B.– Bem, penso que...
FLH.– O que representam para você todas essas casas?
B.– Isso deve ser... essas casas... devem representar... centros ativos... afetivos... nas quais... enfim... encontro uma certa...
FLH.– Bem, pode-se dizer que... É uma forma que você tem de viver seu próprio corpo.
B.– Ah, sim! É isso...

Segue uma tentativa de nossa parte de aproximação com os temperamentos hipocráticos, tal como apresentamos anteriormente.

Ao ler estas linhas, poder-se-ia pensar que se trata de suposições delirantes. No entanto, essa pessoa não é nada psicótica como revelam a organização de sua vida profissional e familiar. Fica-se perplexo diante de certas expressões utilizadas para dar conta dessas representações mentais que se impuseram à sua mente e dos sentimentos que elas lhes inspiram. Tem-se a impressão de que essas casas ou mais precisamente esses lugares foram vividos por ela como realidades particulares, sim, mas indiscutíveis; depois, num dado momento, essa impressão de realidade apagou-se.

Nota-se evidentemente as semelhanças com os quatro temperamentos hipocráticos: a casa confortável no abdome, a fábrica na mão, o sótão como biblioteca na cabeça e a célula familiar, bem fechada, no tórax.

O que pensar de tudo isso? Parece impossível não ver nesse caso interessantes fantasias imaginativas na medida em que essas localizações são – salvo exceções e falaremos ainda delas – sempre as mesmas e que as imagens produzidas têm sempre a ver com os quatro sistemas hipocráticos. Isso nos leva a pensar que estamos diante de formas arcaicas de viver o seu próprio corpo quando um imaginário corporal mais racional, ou sobretudo mais realista, não pode ou não pode ainda desenvolver-se.

Um paciente igualmente atingido por disfonia espasmódica descobriu, numa sessão, que ele podia se localizar em seu próprio crânio. Ele estava sentado numa espécie de caixa cúbica da qual podia tocar as paredes com a mão. Na semana seguinte, essa caixa havia se tornado uma peça de habitação de tamanho normal, com uma mesa. Pouco depois, surgiram bibliotecas cheias de livros nas paredes da direita e da esquerda; atrás em cada parede, uma porta dava para um corredor. Em seguida, apareceu uma janela na parede da frente, e logo após o indivíduo declarou que nada disso tinha, de fato, algum interesse para ele.

Pode-se imaginar, através dessa progressão, uma reconstrução do imaginário corporal. A partir do momento em que o indivíduo adquire uma representação mais realista de si mesmo ou de uma parte de si, as representações arcaicas perdem seu interesse. Pode-se então pensar que a possibilidade dada ao paciente de expressar essas formas arcaicas de viver seu corpo o ajuda a reestruturar seu imaginário corporal, freqüentemente destruído na disfonia espasmódica, como vimos.

Às vezes, tem-se a impressão que o indivíduo libera, desse modo, uma tensão muito forte que o incita a uma descrição fulgurante desde que tenha oportunidade. Discutíamos certa vez com um fonoaudiólogo de nossa equipe na presença de sua paciente com disfonia espasmódica sobre a maneira de seguir a reeducação. O relaxamento começava a ser bem realizado e eu propunha que essa senhora tentasse as *quatro casas*. O fonoaudiólogo em questão não estava muito a par. Comecei então a lhe explicar a maneira como deveria proceder, evocando a famosa questão feita no decorrer de uma sessão de relaxamento. Em seguida, a senhora se levantou, tomada por excitação intensa, e começou a falar mostrando seu peito: "É bem o meu caso, seria aqui e seria uma casa como esta, com janelas assim, e depois haveria cortinas de tal tecido, etc.," e durante alguns minutos ela reuniu detalhes sobre essa casa que ela possuía em seu peito!

Na prática, deixa-se o paciente descrever a primeira casa que se apresenta a ele, depois, sugere-se que talvez ele pudesse encontrar outras. Propõe-se a ele localizações que aceita ou não. É desse modo que se obtém a descoberta sucessiva das quatro casas por inteiro, como no caso de B., a paciente do qual transcrevemos integralmente as descrições.

Às vezes, ficamos surpresos com a reação de certos pacientes em resposta às sugestões que se pode fazer. Assim, um paciente a quem eu sugeria que visse se do lado de seu peito não poderia descobrir um lugar adequado, respondeu-me vivamente: "Não! Por aqui não posso ir, há muitos arames farpados!"

Como no caso de B., nota-se muitas vezes que essas casas se modificam ao longo do tratamento. Essas mudanças nos parecem significativas na evolução dos distúrbios apresentados. Citaremos aqui o caso de uma paciente, L., de 32 anos, no início do tratamento (atualmente, está totalmente curada) de uma disfonia espasmódica bastante séria, e que acompanhamos durante três anos. Essa moça descrevia em seu tórax uma floresta de pinheiros, cujos troncos ficavam cada vez mais fechados e se transformavam em grades de prisão quando seu estado se agravava; ao passo que essa floresta se abria, sendo os pinheiros substituídos por árvores frondosas e surgindo cursos de água quando ela estava melhor. Em sua cabeça, essa mesma moça tinha uma paisagem de altas montanhas com cumes pontudos, paisagem que aos poucos evoluiu para montes mais acolhedores de cumes arredondados.

Às vezes, localizações aberrantes se manifestam. Isso pode ser simplesmente o resultado de um mal-entendido sobre a significação da expressão "estar perto de si". Assim, certos pacientes designam sua garganta na medida em que é aquele o lugar de seu problema vocal. Outras vezes, o paciente se situa do lado externo de seu próprio corpo: a alguns centímetros à direita de seu braço para um deles, um pouco acima de sua cabeça para um outro, na altura de suas tíbias para um terceiro. Nesse último caso, o indivíduo não estava totalmente fora de seu corpo, mas um pouco à margem mesmo assim.

Qualquer que seja o caso, o importante é que o indivíduo possa expressar o que vive quanto às suas relações com seu próprio corpo e como se situa em relação a ele. A experiência nos convenceu de que há aí um meio de conseguir desenvolver essa relação em um sentido favorável à cura.

Não devemos, entretanto, advertir demasiadamente o leitor sobre a necessidade de permanecer discreto quanto à ajuda que pode prestar ao paciente nesse trabalho das *quatro casas*. Se nada é evocado pela famosa pergunta, é preciso garantir ao paciente que isso não tem importância alguma. Talvez um dia ele consiga uma resposta. Talvez não consiga jamais. Sem essa discrição, "para agradar", o paciente corre o risco de descrever uma casa onde pôde viver, o que talvez tenha algum interesse, mas não tem mais nada a ver com o trabalho realizado e corre o risco de acabar em mal-entendidos. Como dissemos, esse trabalho tem, por outro lado, indicações particulares. É sobretudo na disfonia espasmódica que parece útil. Talvez fosse também interessante utilizá-lo na gagueira. É bem verdade que na gagueira está-se voltado menos à pesquisa de novas técnicas, pois ainda há muito a fazer com as mais antigas.

ADAPTAÇÃO À CRIANÇA

O relaxamento com olhos abertos pode perfeitamente ser praticado por uma criança de 12 anos sem dificuldades particulares. Desde os oito anos, já é possível praticar esse exercício, mas com a condição de começar por uma forma simplificada, contendo apenas contrações-descontrações e deixando de lado qualquer preocupação respiratória. Os suspiros serão introduzidos eventualmente somente num segundo momento, se não houver problemas maiores.

Qualquer que seja o caso, talvez seja mais vantajoso a *bomba de petróleo* (cf. p. 111) e para introduzir a criança nesse exercício deve-se recorrer a um auxílio manual. Atrás da criança, será possível ajudá-la a manter os ombros no chão, no verão, e acompanhar o movimento de seus braços para a primavera e para o outono. Pode-se igualmente fazê-la observar que é muito mais difícil levantar os braços inspirando, ao passo que é muito mais fácil levantá-los quando deve respirar ao mesmo tempo.

Uma outra alternativa é o método de Wintrebert (cf. p. 77) ou o exercício da *boneca de pano*.

■ A boneca de pano

É um método muito simples, que pode ser utilizado antes dos oito anos e que pode ser suficiente para dar excelentes resultados.

Pede-se à criança para que deite e sugere-se que vamos brincar de boneca. Pergunta-se então se quando levantamos o braço de uma boneca este resiste? Pergunta-se ainda se ela acredita que quando soltamos o braço de uma boneca este se mantém sozinho no ar? A criança deve em seguida fechar os olhos. Caso isso pareça difícil, no entanto, não há necessidade de insistir (às vezes, podem ser desencadeadas reações de angústia pelo simples fechamento dos olhos).

Depois, manipula-se com delicadeza sucessivamente cada membro da criança. Levanta-se o braço pelo punho, quando o braço está na vertical, descemos rapidamente a mão. Se o braço está relaxado, ele se flexiona; se não está, a rigidez fica evidente. Faz-se então comentários sobre a boneca: "Ahá! Uma boneca que tem o braço duro!" ou ainda "Olha só, o lindo braço da boneca bem flexível!". Quanto à perna, manipula-se levantando ao mesmo tempo pelo joelho e pelo tornozelo. Para a cabeça, quando a criança já alcançou um certo domínio, levanta-se com a ponta de todos os dedos como indicamos a respeito das manipulações (cf. p. 95) e realiza-se, com delicadeza, deslocamentos laterais ou de rotação. Essas manobras são sempre acompanhadas por comentários do tipo: "Que bela cabeça de boneca!", "Ah! uma boneca que sorri!", etc.

Pode-se eventualmente colocar a mãe para realizar esse exercício com a criança, trata-se de uma maneira indireta de engajá-la em uma atividade que se assemelha ao ato de ninar a criança. Poderá ser útil, aliás, inverter os papéis (fazer com que a criança realize o exercício em sua mãe).

Esse exercício dura dois minutos no máximo. Ele será imediatamente seguido pelo exercício do *pato*, que descreveremos no próximo capítulo e que é um exercício de respiração abdominal adaptado à criança.

EXERCÍCIOS DE DESCONTRAÇÃO MUSCULAR DA MAXILA E DA LÍNGUA

Trata-se de exercícios de descontração localizada que são apresentados, portanto neste capítulo dedicado às técnicas de relaxamento. Notar-se-á, contudo, que, durante a reeducação das disfonias disfuncionais, esses exercícios são abordados de forma relativamente tardia, isto é, após a prática dos exercícios de respiração e de verticalidade.

Esses exercícios podem ser utilizados não somente na reeducação da disfonia disfuncional, mas também na aprendizagem da voz esofágica. É, aliás, nesse quadro da reeducação dos laringectomizados que foram inicialmente descritos. Esses exercícios têm, além disso, na nossa opinião, uma vantagem fundamental na correção dos distúrbios articulatórios, sobretudo no adulto e na reeducação articulatória com objetivo ortodôntico e na gagueira. Na disfonia disfuncional, recorre-se a eles quando a prática dos exercícios vocais, tais como o *Gravollet* ou a prática dos textos, revela uma falta de flexibilidade articulatória no indivíduo.

Descreveremos inicialmente três exercícios em uma ordem de dificuldade crescente, depois um quarto que, na realidade, é apenas uma variante do uso da criança.

■ Batidas de língua

Trata-se para o indivíduo de levar ritmicamente sua língua (bem-apontada para fora da boca) da comissura labial direita à comissura labial esquerda, segundo a instrução:

direita/esquerda/direita/pára/esquerda/direita/esquerda/pára/direita...
Bem apontada/Sem relaxar/Sem queixo

A velocidade adotada poderá variar, conforme a habilidade e o treino do indivíduo, de uma a três batidas por segundo ou mais. Deve respeitar-se o tempo de repouso a cada três batidas, o que leva a língua alternadamente à direita, depois à esquerda a cada tempo de repouso.

Notar-se-á as três ordens que figuram na instrução do exercício. O indivíduo deve resistir, de fato, à tendência em voltar progressivamente com a língua para dentro da boca, à tendência em manter o contato com o lábio inferior (e mesmo, às vezes, com o lábio superior), à tendência, por fim, em levar, junto com a língua, a maxila inferior para a direita e para a esquerda.

Para respeitar essas restrições, o paciente será obrigado a relentar o ritmo. Será preciso persuadi-lo de que nada adianta fazer com rapidez se tais restrições não forem respeitadas. O que conta, com efeito, não é o movimento da língua em si, mas a ausência de sincinesias, bem como a descontração de toda a musculatura maxilofaringiana apesar do movimento mais ou menos rápido da língua. Observa-se, às vezes, no início, que não somente a maxila, mas a cabeça inteira é levada pelo movimento da língua.

Esse exercício é, às vezes, de difícil realização no início. Uma prática cotidiana, porém, de três segundos a dois minutos dará um domínio perfeito em uma ou duas semanas em média.

■ Língua de gato/língua de rato

O gato, como se sabe, tem uma língua plana e fina; o rato, por sua vez, tem uma língua cilíndrica e pontuda. Nesse exercício, o indivíduo deve mostrar a língua alternada e ritmicamente segundo o estilo gato e segundo o estilo rato. Deve fechar a boca a cada vez que a língua entrar, mas sobretudo deve abri-la em seguida exatamente da mesma forma, qualquer que seja o tipo de língua que vai mostrar (a do gato ou a do rato). O paciente deverá para isso resistir à tendência em arredondar os lábios em torno de sua língua quando mostrar a língua de rato. Os lábios deverão, em suma, manter-se sempre distantes da língua no momento da abertura da boca, demonstrando descontração. Trata-se sempre de controlar as sincinesias.

Às vezes, o indivíduo enrola a língua como um tubo ao invés de fazer uma ponta. Outras vezes, não chega a apontar a língua, ao passo que no exercício anterior das batidas da língua fazia isso bem. É mais difícil manter a língua pontuda na imobilidade do que em movimento.

➤ Fig. 3.5
O momento em que se dá a informação ao paciente nem sempre é fácil!

Se o paciente não consegue apontar a língua com comando, pode-se propor a ele que mordisque a ponta, provocando seu endurecimento. Um outro procedimento consiste em apontar o dedo indicador para a língua, depois lamber a ponta desse dedo como para pegar um grão de açúcar ou sal. O indivíduo, em geral, fica totalmente surpreso por constatar que, nessas condições, a língua fica pontuda sem dificuldades.

O ritmo do movimento varia conforme a habilidade do paciente. Poderá fazer isso num tempo bem inferior a um por segundo. Excepcionalmente, poderá atingir dois por segundo. Esse exercício deve ser praticado por séries de cinco ou seis tentativas sucessivas, menos de dois minutos por dia, durante uma ou várias semanas.

■ A tosquiadeira

Esse exercício, também chamado de *tosquiadeira de cachorro* ou *língua em sua cama/ mandíbula direita esquerda*, compõem-se de seis tempos, cada um com uma duração de no mínimo dois segundos.

1) Com a boca fechada, o indivíduo pensa em sua língua e verifica se está em repouso (atrás das arcadas dentárias inferiores e não colada no palato). Ela *dorme em sua cama*.

2) O indivíduo abre a boca.

3) Controla para que a língua esteja sempre na posição de repouso. Ela não deve arquear-se; deve estar sempre *dormindo*.

4) Efetua três ou quatro pequenos deslocamentos rápidos da maxila inferior (movimentos de didução).

5) Com a boca aberta, controla para que, apesar dos movimentos anteriores, as língua permaneça em repouso.

6) Fecha a boca.

E o ciclo recomeça...

Nesse exercício, os tempos mais importantes são os tempos pares, isto é, aqueles em que nada acontece e em que o indivíduo mantém sua língua imóvel, como *adormecida em sua cama*.

Esse exercício, como os anteriores, serve para controlar as sincinesias.

Às vezes, no terceiro tempo, o indivíduo tem dificuldades em controlar sua língua para que não arqueie. Para conseguir isso, poderá pensar em uma vogal [a]. Poderá ainda introduzir na boca a terceira falange de seu dedo indicador, fazendo repousar sobre os incisivos inferiores a junção entre a segunda e a terceira falange desse dedo. Deixará sua língua então colar nessa última falange contra os incisivos inferiores.

No quinto tempo, o indivíduo deverá verificar se sua língua está realmente imóvel apesar do movimento das maxilas. Deverá cuidar particularmente para não escamotear esse quinto tempo.

Esse exercício exige um treino um pouco mais prolongado do que os anteriores.

■ O crocodilo

O exercício anterior da tosquiadeira é realizável somente com o adulto. O *crocodilo* é seu equivalente adaptado à criança para quem se conta a seguinte história:

"Em um rio, há um crocodilo que come os pássaros que passam acima da água. Como ele é voraz, está constantemente com sua boca grande aberta. Quando um pássaro passa por perto, ele o pega rapidamente de uma só vez e abre logo a boca de novo à espera do próximo pássaro".

Na prática, a criança deve permanecer com a boca aberta e efetuar um rápido movimento de fechamento a cada dois ou três segundos aproximadamente, abrindo logo sua boca. Isso não é tão fácil quanto se possa imaginar. A tendência natural é, de fato, inverter a organização rítmica desse movimento, mantendo a boca fechada por mais tempo e dando rápidas abocanhadas.

Aqui como em outros casos, impor um movimento contra a natureza é um excelente meio de progredir no domínio psicomotor.

NA PRÁTICA

A iniciação ao relaxamento deve ocupar a totalidade das sessões durante cinco ou seis sessões aproximadamente – às vezes, mais. Aos poucos, exercícios referentes à respiração, depois à verticalidade, depois à voz são abordados e ocupam uma parte cada vez maior do tempo da sessão. Isso até chegar o momento em que o relaxamento não é mais praticado em sessão, a não ser de tempos em tempos, a título de controle ou para avançar um pouco mais. Convém, no entanto, convencer o paciente a continuar regularmente com a *prática quotidiana até o término do tratamento*. E por que não depois!

Assim, chegamos ao final desse longo subcapítulo dedicado ao relaxamento e a todas as práticas conexas. Nossa intenção era ser o mais completo possível e considerar todas as dificuldades suscetíveis de aparecer. Essa primeira fase do tratamento reeducativo é, de fato, a mais delicada. Aqui, mais do que nas outras, a única forma de se tornar capaz de conduzir corretamente o paciente face a todos os problemas que podem surgir é naturalmente ter realizado tais exercícios para si mesmo. Repetimos: *não se pode levar alguém aonde de fato nunca se foi*.

LEITURAS SUGERIDAS

CHERTOK L. *L'hypnose*. Paris: Masson, 1963.
CHEVALIER J. *Vocabulaire des psychothérapies*. Paris: Fayard, 1977 : 155.
DÉSOBEAU E. Relaxations ou relaxation, *Thérapie psychomotrice* 1975 ; 27.
DIGELMAN D. *L'eutonie de Gerda Alexander*. Paris: Ed. du Scarabée, 1971.
DURAND DE BOUSINGEN. *La Relaxation*. Paris: PUF, Que sais-je ?, 1961.
DURKEIM KG. *Hara, centre vital de l'homme*. Paris: Le Courrier du Livre, 1974.
FELDENKREIS M. *Énergie et bien-être par le mouvement*. Dangles, 1973.
GEISSMAN, DURAND DE BOUSINGEN. *Les méthodes de relaxation*. Bruxelles: Dessart, 1970
GODA G. La relaxation selon la méthode de J. de Ajuriaguerra. *Ann Kinésithér* 1974; 1 : 349-361.
HEMSI DE GAINSA. *Entretiens sur l'eutonie avec Gerda Alexander*. Paris: Dervy, 1997.
HISSARD MJ. *Les relaxations thérapeutiques aujourd'hui*, actes du 1er colloque international de relaxation. Paris : L'Harmattan, 1988.
JUNG CG. *Les types psychologiques*. Librairie de l'université de Genève, 1958.
JUNG CG. *L'homme à la découverte de son âme*. Paris: Payot, 1948.
LE HUCHE F. Enquête internationale auprès des phoniatres et des orthophonistes sur le traiternent rééducatif des dysphonies «dysfonctionnelles». *Bull Audiophonol* 1980 ; 3 : 57-107.
LE HUCHE F. Inhibitions psychologiques rencontrées au cours de la rééducation vocale. *Rev Laryngol* 1969: 196-201.
LE HUCHE F. Méthode de relaxation les yeux ouverts et son utilisation en phoniatrie. *Rev Laryngol* 1971 : 208-225.
LE HUCHE F. *La relaxation les yeux ouverts ou un temps d'un regard sur soi avant le soupir*, actes du 1er colloque international de relaxation, IFERT, juin 1987. Paris: L'Harmattan.
LE HUCHE F. *La voix sans larynx*. Paris : Maloine, 1987: 167.
LE HUCHE F. Parole et relaxation. *Revue française de relaxation psychothdrapéutique* 1995 ; 14.
LEMAIRE. *La relaxation*. Paris: Payot, 1964.
PAMPHILE. *Méthode pratique de relaxation*. Paris: Aryane, 1965.
MASSON S. *Les relaxations*. Paris: PUF, 1983.
SAPIR M. *La relaxation : son approche psychanalytique*. Paris : Dunod, 1975.
SCHULTZ JH. *Le training autogène* (trad. de Durand de Bousingen). Paris: PUF, 1958.

PEDAGOGIA DO SOPRO FONATÓRIO

A questão da respiração em suas interfaces com a fala e o canto é fundamental e essencial, pois métodos ruins, procedimentos de respiração defeituosos alteram mais ou menos rapidamente os órgãos fonatórios de forma direta.

(Garnault, 1896)

Todos concordam atualmente sobre a importância da respiração em matéria de voz. Mesmo se certos pedagogos da voz falada ou cantada preferem, por razões de estratégia pedagógica, não chamar a atenção do indivíduo para a respiração, ninguém pensa que se possa ser indiferente quanto a esta.

Seis importantes princípios

Para falar a verdade, essa questão das interfaces entre a respiração e a fonação não é tão simples e se se quer ajudar o indivíduo deficiente a controlar realmente esse problema, convém inicialmente considerar, na nossa opinião, os seguintes princípios gerais.

▶ Princípio 1: A pedagogia do sopro fonatório não deve ser assimilada à ginástica respiratória.

Na verdade, se a respiração vital é uma coisa, o sopro fonatório é outra e não há nenhuma razão para se pensar que o que pode ser interessante para melhorar a qualidade da respiração vital é automaticamente bom para melhorar a qualidade do sopro fonatório. Vê-se, aliás, que os exercícios que dizem respeito à respiração vital se preocupam essencialmente em aumentar a ampliação torácica, ao passo que a pedagogia do sopro evita grandes volumes de ar, destinando-se mais à maneabilidade, à precisão e à flexibilidade do ato respiratório.

Sopro fonatório e respiração vital

Constata-se que o problema da respiração na fala e no canto ficou por muito tempo confuso por falta de uma distinção entre a respiração enquanto motor da voz (produtora do sopro fonatório) e a respiração vital. Essa confusão infelizmente ainda persiste nos dias de hoje. Certos autores raciocinam, de fato, como se houvesse apenas um único modo respiratório correto ("a boa respiração!") sem se preocupar em saber se se trata de falar, de cantar, de correr ou de respirar tranqüilamente. Nessas condições, a ginástica respiratória é concebida como uma prática uniforme válida para tudo. Desse modo, vêem-se disfônicos a quem se prescreve sessões de ginástica respiratória sob pretexto de que, "se têm problemas vocais, é porque não sabem respirar" (lê-se: porque não têm "a boa respiração"). Ora, não se trata de "ensinar ao disfônico a respirar", adotando definitivamente, por exemplo, um presumido modo respiratório ideal em que o ato respiratório seria o exemplo sempre nasal, lento, profundo e abdominal. É importante salientar para o indivíduo o contrário, ou seja, que não há necessidade de mudar sua maneira de respirar (esta, aliás, repetimos, não tem nenhuma razão para ser uniformemente nasal, lenta, profunda e abdominal!); ele precisa aprender somente a utilizar melhor seu sopro na fala, o que certamente não é a mesma coisa.

Há mais de meio século, Tarneaud já advertiu bem contra essa confusão entre respiração vital e sopro fonatório que exigem exercícios distintos: "pensa-se que os exercícios gerais de respiração provenientes da ginástica, da rítmica ou da prática dos esportes são suficientes para fornecer uma respiração conveniente à emissão da voz... sendo, porém, o ato fonatório particular, não é obrigatoriamente melhorado pelo aumento dos perímetros torácicos".

Não confundamos respiração vital e sopro fonatório.

▶ Princípio 2: Convém distinguir os exercícios de sopro e a realização correta do sopro durante a fonação.

Os exercícios de sopro constituem, de fato, uma ginástica particular destinada a tornar o indivíduo hábil com sua respiração[14]. Salvo exceção[15], não é preciso, portanto, procurar nesses exercícios, em que o sopro é trabalhado por si mesmo fora de qualquer produção vocal, correspondência exata com o desenvolvimento do sopro fonatório espontâneo.

Observemos a respeito disso que Tarneaud rejeitava a prática de exercícios de sopros independentes da fonação: "Os exercícios respiratórios que são recomendados sem ser acompanhados por um trabalho fônico simultâneo são completamente inúteis". Provavelmente, essa posição categórica seja decorrente principalmente da preocupação que lembramos anteriormente em distinguir a realização do sopro fonatório da ginástica respiratória referente à respiração vital. A pesquisa que realizamos, em 1976, mostra que a grande maioria dos reeducadores se afasta desse princípio de Tarneaud por preconizar exercícios de sopro independentes de qualquer vocalização.

O exercício do sopro aparece claramente como uma útil preparação que permite ao indivíduo adquirir uma habilidade em manobrar em todos os sentidos sua mecânica respiratória. Será muito mais fácil depois regular corretamente o sopro em exercícios vocais posteriores.

Não esqueçamos que um exercício é um ato *voluntário*, ao passo que a reeducação visa, em última instância, a retificação de um movimento *automático*. Ora, o movimento voluntário tem um caráter pesado e desmedido em relação ao mesmo movimento realizado automaticamente. Há uma diferença de escala considerável entre o movimento automático e o movimento voluntário que quer copiá-lo. De 1 a 30 talvez! É o treino que possibilita aos poucos um domínio tal do movimento voluntário que o movimento respiratório automático defeituoso pode, com os exercícios vocais posteriores, ser voluntariamente retificado sem desnaturalizar-se em demasia.

Distingamos claramente o treino e o uso.

▶ Princípio 3: A prática regular dos exercícios de sopro não poderia ser substituída por uma supervisão perpétua exercida pelo indivíduo sobre seu próprio sopro fonatório durante o uso corrente de sua voz.

Como o indivíduo disfônico tem dificuldade, às vezes, em sujeitar-se a um treino regular, ele tende a não dar importância a isso, já que, na prática, "tem atenção para que seu sopro funcione como deve".

É evidente, porém, que não é possível ter um cuidado constante com a maneira como se procede com o sopro no momento do uso da voz (nem mesmo em um grau menor, no canto). Quando se fala, sobretudo num contexto de voz projetada, a atenção normalmente é dada ao interlocutor. A supervisão contínua da mecânica do sopro não pode chegar à recuperação do automatismo exato. É so-

---

[14] Ele, aliás, já adquiriu uma certa habilidade graças à prática do relaxamento.
[15] Descreveremos dois exercícios que, excepcionalmente, reproduzem um pouco duas modalidades possíveis do sopro fonatório. Trata-se do *sopro do dragão* e do *sopro da naja*.

mente o treino regular que permite obter tal resultado. Conseguido isso, o indivíduo praticamente não precisará mais se ocupar com sua técnica vocal na vida.

Infelizmente, apesar do que acabamos de dizer, freqüentemente é recomendado ao disfônico cuidar constantemente de seus abdominais quando fala. Pelas razões expostas, isso é desaconselhável. A única coisa que o indivíduo pode fazer, no momento em que percebe que sua voz começa a falhar, quando, por exemplo, pronuncia um discurso, é tentar fazer uma breve pausa, o quanto for possível, um suspiro, soerguendo-se um pouco, pensar um pouco sobre o mecanismo do sopro abdominal, não preocupando-se mais então com sua maneira de falar. A obsessão do sopro abdominal pode, em alguns casos, tornar-se catastrófica.

Não recomendemos a supervisão constante.

▶ Princípio 4: A pedagogia do sopro fonatório é destinada essencialmente à restauração do mecanismo de projeção vocal.

Lembraremos aqui brevemente como se caracteriza o sopro fonatório em uma *projeção vocal* em relação à situação de *expressão simples*, por um lado, e da *voz de insistência* ou *de alerta*, por outro.

Centremos nossa ação no ato de projeção vocal.

Adequar-se à atitude de projeção vocal

A *atitude de projeção* comporta quatro características:
1) A intenção de agir pela voz com a certeza de que essa ação será eficaz.
2) O olhar voltado para o espaço (incluindo o espaço da consciência do outro) em que se pretende agir abertamente.
3) O soerguimento do corpo.
4) O uso do sopro abdominal.

Esse comportamento de projeção vocal corresponde, lembremos, a atos, tais como: chamar alguém, afirmar, informar, interrogar, apresentar-se publicamente.

Opõe-se ao *comportamento de expressão simples* que corresponde a atos como: contar o que aconteceu, contar uma lembrança, dar suas impressões, falar da chuva e do tempo, falar sozinho, em que a postura corporal não apresenta as mesmas exigências e em que se observa a utilização do sopro torácico superior.

Quando, por outro lado, o indivíduo está numa situação em que sua ação vocal lhe parece ineficaz, ou quando expressa seu descontentamento, seu espanto, ou seu encantamento, adota automaticamente um comportamento que dá à voz um caráter particular que descrevemos com o nome de *voz de alerta* ou *voz de insistência*[a].

Esse terceiro comportamento utiliza, lembremos, a flexão do tronco, motor da respiração vertebral, dando eventualmente uma impressão de esforço que expressa e manifesta o desconforto do indivíduo ou seu sofrimento em constatar a ineficácia de sua ação vocal.

Normal quando é apenas pontual, esse comportamento se torna, porém, patológico e perigoso para a laringe quando invade o campo da projeção vocal no quadro do círculo vicioso do esforço vocal.

Pode-se dizer que uma etapa maior da reeducação vocal é ultrapassada quando o indivíduo consegue analisar e ter o domínio sobre o comportamento de projeção vocal, sabendo adequar cada um desses três comportamentos à situação que lhes cabe.

[a] Cf. *A voz*, Volumes 1 e 2.

▶ Princípio 5: A pedagogia do sopro fonatório é destinada à precisão e ao natural do ato ou, o que dá no mesmo, à economia de energia.

Será constatado que, exceto um exercício, o *sopro da naja*, cuja prática deverá ser limitada, não se trata nunca de ir até o final da respiração nem de realizar grandes movimentos. Nenhum estado de cansaço deverá resultar desses exercícios de destreza e não de musculação.

Tenhamos como objetivo a economia de energia e o natural do ato.

▶ Princípio 6: Convém distinguir bem a voz da corrente de ar que a produz.

O ar que sai da boca quando se fala ou quando se canta é somente um subproduto. É ar que deu sua energia na laringe para a produção da voz e na boca, na garganta e no nariz para a articulação da fala. Essa evidência não pode ser perdida de vista quando se trabalha a mecânica do sopro. Assim, será mais fácil evitar a freqüente tendência em cair no exagero do movimento e no excessivo desperdício de ar.

A vibração vocal transcende a corrente de ar.

Descrição dos exercícios

Descreveremos cinco exercícios em posição deitada e nove em pé ou sentada. A partir do momento em que forem aprendidos, alguns desses exercícios (*sopro ritmado dois-oito-quatro, sopros do sagitário, do porco espinho e do dragão*) serão como o *relaxamento com olhos abertos,* praticados cada dia durante todo o período da reeducação e verificados com uma certa regularidade nas sessões. Os demais exercícios não serão obrigatoriamente praticados por todos os pacientes, mas utilizados conforme as necessidades: são exercícios destinados a resolver problemas particulares que impedem a boa realização dos exercícios precedentes. De qualquer forma, a duração da prática cotidiana dos exercícios de sopro não ultrapassará alguns minutos. Trata-se de exercícios de aperfeiçoamento que não têm nada a ver com a musculação.

▶ Exercícios em posição deitada

☞ SOPRO RITMADO

(Também conhecido como "dois-oito-quatro ou respiração do caiaque[16]")

Esse primeiro exercício deriva dos exercícios de respiração ritmada do Pranayama*.

É praticado, a princípio, imediatamente após o relaxamento com olhos abertos. Exige, com efeito, uma atitude calma e descontraída por parte do paciente. Sua prática, no entanto, pode ela mesma ter um efeito relaxante. Aliás, sobre esse ponto, ocorre que alguns indivíduos acham tal exercício mais eficaz do que os exercícios voltados especificamente para o relaxamento.

As mãos, assim como no relaxamento com olhos abertos, são colocadas uma sobre o tórax e a outra sobre o abdome, os cotovelos repousam levemente no plano horizontal. É particularmente importante, de fato, que o indivíduo possa tomar consciência do movimento das paredes torácica e abdominal.

---

[16] A denominação *respiração do caiaque* é sugerida pela linha horizontal de oito segundos que lembra uma porção de rio larga em que o caiaque avança tranqüilamente seguida de três segundos de declínio que indica uma certa aceleração da corrente, depois de um quarto segundo de forte declínio que indica um mergulho antes de voltar à superfície novamente em dois segundos e continuar a navegação tranqüila do início.

*N. de T.: Essa palavra vem do Sânscrito e significa "ciência da energia".

A Figura 3.6 representa a variação do volume de ar em função do tempo que realiza uma curva espirográfica desse exercício. A linha horizontal descontínua representa o estado de equilíbrio respiratório. Essa linha corresponde ao volume de ar (chamado ar de reserva), permanecendo nos pulmões para um suspiro tranqüilo, o que corresponde ao retorno ao repouso do sistema respiratório. Como se vê na curva espirográfica, o exercício é constituído por um ciclo de três tempos de duração desigual, um tempo de inspiração (2 segundos), um tempo de sustentação inspiratório (8 segundos) e um tempo de sopro (4 segundos). Vários ciclos sucessivos são encadeados sem interrupção.

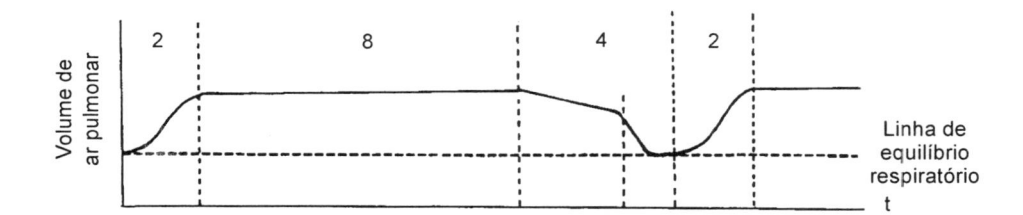

► Fig. 3.6
Curva espirográfica do sopro ritmado (dois-oito-quatro).

▶ Inspiração: 2 segundos

Solicita-se ao indivíduo para inflar o abdome (moderadamente) aspirando *pela boca* uma certa quantidade de ar com rapidez, tranqüilidade e sem esforço. Ao mesmo tempo, ele deve controlar a elevação do esterno: este tende normalmente a abaixar rapidamente durante essa inspiração, como se fosse puxado para baixo pela aspiração abdominal.

O indivíduo não deve tentar impedir a elevação torácica bloqueando seu tórax; deve, ao contrário, relaxá-lo completamente. Se o tórax está bloqueado, o indivíduo constata, aliás, que lhe é impossível evitar uma leve elevação torácica ao final da inspiração. Para resolver esse problema, caso ocorra, o paciente deverá realizar alguns bons suspiros torácicos antes de retomar o exercício em melhores condições. Se a dificuldade persistir, pode-se recorrer ao exercício da balança que descreveremos mais adiante.

Um ruído inspiratório ([fff] ao inverso) é realizado no momento dessa inspiração graças ao contato do lábio inferior com os incisivos superiores. A pouca resistência assim imposta na entrada do ar permite uma melhor avaliação da quantidade de ar inspirado *que deve ser média* (e não máxima) e sobretudo da quantidade de energia despendida no ato inspiratório que deve ser reduzida ao mínimo (noção de economia de energia).

Notemos que essa inspiração abdominal é igualmente – como deve ser – costal inferior, sendo as costelas utilizadas como "alça de balde" pela ação principalmente do diafragma.

Vê-se, no gráfico, que a inspiração é representada por uma curva em que o declínio é inicialmente fraco e depois aumenta rapidamente, tornando-se em seguida mais fraco para encadear-se de modo suave ao segmento horizontal que corresponde ao tempo seguinte: este, por sua vez, corresponde a uma partida suave da inspiração, à sua precisão, à sua flexibilidade e à sua economia.

▶ Sustentação: 8 segundos (suspensão inspiratória)

Durante oito segundos, o indivíduo retém a respiração sem contração, nem esforço. Deve ter a impressão de uma suspensão do movimento inspiratório. Uma suspensão análoga (mas torácica superior) ocorre bem após a inspiração (freqüentemente sonorizada) produzida pela surpresa, ou melhor, pela sensação de encantamento: pronuncia-se "Ha!" na inspiração.

A glote permanece aberta: isso é possível se a inspiração for moderada, o que permite à sustentação inspiratória ser realizada sem esforço. A prova do não fechamento da glote é dada pela ausência de golpe de glote na partida do sopro que segue.

Às vezes, o controle da abertura glótica se mostra particularmente difícil. Ora, o exercício perde o sentido se o indivíduo fecha a glote durante a sustentação inspiratória. Segurar a respiração durante oito segundos com a "glote fechada" não leva ao controle do diafragma! Em caso de dificuldades, o primeiro passo será fazer o paciente reconhecer o ruído (e a sensação) do golpe de glote, o que lhe permitirá ter consciência progressivamente do fechamento glótico que antecede este. O reeducador não deve hesitar em produzir ele mesmo, fazendo o paciente escutar discretos golpes de glote a fim de fazê-lo compreender do que se trata. O mais importante é em seguida ir para uma inspiração macia no primeiro tempo.

Caso necessário, pode-se ajudar o paciente, encurtando-se (provisoriamente) o tempo de sustentação, (segundo tempo) reduzido no início a um segundo, para que aos poucos alcance a duração normal de oito segundos.

O reeducador poderá ajudá-lo igualmente com sua mão estendida a aproximadamente dez centímetros acima do abdome para simbolizar e sustentar a "suspensão" da parede abdominal.

A prática da *respiração ramificada* (cf. p. 108) também poderá ser útil para a aquisição do domínio do esfíncter glótico.

■ Sopro: 4 segundos

Esse sopro (expiração ativa) é efetuado naturalmente segundo o tipo abdominal; isto é, ele aciona a cinta abdominal controlada pela ação antagonista do diafragma. Esse movimento caracteriza-se por uma contração da parede abdominal associado ao fechamento lateral das costelas (que funcionam segundo "alça de balde"). Não se vê nenhum abaixamento esternal; ao contrário, tem-se a impressão de uma ligeira elevação esternal quando o movimento se aproxima do fim (quarto segundo).

Esse tempo expiratório é composto de duas partes.

Os três primeiros segundos
O sopro inicia sem brutalidade, mas de forma clara e precisa graças a uma contração moderada, porém visível, da musculatura abdominal. Ele produz um ruído de boca que pode ser comparado ao de uma queda d'água à distância [chchch], seguindo regular e facilmente durante três segundos, o que demonstra uma articulação sólida e uma pressão pulmonar firmemente sustentada, ainda que sem esforço. Notemos que isso não exige de forma alguma que se mantenha o movimento de contração inicial da parede abdominal. Em outras palavras, o movimento abdominal praticamente só ocorre no momento inicial do sopro, depois disso a parede abdominal simplesmente mantém um certo tono. Isso é de extrema importância à aplicação na mecânica vocal.

O quarto segundo
Chegando ao quarto segundo (na realidade, não se trata de um segundo, mas de um tempo), o sopro fica mais forte e pára repentinamente – *bem antes de ter esgotado o ar disponível nos pulmões* – produzindo um ruído que pode ser comparado ao *que uma pessoa a 10 metros faria jogando na calçada um quarto de um balde d'água*.

A curva espirográfica (Figura 3.6) indica essas duas partes do sopro com uma mudança de declínio no momento do quarto segundo. Notar-se-á que o sopro pára desde o início desse quarto segundo e que, logo após, intervém um curto tempo de parada respiratória antes de se recomeçar a inspiração do próximo ciclo.

Parede abdominal: ação motora/ação tônica

No gráfico da Figura 3.7, tem-se de modo ordenado não mais o volume de ar, mas o deslocamento da parede abdominal. Vê-se então que a curva desse deslocamento não se sobrepõe exatamente à curva espirográfica. Há, com efeito, em A, isto é, no início da expiração, uma primeira contração da parede abdominal que corresponde ao tensionamento dos músculos abdominais. A contração abdominal é *praticamente nula* depois.

Esse detalhe deve ser observado na medida em que o indivíduo tende com dificuldade a forçar um deslocamento regular da parede abdominal, sob pretexto de que o fluxo da respiração deve ser regular. O movimento de retração excessivo (indicado pelo pontilhado) leva-o a pensar que lhe impossível efetuar um sopro em quatro segundos.

O segundo acidente da curva corresponde naturalmente ao reforço que ocorre no início do quarto segundo. Esse reforço deve continuar limitado e parar bruscamente. Não se trata de chegar, longe disso, a uma expiração completa. O balde fica vazio, mas não os pulmões: *Não se vai até o final da expiração!*

Essa parada brusca deve-se à entrada em ação do diafragma que se opõe repentinamente à seqüência da expiração. Quando essa ação é correta, o ruído produzido adquire um caráter impactante apesar de não haver esforço, lembrando, como dissemos, o ruído de um quarto de um balde d'água jogado ao solo a aproximadamente 10 metros. Um certo tono persiste nos músculos abdominais durante toda a duração do quarto segundo, mesmo após a parada do sopro, dando uma impressão de solidez abdominal.

A inspiração que se segue pode ser compreendida como o resultado da descontração dos músculos abdominais. Pode-se pensar, de fato, que a tensão que o diafragma apresenta, ao final do tempo precedente, produz a inspiração como uma lâmina elástica voltando à sua posição de tensão mínima, quando se interrompe a deformação por uma força qualquer. A sustentação inspiratória do ciclo seguinte será realizada com a energia muscular mínima.

O espírito geral desse exercício é ditado pela preocupação em economizar energia, em manter a flexibilidade do ato e o bem-estar geral. É concebido de tal modo, na verdade, que não pode ser realizado perfeitamente enquanto o indivíduo desperdiça energia demais para realizá-lo. Particularmente, a sustentação inspiratória abdominal de oito segundos sem fechamento da glote fica impossibilitada enquanto não houver domínio do mecanismo. O mesmo ocorre para as duas velocidades sucessivas da expiração. Em compensação, quando o indivíduo consegue controlar melhor o uso da energia, sua impressão é de que a inspiração é feita sob o efeito de uma mola que se solta e o exercício propicia a sensação de uma mecânica que se produz sozinha. Mais exatamente, tem a impressão de intervir somente em dois momentos: no início da expiração e na intensificação desta (quarto segundo). Todo o resto lhe parece decorrente dessas duas ações.

Trata-se de um exercício concebido para apresentar dificuldades mesmo a uma realização perfeita, ainda que relativamente fácil quando executado de

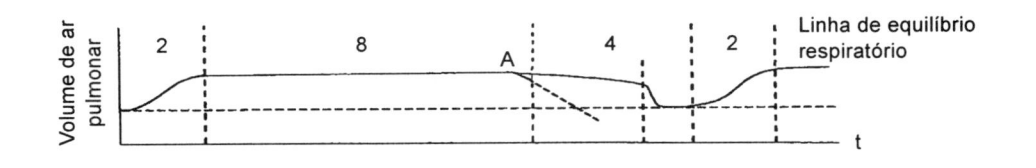

▶ **Fig. 3.7**
Curva do deslocamento da parede abdominal durante o sopro ritmado (dois-oito-quatro).

modo grosseiro. Tem-se a possibilidade, dessa forma, de fazer com o indivíduo progrida por muito tempo. Nem sempre pode, no entanto, ser proposto logo no início. Em certos casos, pode-se propor inicialmente uma variante menos refinada, denominada *exercício do pato*, para a criança, e *balde mágico do aprendiz de feiticeiro*, para o adulto.

EXERCÍCIO DO PATO

Deitada de costas, coloca-se no abdome da criança (na altura do umbigo) um pato de plástico que ela deverá segurar com a ponta dos dedos. Conta-se então a seguinte história: "Um pato está passeando no lago. De tempos em tempos, o vento sopra. Como se trata de um pato cheio de astúcia, ele se acomoda para, nesses momentos, ficar protegido no fundo da onda a fim de evitar que suas penas fiquem eriçadas".

O esquema é o seguinte:
– *expiração:* o vento sopra, o abdome se contrai (o pato desce para a parte funda);
– *inspiração* imediata: o abdome infla rapidamente (o pato sobe para a crista da onda);
– *sustentação inspiratória*: o abdome permanece inflado; o tempo está bonito (o pato passeia pela crista da onda). A criança faz com que o pato realize um ou dois giros sobre si mesmo e o ciclo recomeça.

Deve-se obrigatoriamente conseguir realizar tal movimento de forma fácil. O pato não pode ficar contente se a criança tem muita dificuldade, e se o vento vira uma tempestade.

O movimento é, na verdade, um pouco semelhante ao da respiração ritmada anterior, apenas a duração dos tempos é menos precisa.

EXERCÍCIO DO BALDE MÁGICO DO APRENDIZ DE FEITICEIRO
(Também conhecido como respiração abdominal simples)

Tirando o pato, trata-se exatamente do mesmo exercício. Servirá para o adulto como uma primeira iniciação à respiração abdominal, antes de iniciar o exercício mais estruturado do *dois-oito-quatro*.

Conhece-se a história do aprendiz de feiticeiro que, na ausência de seu mestre, diverte-se com algumas fórmulas mágicas colhidas eventualmente aqui e ali. Acende assim um fogo mágico e, para apagá-lo, enche magicamente, graças à fórmula *ad hoc*, um balde d'água. Porém, apagado o fogo, percebe que esqueceu a fórmula que permite fazer parar o enchimento do balde e este fica novamente cheio. Ele o esvazia energicamente, mas o enchimento continua se produzindo. Tranqüilamente! Novo esvaziamento, novo enchimento e assim sucessivamente. Desespero! Pânico! O que o mestre vai dizer?

O enchimento do balde será simbolizado pelo inflar abdominal inspiratório; seu esvaziamento por um sopro abdominal relativamente enérgico e isso dar-se-á da seguinte forma:
– *inspiração*: o abdome infla, o ar entra (o balde se enche tranqüilamente);
– *sustentação*: o abdome continua inflado – moderadamente – por um certo tempo (sem bloqueio glótico);
– *sopro*: o abdome baixa, o ar sai (o balde se esvazia com um ruído de intensidade crescente que pára de repente (chch) sem chegar, longe disso, ao final do sopro. O balde se esvazia, não os pulmões!;
– *inspiração*: o abdome infla novamente, sem pressa, o ar entra.

Esse exercício é retomado se o indivíduo tem dificuldade em realizar corretamente o encadeamento das duas partes (fraca, depois forte) do sopro no *dois-oito-quatro*, ou quando falta firmeza no quarto segundo desse sopro.

Poder-se-ia evidentemente perguntar, e alguns o farão, se não seria possível ficar apenas com esse exercício simples que, no final das contas, permite adquirir o controle da respiração abdominal (não é o essencial!).

Nossa resposta é que esse exercício permite certamente adquirir um certo controle da mecânica abdominal e, em alguns casos, pode ser suficiente. No entanto, quando se trata de disfônicos, o controle da *mecânica* não basta: é preciso ainda adquirir o da *dinâmica*. Para isso, é interessante recorrer a exercícios mais precisos.

SOPRO DA PANELA DE PRESSÃO (Também conhecido como 10 segundos de sopro)

Às vezes, 4 segundos de sopro parecem absolutamente impossíveis ao indivíduo, sobretudo quando se trata de terminar em um 4 segundo mais forte.

Mostra-se então que ele pode produzir um ruído de "queda d'água à distância" durante 10 segundos, se aceitar fazer um ruído "bastante fechado na boca" e se não desperdiçar os três quartos de ar no início. Para isso, propõe-se a ele o ruído "tchch" ao invés de "chch". Três ou quatro tentativas bastam, em geral, para conseguir. Em seguida, pede-se para que faça 10 segundos de sopro e, quando chega no quarto segundo, pede-se para que faça mais forte. O indivíduo se surpreende então de ter ainda muito ar para tal execução.

A BALANÇA

Às vezes, o paciente (adulto ou criança) não consegue de forma alguma inflar o abdome sem inflar ao mesmo tempo o tórax. Propõe-se então o exercício da *balança*.

A parede abdominal e a parede torácica são comparadas aos dois pratos da balança da justiça aos quais ele terá de movimentar *sem respirar* e, se possível, com a glote aberta.

Pede-se inicialmente ao indivíduo para que contraia o abdome, "engolindo" (como o ato que se faz para colocar a camisa para dentro da calça ou a blusa para dentro da saia). Logo depois, o abdome relaxa e aumenta para frente, enquanto o peito desce.

Duas ou três oscilações são assim realizadas rapidamente, mas de forma suave, cuidando para não inspirar puxando o abdome e para não assoprar, enchendo-o, o que é a tendência geral. O movimento de oscilação é rápido, mas se marca um tempo em cada uma das posições (1 a 2 segundos). Interrompe-se o exercício na posição "abdome inflado". O indivíduo terá menos dificuldade depois em tomar o ar inflando o abdome.

▶ *Exercícios em pé ou sentado*

A maioria dos exercícios seguintes pode ser executada ou em pé ou sentados. Porém, nos dois casos, o indivíduo deve cuidar para adotar uma postura de projeção vocal caracterizada, entre outras coisas, pela verticalização do corpo (descreveremos mais adiante uma série de exercícios referentes à verticalidade).

O comportamento de projeção vocal (cf. p. 131) compõe-se, de fato, por quatro elementos indissociáveis: 1) a intenção de agir; 2) o olhar nos olhos; 3) a verticalização da coluna vertebral; e 4) o uso da respiração abdominal. São esses quatro elementos que convêm, pelo *treino* de reestruturação conjunta, à obtenção do restabelecimento de um comportamento de projeção vocal suscetível de ser realizado *automaticamente* cada vez que as circunstâncias exigirem. Isso explica a importância, durante os exercícios de emissões do sopro abdominal, da postura (verticalidade) e da direção do olhar para um destinatário (um *barco imaginário* no mar, por exemplo).

Se a posição escolhida for sentada, deve-se evitar um assento muito baixo, sentando na borda e não no fundo deste. Está fora de cogitação apoiar as costas num eventual encosto. Eventualmente, pode-se utilizar um banco.

Será útil praticar esses exercícios não face a um espelho, mas a três quartos em relação a este. Esse espelho permitirá que o indivíduo observe, de tempos em tempos, sua postura geral e o comportamento de suas paredes abdominal e torácica. O olhar sobre o tórax, onde produz modificações mais ou menos sutis, é, aliás, indicado. Isso não impede de avaliar, na periferia do campo visual, os fenômenos mais fáceis de serem observados que se produzem simultaneamente no abdome. Com uma mão no abdome, na altura da cintura, e a outra no alto do peito, os dedos mais ou menos flexionados na altura do esterno, o cotovelo tocando o corpo, as mãos podem substituir a função do espelho no controle tóraco-abdominal.

UM BARCO NO MAR...

O olhar sobre si permanecerá excepcional para todos os exercícios que se traduzem por uma emissão de sopro (exercícios 1, 3, 4, 5 e 9). Nesses exercícios, de fato, o olhar deve imperativamente estar fixo em um "alvo", que pode ser constituído pela representação imaginária de um barco distante no mar, devendo o indivíduo imaginar que cada sopro emitido representa uma mensagem dirigida a esse barco.

Um barco ao longe representa, com efeito, uma pessoa e pode ser facilmente vivido como tal. Nasceu um dia; certamente vai morrer. Ele tem particularidades que o distinguem dos outros barcos: uma personalidade, hábitos, defeitos. Ele tem coisas para fazer nessa vida; tem um destino.

Assim, nesse exercício, o indivíduo pode viver *realmente* – ainda que esse barco seja *imaginário* – uma situação de projeção vocal em que se dirige a alguém, em que se age sobre ele. Pode-se sugerir-lhe, por exemplo, que as mensagens em questão têm como objetivo indicar ao barco uma saída. É interessante, aliás, deixar cada paciente imaginar seu próprio barco. Esse trabalho de imaginação criadora facilita a obtenção da postura de projeção, que normalmente decorre da maneira automática da intenção de agir. O barco imaginário no mar não é um detalhe destinado a enfeitar o exercício, mas um elemento essencial deste.

Caso o indivíduo recuse o barco, pode-se eventualmente propor-lhe fixar-se em um ponto preciso do espaço que está diante de seus olhos: uma mancha no papel de parede, um detalhe na janela, um ângulo de uma pedra da casa da frente, mas sugerindo-lhe que "talvez", por meio de seu sopro, possa obter uma ação, tal como, por exemplo, uma transmutação da matéria nesse ponto (quem sabe?) ou ainda a animação de um autômato imaginado nesse local.

É preciso compreender, de fato, que, quando se fala a alguém, faz-se em função de um universo imaginário elaborado a partir das hipóteses que se tem sobre a forma como o interlocutor recebe o que se fala. É por isso que um barco imaginário nos parece bem mais apropriado do que a fotografia de um barco colada na parede. Em suma, indicar a partida a um barco imaginário é mais ou menos a mesma coisa que fazer com que sua proposição avance na consciência (no oceano da consciência) de seu interlocutor ou de seu público. Não é, portanto, oportuno substituir esse alvo imaginário por um alvo real (o topo de uma árvore, uma chaminé distante), menos relacionada à fisiologia normal da projeção vocal.

Alguns indivíduos – menos numerosos do que se pode imaginar – apresentam uma dificuldade real em manipular o universo imaginário. Essa dificuldade pode então ser atenuada por meio da informação das funções junguianas e interpretada como um problema referente à *função intuição* (cf. p. 104).

Freqüentemente, ao longo do tratamento, esse barco se modifica. A mudança se impõe de algum modo ao indivíduo sem que ele queira expressamente. Assim, uma paciente que, no início, imaginava um transatlântico, passou em seguida a se fixar em um barco de papel, bem próximo à margem, para, por fim, confeccionar um veleiro, a alguns metros de distância, de tal modo que ela podia descrevê-lo em todos os seus detalhes.

Às vezes, a construção desse barco é difícil. Isso me lembra o caso de um homem, bastante refratário ao mundo do imaginário, que inicialmente não via nada, depois fixou-se por algum tempo em um camelo caminhando no deserto, camelo que transformou aos poucos em cavalo em uma pradaria para, finalmente, dar lugar, no retorno das férias passadas em uma ilha do Atlântico, a um elegante veleiro.

Na verdade, esse barco imaginário tem muito mais importância do que se pode imaginar. Ele se constrói à própria imagem do indivíduo (tal como o senhor, a 100 por hora, que havia "escolhido" um *creefcraft*), o exercício de sopro vai significar a ação que o indivíduo tem sobre si mesmo para progredir. É por isso que é importante que o paciente instale seu barco realmente no mar e não nas nuvens, como acontece muitas vezes (olhar para o nada).

É por isso também que é importante sugerir ao indivíduo que o barco vá para a direita. Como se sabe, a direita é a direção do futuro. (E certamente não por acaso, os deputados da esquerda estão à sua própria direita no semicírculo, é o lado dos que almejam provocar o movimento extremamente rápido, se comparado à vontade dos outros!).

Algumas vezes, o paciente é levado a travar consigo mesmo uma espécie de batalha para que seu barco vá para a direita. O que importa, aliás, não é que ele vá para este lado, mas que o paciente sinta que tem dificuldade em ir...

Na verdade, na maioria das vezes, o indivíduo aceita sem problemas a idéia desse barco no mar, que lhe parece totalmente próprio a criar uma situação de projeção vocal no contexto em que deve exercitar-se. Normalmente, é o reeducador que não ousa apresentar as coisas dessa forma por temer provavelmente não ser levado a sério. Como se sabe, se o universo da *sensação* é freqüentemente considerado como algo "proibido", o da *intuição* (no sentido de Jung) é freqüentemente considerado uma "brincadeira!".

Os exercícios que iremos descrever agora têm nomes evocatórios. Há uma razão para isso: por um lado, isso permite identificar melhor esses exercícios; por outro, e sobretudo, ajuda a aumentar seu impacto, pois esses nomes são portadores de um sentido (não foram produzidos repentinamente).

Muitos foram adotados durante seminários em que esses exercícios eram trabalhados em comum. Alguns deles, aliás, ainda não têm um nome satisfatório ou, provisoriamente, apresentam vários. Acrescentemos que todas as sugestões são bem-vindas.

☞ O SAGITÁRIO ①

O *sagitário* é um animal fabuloso que tem corpo de cavalo e torso, cabeça e braços de homem (um centauro) que lança flechas[17].

---

[17] Em latim, *sagitta*: a flecha.

Nesse exercício, o indivíduo – em uma postura de projeção vocal – lança *sem violência nem esforço* várias séries de três sopros sucessivos mais breves que seriam como três flechas, mensagens ligeiras e explosivas que emite "por seus olhos" ao alvo (o barco). Por seus olhos como vibrações emitidas: *não se trata de soprar as eventuais velas do barco!*[18] Para realizar esse exercício, o paciente deve, em primeiro lugar, concentrar-se no alvo (*seu* barco distante) e não perdê-lo de vista. Seu rosto vertical olha na mesma direção: olhar facial que circunda como o círculo de luz feito por um holofote esse barco imaginário sobre o qual se fixa o olhar ocular; tomando cuidado para que esse círculo de luz do olhar facial não se perca nas nuvens acima do horizonte. Em segundo lugar, com uma mão no abdome na altura da cintura, imagina (o que é ilusório evidentemente) que possui ar ali e que, se acionar os músculos da parede abdominal (não tanto no sentido de contraí-los, mas de dinamizá-los), poderá determinar a formação de uma coluna de ar que sobe por seu tórax e chega à cabeça para repercutir na abóbada craniana (verticalização). O turbilhão de ar assim produzido em seu crânio provoca a emissão *pelo olhar* de uma mensagem dirigida ao barco-alvo e materializada por um ruído de sopro análogo ao que ocorreu no quarto segundo do *sopro ritmado* (*dois-oito-quatro*). Esse ruído começa lentamente e pára de modo definitivo; é leve e, ao mesmo tempo, explosivo. Deve dar ao indivíduo e às eventuais testemunhas uma impressão de eficácia com o mínimo de esforço possível. Com certeza, esse barco escutou a mensagem e vai partir. Seu deslocamento, evidentemente, não será imediato nem perceptível. Em compensação, alguns segundos após a emissão do terceiro sopro, pode-se imaginar que um pavilhão é içado pela tripulação indicando uma partida eminente.

Três sopros sucessivos, de tipo abdominal, são, de fato, emitidos assim com intervalos de repouso que podem durar de 1/2 a 2 segundos aproximadamente: o retorno ao repouso que ocorre após cada uma das três emissões resulta em um relaxamento relativo da parede abdominal (sem perda de verticalidade) e através da entrada, a cada vez, de um pouco de ar compensando o utilizado no sopro.

No gráfico abaixo, vê-se que a curva correspondente ao *sopro do sagitário* fica inteiramente abaixo da linha de equilíbrio. Trata-se de uma *expiração ativa* que parte da posição respiratória de repouso.

▶ **Fig. 3.8**
Curva espirográfica do sopro do sagitário. Notar-se-á o caráter eventualmente desigual de cada sopro.

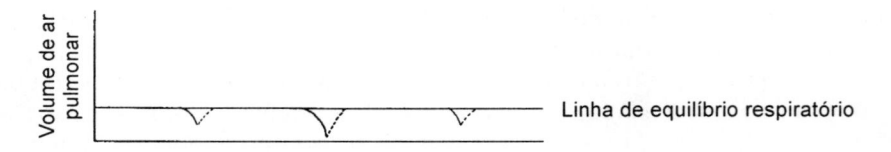

Como pode ser observado, essa curva tem um declínio inicialmente fraco que cresce com rapidez. Isso corresponde a uma ação macia e econômica dos músculos abdominais traduzida pela lentidão do início do sopro. Vê-se depois que ela é interrompida em definitivo, o que corresponde à participação do diafragma que bloqueia repentinamente a emissão do sopro. É o que lhe dá um caráter explosivo. Por fim, percebe-se que a curva sobe novamente (linha pontilhada) para a linha de equilíbrio respiratório. Isso indica o relaxamento do abdome e se traduz pela en-

---

[18] Somente Eolo, deus do vento, pode soprar de maneira eficaz as velas de um barco ou as nuvens do céu. O poder dos homens é de uma natureza diferente.

trada tranqüila e discreta de um pouco de ar nos pulmões para chegar passivamente ao estado de equilíbrio inicial.

Desse modo, como mostra o gráfico, os três sopros têm formas distintas. Com efeito, o *sopro do sagitário* pode corresponder tanto a um sopro potente e volumoso quanto a um sopro discreto. O essencial é que o ato realizado esteja em harmonia com o sopro (e o ruído) produzido; isto é, que não haja desproporção entre a quantidade de energia mobilizada e o resultado obtido. Nessas condições, a impressão de leveza se mantém apesar da eventual potência.

Como dissemos, o indivíduo controla a dinamização com uma mão e a retração (leve) de sua parede abdominal. Se essa contração for extremamente violenta, há um alargamento da base do tórax que pode ser observado colocando-se os polegares lateralmente nos últimos espaços intercostais. O excesso da frente para trás é perdido nas costelas. Vê-se então o movimento paradoxal de afastamento das costelas produzido em certas emissões vocais cantadas em um contexto expressivo bem particular. O *sopro do sagitário* que reproduz um comportamento de projeção vocal, manifestando uma autoridade natural simples e sem drama, não tem nada a ver com esse afastamento paradoxal[19] das costelas. Na verdade, quando o exercício é bem executado, o movimento da parede abdominal realmente só é perceptível no momento em que cada emissão de sopro abdominal pára de fato, provocando um leve tremor da parede toracoabdominal. O paciente que faz o exercício pela primeira vez quer ter certeza, desde o início do sopro, que é de fato seu abdome que funciona, daí uma retração abdominal excessiva. Uma boa dica que permite aproximar-se da realização perfeita é a seguinte: "Percebe-se que é abdominal somente no momento do impacto final". Isso explica por que pode-se inverter os sentidos e constatar, após a execução, que o sopro, na verdade, por engano, era torácico superior!

Os dedos da outra mão sobre o esterno permitem controlar que não haja nenhum abaixamento torácico no momento do sopro. Ao contrário, o manúbrio esternal parece levemente projetado para cima e para frente a cada emissão[20]. O indivíduo constatará esse fenômeno, mas deverá evitar aumentá-lo artificialmente.

Após cada série de três sopros, o indivíduo deve verificar a sua postura, vertical e descontraída ao mesmo tempo, postura de projeção vocal (ou de preparação à ação). Uma rápida olhada ao espelho pode ser útil. Caso necessário, um suspiro facilitará a retificação dessa postura. Descreveremos mais adiante um exercício chamado *suspiro do samurai*, especialmente adaptado para isso.

O paciente deve verificar, além disso, *a posteriori*, a qualidade de cada um dos três sopros que acaba de emitir. Como foi o último? Como foi o segundo? Como foi o primeiro? É justamente para emitir esse exame *a posteriori* que é preciso obrigatoriamente limitar-se a três sopros por série. O sopro foi realmente abdominal? O tórax não sofreu qualquer tipo de contração? O queixo não teve tendência a projetar-se para frente para acompanhar o sopro?

Se tal tendência em levar o queixo para frente existe, normalmente é tenaz na medida em que é característica do comportamento de esforço vocal. Pode-se ajudar o indivíduo a tomar consciência desse erro, segurando sua cabeça. Para isso, coloca-se com delicadeza uma mão no queixo e a outra na região occipital.

O indivíduo deve cuidar, além disso, para evitar qualquer bloqueio do sopro no nível da laringe ou da boca que transforme o ruído "ch" em alguma coisa que poderia ser representada por "chuí". O bloqueio bucal ou laríngeo impede, de fato,

---

[19] Paradoxal na medida em que o movimento de afastamento das costelas corresponde logicamente à inspiração.
[20] Isso corresponde ao movimento de báscula do esterno (Gerdy). Cf. *A voz*, Volume 1.

a participação da ação diafragmática que convém justamente solicitar: é o diafragma que deve parar o sopro e não a laringe ou a língua.

Se esse "chuí" custar a desaparecer, pode-se pedir ao paciente para substituí-lo por um tipo de "ha!" sussurrado.

Nem sempre é fácil obter uma emissão dinâmica e, ao mesmo tempo, leve, isto é, natural e harmoniosa, dando a impressão de uma mobilização de energia exatamente ajustada à ação empreendida. Um bom teste consiste em se perguntar se seria possível praticar esse exercício em um local público, sem chamar a atenção nem provocar reações de espanto nas pessoas. Se a resposta for positiva é um bom sinal.

Às vezes, o indivíduo tende a piscar os olhos no momento preciso em que cada sopro é emitido. Isso está relacionado à inibição da projeção. Como se de forma reflexa, o indivíduo quisesse dizer através disso que ele não tem de fato a pretensão de agir. É uma maneira de apagar de certa forma o ato de projeção; uma maneira de evitar vivê-lo completamente. O fato de ser obrigado a manter os olhos abertos após o sopro "atinge" a inibição de projeção. Esse trabalho representa, às vezes, um esforço psíquico muito grande, levando curiosamente alguns indivíduos a suar bastante (cf. p. 189).

Na descrição desse exercício, insistimos muito na importância em viver este como um ato destinado a alguém. É somente nessas condições que apresenta uma real eficácia. Não basta, com efeito, "fazer funcionar seu abdome", é preciso que essa mobilização abdominal esteja integrada a um ato relacional.

É esse ato que deve ser reconstruído, reautomatizado. Essa forma de proceder permite recuperar um funcionamento automático do sopro abdominal que dispensa o indivíduo da preocupação em sua vida com a maneira de realizar sua respiração quando fala. De fato, quando o indivíduo se deparar com uma situação em que deverá projetar a voz, o destinatário dessa projeção vocal tomará automaticamente na mente do indivíduo o lugar do barco imaginário com o qual ele treinou e que lhe serviu de alvo. Evitar-se-á, desse modo, as armadilhas de certas reeducações em que o indivíduo consegue, *cuidando-se*, ter uma boa voz (durante a sessão, por exemplo), ao passo que os mecanismos incorretos reaparecem, danificando rapidamente a voz assim que o indivíduo relaxa um pouco sua atenção.

Lembremos que, como todos os outros exercícios de sopro, o sopro do sagitário não deverá ser praticado por mais de um ou dois minutos por dia (incluindo as pausas).

☞ RESPIRAÇÃO DO PORCO-ESPINHO ②

Por ficar como uma bola, o porco-espinho pode simbolizar o voltar-se para si bem protegido.

No *sopro do sagitário*, exercia-se o ato *expiratório*. Na *respiração do porco-espinho*, exerce-se o ato *inspiratório*: a entrada de ar. O indivíduo é solicitado a mirar não mais um barco à distância, mas seu próprio corpo (inibições também existem nesse olhar). Olha seu abdome e seu tórax, seja diretamente ou pelo espelho. Suas mãos ficam sobre ele, como no exercício anterior, mas a mão do abdome toca somente a ponta dos dedos na parede, adquirindo assim uma postura de sino[21]. Apesar desse olhar sobre si, o indivíduo deve conservar uma postura relativamente vertical. A flexão da cabeça e do pescoço necessária para observar a mão sobre o abdome não deve provocar o abaixamento do tórax.

---

[21] Alguns pensaram que essa mão de sino representava um porco-espinho (de cinco patas!), daí o nome do exercício! Depois de tudo, por que não?

Nessa postura, o indivíduo deve imaginar, em seguida, que seu abdome pode se encher de ar, inflando levemente. Deve imaginar esse abdome volumoso como um reservatório sem contentar-se em considerar apenas o deslocamento da parede abdominal.

O exercício comporta várias séries de três inspirações sucessivas. O indivíduo executa portanto três inspirações abdominais mais breves pela boca, seguidas cada uma por uma expiração passiva imediata que marque o retorno à posição de repouso do diafragma e da parede abdominal: "Tomo ar com meu abdome, depois deixo escapá-lo dele mesmo".

A cada inspiração, o abdome infla levemente, de fato, ao mesmo tempo que as últimas costelas se afastam lateralmente, alargando a base do tórax. O tórax, porém, não sobe; ao contrário, teria mais tendência a descer um pouco, como se fosse puxado para baixo no momento em que o abdômen infla[22].

Deve-se ter atenção para não desfazer essa reação do tórax arredondando as costas. Esta deve permanecer perfeitamente vertical.

Cada inspiração se traduz por um ruído aspiratório ("ff" ao inverso), cada expiração pelo ruído "ch". Este último é mais fraco e pode mesmo falhar. Somente o ruído aspiratório é bem marcado, pois corresponde ao tempo ativo.

Um tempo de retorno ao repouso de 1/2 a 2 segundos aproximadamente ocorre entre cada uma dessas três respirações.

Após cada série, o indivíduo faz uma pausa de alguns segundos para manter seu controle e verificar sua técnica.

O porco-espinho: o inverso do sagitário

No gráfico (Figura 3.9), vê-se que a curva correspondente à *respiração do porco-espinho* fica situada inteiramente acima da linha de equilíbrio respiratório, ao contrário da linha do *sopro do sagitário*. Estamos diante de dois seres bem diferentes. É assim que o sagitário age com suas flechas, ao passo que o porco-espinho se protege com seus espinhos.

Vê-se que essa curva tem uma forma de acento circunflexo, o que corresponde a uma inspiração inicialmente leve que aumenta rapidamente sob a ação macia e econômica do diafragma. Essa curva emenda depois, sem transição, na linha pontilhada da expiração. Isso corresponde à interrupção da ação do diafragma, resultando em uma expiração produzida pelo retorno passivo à posição de equilíbrio da parede abdominal. Em suma, não há tempo morto entre a inspiração e a expiração. É aí que reside a dificuldade do exercício. O paciente tende, de fato, a emendar na inspiração uma pausa respiratória, sendo esta seguida de uma expiração ativa. Ora, a expiração deve permanecer passiva neste caso: deve ser o resultado do retorno à posição inicial da parede abdominal quando esta pára de ser empurrada para fora pela ação do diafragma.

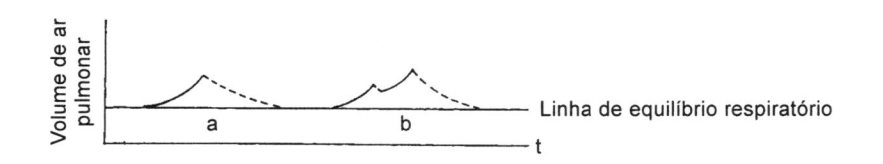

► Fig. 3.9

Curva espirográfica da respiração do porco-espinho (a) e do duplo porco espinho (b).

Para conseguir realizar esse exercício, é preciso evitar cuidadosamente relaxar a parede abdominal ao final da inspiração. Esta deve apresentar constantemen-

---

[22] Um fenômeno semelhante ocorre na inspiração do *sopro ritmado* (*dois-oito-quatro*).

te um certo tono. É esse estado tônico da parede abdominal que será o motor dessa expiração "passiva".

A *respiração do porco-espinho* é um exercício que consiste, pois, em realizar algumas séries de três breves contrações diafragmáticas e *nada mais*[23]. A dificuldade está justamente nesse "nada mais".

DUPLO PORCO-ESPINHO ② bis

Essa variante se traduz no gráfico por um duplo pico da curva respiratória. Isso significa que o indivíduo produz uma segunda inspiração antes que a curva expiratória una-se à linha de equilíbrio. Quando a expiração não é passiva, sua realização se torna impossível. Isso pode ser bem percebido pelo ouvido. Em caso satisfatório, escuta-se um ruído que significa: "Tomo, retomo", ainda que um pouco de ar escape brevemente entre as duas tomadas e principalmente depois destas. Caso contrário, têm-se: "Tomo, rejeito, Tomo, rejeito". Essa variante não deve ser utilizada prematuramente.

☞ SOPRO DO DRAGÃO ③

Com o dragão, a atenção se volta para o exterior, mas mantendo algo da interioridade do porco espinho. Esse exercício é, na verdade, uma síntese do sagitário e do porco-espinho. Se, aliás, colocamo-nos sob o ponto de vista bestial, notamos que, como o porco-espinho, o dragão apresenta, na forma de escamas pontudas, espinhos nas costas e que, como o sagitário, lança, ao invés de flechas, chamas, em seu papel assustador de poderoso guardião do tesouro escondido na caverna.

No *sopro do dragão*, mantém-se do sagitário, a postura vertical, o olhar fixo no barco imaginário e o dinamismo expiratório. Quanto ao porco espinho, fornece não exatamente um modelo, mas uma primeira forma do ato inspiratório que, no caso do dragão, adquire a significação da *força do sopro*.

Na prática, o indivíduo, sentado ou em pé, com as mãos colocadas como anteriormente, uma sobre o abdome e a outra sobre o tórax, concentra-se no barco à distância. Verifica (espiada no espelho) a sua postura, a de projeção vocal.

Após algumas respirações ou após um suspiro, o paciente faz uma pausa de ½ a 2 segundos, então toma o ar com o abdome, como o porco-espinho. O abdome infla levemente, as costelas se afastam, o tórax não sobe, um ruído aspiratório é produzido ("ff" ao inverso). O sopro segue imediatamente e esse sopro tem todas as características do *sopro do sagitário*. Progressivo, leve e repercutente, é substituído por um ruído ("ch") evocador: uma flecha que crava. O abdome se contrai levemente, bem como as últimas costelas. O tórax não abaixa; ao contrário, o esterno tende a se projetar um pouco para cima e para frente. Logo após a emissão do sopro, há, como no sagitário, um tempo de retorno ao repouso, com uma duração ainda de 1/2 a 2 segundos, durante o qual a parede abdominal volta à posição inicial. Porém, contrariamente ao que ocorre no sagitário, isso não se traduz (a princípio) por uma entrada de ar. O ar será inspirado no tempo seguinte, no impulso inspiratório.

É importante insistir nesse retorno ao repouso entre a emissão de dois sopros. No início, a tendência é de manter os músculos abdominais contraídos após o sopro. Nesse caso, deve-se relaxar essa tensão abdominal (sem, no entanto, perder a verticalidade) antes de realizar o sopro seguinte.

---

[23] Isso contradiz a afirmação, repetida com freqüência, a respeito da impossibilidade em realizar com comando a contração do difragma.

Como nos dois exercícios anteriores, o *sopro do dragão* é executado em séries de três. Entre as séries, o indivíduo verifica e controla. Caso necessário, utiliza o *suspiro do samurai* (cf. p. 152) para voltar à posição de projeção vocal.

No traçado (Figura 3.10), vê-se que a parte inspiratória da curva é calcada sobre a do porco espinho, enquanto a curva da expiração (sopro) é calcada sobre a do sagitário. Nota-se que esta curva está totalmente situada acima da linha de equilíbrio respiratório, exceto quando o sopro foi um pouco excessivo, necessitando a tomada de um pouco de ar para voltar a essa linha.

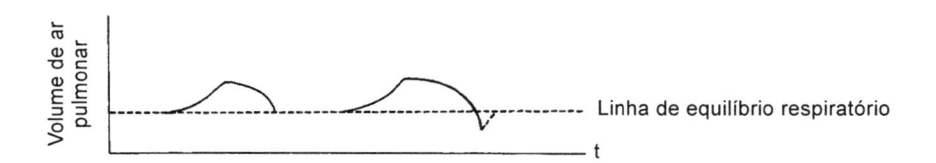

➤ **Fig. 3.10**
Curva espirográfica do sopro do dragão.

O sopro do dragão corresponde exatamente ao que acontece espontaneamente no plano respiratório em um apelo banal! ("Eh!").

SOPRO DA NAJA[24] ④

De brincadeira, pode-se dizer que a naja é um dragão comprido sem pata. Se tomada mais seriamente, é um animal presente em muitas mitologias. Representa a energia vital instintiva. Já fizemos alusão em outro momento a essa naja sagrada enrolada na coluna vertebral e que deve subir progressivamente por esta com o desenvolvimento espiritual da pessoa.

O exercício do sopro da naja é baseado no do dragão com a diferença de que é feito apenas um único sopro e não três em série e, por outro lado, a inspiração e sobretudo a expiração são prolongadas ao máximo. Desse modo, pode-se ter uma inspiração nasal preferencialmente de 5 a 10 segundos, seguida de um sopro de 10 a 15 segundos, ou mais (com treino).

Durante a inspiração, o indivíduo cuida – tem tempo para isso – para não subir o tórax. Pode imaginar que seu abdome se enche de ar como um bocal se enche d'água. Imagina o nível subindo e parando em seu máximo.

A expiração começa um segundo depois com uma dinamização clara da parede abdominal. A mesma dinamização (mais discreta talvez) que a do *impacto terminal* no *sopro do sagitário*. Aqui, no entanto, diferentemente do que ocorre no sagitário, essa dinamização persiste e cresce mesmo de forma progressiva para chegar a seu máximo ao final da emissão do sopro e mesmo um pouco além.

Durante todo o tempo que dura a emissão do sopro, o indivíduo toma bastante cuidado para não deixar abaixar seu tórax. Isso será mais fácil se estiver bem concentrado em seu barco à distância e se viver plenamente essa coluna de ar ascendente nele que o engrandece.

O ruído inspiratório pode ser bem ligeiro. Em compensação, o ruído expiratório torna-se cada vez mais intenso pela compressão da língua contra o palato ("chch", pronunciado como em alemão). O ideal é que esse ruído seja, até o fim, de intensidade crescente. De forma alguma, poderá esgotar-se ou diminuir ao final do percurso: pára de forma clara, com força total. Esmorecer não faz parte do espírito da naja!

---

[24] Esse exercício é também conhecido como *sopro da serpente*.

Esse exercício não deve ser realizado com muita freqüência, pois é cansativo. Seu objetivo é aumentar a proteção do indivíduo contra a intervenção intempestiva do comportamento da *voz de alerta*. De fato o indivíduo constata necessariamente, assim que começa a praticar esse exercício, quando chega aos 2/3 aproximadamente de sua expiração, que há uma flexão da parte superior de sua espinha torácica com projeção do rosto para frente, reproduzindo exatamente o comportamento da voz de alerta ou de insistência, isto é, o do esforço vocal. O problema para o indivíduo é então evitar, tanto quanto possível, essa quebra da verticalidade, interrompendo a emissão do sopro antes que ela se produza ou, pelo menos, a partir do momento em que se produz até que não se produza mais. O indivíduo toma consciência assim que é possível ir praticamente até o final do sopro, utilizando somente o sopro abdominal e sem precisar recorrer à flexão torácica, cujo significado fica então evidente[25].

O SOPRO DA NAJA ALADA ⑤

É uma variante do exercício anterior em que, com a ajuda das mãos colocadas sobre as costas, faz-se uma tração dos ombros para baixo e para trás, impedindo qualquer possibilidade de abaixamento torácico.

O indivíduo começa colocando suas mãos com as faces nas costas, dedos direcionados para baixo, cotovelos levemente flexionados. Cruza em seguida as mãos e mantém essa posição durante toda a inspiração. No momento da expiração – isto é, do sopro – tenta aproximar os cotovelos até tocá-los, se possível, e então, durante todo o tempo desse sopro, alonga progressivamente seus braços deslizando as mãos cruzadas para baixo, com os polegares flexionados mantendo o contato com a parte inferior das costas (os rins), depois com o sulco entre as nádegas, onde termina o percurso. Obtém-se, assim, um abaixamento das costas que impede a flexão da coluna vertebral e o abaixamento torácico. Esse exercício será muito útil em certos casos em que o indivíduo tem realmente dificuldade em controlar o mecanismo da voz de alerta.

O OLHO PEITORAL. OS TRÊS OLHARES: OCULAR, FACIAL E PEITORAL

Não se trata aqui de um exercício, mas de uma noção referente à postura corporal que permite um melhor controle na execução dos exercícios de sopro mencionados anteriormente. Não é evidente, de fato, observar sua própria forma de executar o exercício, mantendo um contato autêntico com um barco imaginário. O olhar sobre si tende a desnaturalizar a postura de projeção vocal, assim como olhar os pés desnaturaliza o ato de andar.

Pode-se vencer tal dificuldade com a ajuda do olho peitoral – olho situado na altura do manúbrio esternal. O olho peitoral não é um olho que vê, mas um olho que fala. Pode-se dizer que é um olhar.

Convém ao paciente servir-se da dissociação "olhar dos olhos/olhar do olho peitoral" para que possa observar-se a si mesmo enquanto executa um sopro sem desnaturalizar a postura de projeção vocal.

Ele começa por se voltar completamente para seu barco imaginário. Assim que obtém um bom grau de concentração, começa a virar lentamente o rosto (olhar

---

[25] A flexão torácica, na emissão vocal, manifesta e expressa, lembremos, o desconforto do indivíduo ou sua impotência em conduzir bem a ação iniciada por ele através da voz. Ela caracteriza o que chamamos de comportamento da *voz de alerta* ou de *insistência* ou de *descontentamento*, que, curiosamente, é também o do encantamento.

facial) para o espelho colocado, como propomos, a 3/4 em relação a ele. Em seguida, sem que sua cabeça se mova, pode voltar os olhos realmente para sua própria imagem, voltando depois ao barco e novamente a si mesmo. É possível, quando seus olhos estiverem voltados para sua imagem no espelho, continuar vivendo o ato de projeção como se a mensagem não fosse mais emitida por seus olhos, mas por seu olho peitoral. O indivíduo tem então todo o prazer em observar sua maneira de proceder, podendo retomar o contato ocular com o barco se este começar a desaparecer.

O olhar do olho peitoral

Sabe-se que os olhos não servem somente para ver, mas também para falar, para *dizer*. O olho peitoral também fala. Pode-se perceber sua existência e seu papel na seguinte historinha. Imagine que você esteja fazendo pessoas, a uma certa distância, fazer alguma coisa. Pensemos, por exemplo, que eles fixam uma bandeirola em sua direção. E você está em pé, à distância, orientando-os: "Mais alto! Aí! Puxe um pouco maios! Mais! Mais!". E enquanto você está ocupado com isso, alguém chega perto de você e lhe diz alguma coisa ao ouvido. Num primeiro momento, volta levemente o rosto – e momentaneamente, os olhos – para esta pessoa. Depois, o que esta pessoa lhe conta parece ser mais importante, ao menos naquele momento, do que sua bandeirola. Assim, num segundo momento, mas somente num segundo momento, você vira seu tórax para seu novo interlocutor. A partir daí, as pessoas que estão arrumando a bandeirola relaxam e sentem que, temporariamente talvez, você não está mais com elas. O tórax voltado para eles funcionava como um olhar indicando que a obra podia ser retomada em um quarto segundo. A alteração desse olhar peitoral instaura uma pausa na ação começada.

O SACA-ROLHAS ⑥

Esse exercício é conhecido também por *respiração sem ar, o salmão, o polichinelo, a caixa de botas, o destruidor de correntes*. Cada um desses nomes corresponde a um aspecto particular do exercício, nenhum deles convém ao conjunto.

No tipo de saca-rolhas em questão, duas alavancas sobem lateralmente quando se afunda a ponta helicoidal na rolha. Esta é então puxada abaixando-se as duas alavancas. No exercício, aciona-se lateralmente, sem respirar (ou quase) as últimas costelas. Constata-se que, quando as costelas se afastam, o esterno tende a descer, ao passo que, quando elas se aproximam, o esterno tende a subir, como a rolha retirada com saca-rolhas. Mas isso nem sempre é simples na medida em que há a tendência em criar dificuldades com esforços inúteis.

Se, agora, você pegar uma caixa de papelão, bastante profunda e quadrada (uma caixa de botas) e se, tendo retirado a tampa, você aproxima dois de seus ângulos em oposição diagonal, produz-se um afastamento dos dois outros ângulos, enquanto estes se aproximam quando você afasta os dois primeiros.

Suporemos que a abertura dessa caixa é virada para frente e que os dois ângulos que se manipula representam lateralmente a borda inferior da caixa torácica de cada costela na altura do busto. O terceiro ângulo representa a borda superior do esterno; e o quarto, que permanece fixo, o púbis. Trata-se de conseguir com que o ponto esternal desça quando as costelas se afastam e que suba quando as costelas se aproximam.

Para realizar o exercício, o indivíduo posiciona-se na frente do espelho e fixa seus polegares de cada lado à borda inferior do tórax. Pensa em dilatar a base de seu tórax em largura, como se quisesse, sem conseguir, tomar o ar com a parte inferior das costas (atenção para conservar uma postura vertical!). Pode pensar ainda nas guelras do salmão que asfixia ao final de seu percurso para a fonte do rio. Pode igualmente pensar que deve quebrar uma corrente ao redor da base de seu tórax ou que suas costelas aproximam-se umas das outras como um polichinelo do qual se puxa o fio.

Esse exercício é, no início, muito difícil de ser realizado. O indivíduo, como dissemos, encontra muitas dificuldades e seu esterno sobe ao mesmo tempo que suas costelas se afastam. É preciso dizer que esse movimento tem alguma coisa antinatural; mas, quando é bem realizado, significa a conquista absoluta da independência do movimento de alargamento costal (em alça de balde) em relação ao movimento de elevação costal (em bomba d'água). Quando é bem-adquirido, dá a impressão de facilidade extrema e de bem-estar total.

Esse exercício é muito útil no caso de o indivíduo executar o *sopro do sagitário* com muita violência, provocando a contração abdominal excessiva, no momento do sopro, o afastamento paradoxal das costelas do qual já falamos.

O CHIMPANZÉ ⑦

Esse exercício tem como objetivo facilitar o anterior. Seu nome provém da postura do chimpanzé que, como se sabe, é um animal não-vertical que flexiona os joelhos e mantém facilmente as costas arredondadas.

Assim, o indivíduo deve flexionar os joelhos, bascular o máximo possível sua bacia para trás, disfarçando as nádegas. Depois, contraindo seu abdome, levar os ombros para frente graças a um movimento de rotação em hélice dos braços levando as palmas das mãos a virar de trás para fora e mesmo para frente. Busca paralelamente arredondar as costas ao máximo, levantando a cabeça. Nessa postura, na qual deve manter-se por 1 ou 2 minutos no mínimo, o indivíduo presta atenção na parte mais baixa e mais posterior de seu tórax e tenta respirar somente por ali. Isso é facilitado pela concentração enérgica de todo lado anterior do corpo.

A FENDA ⑧

Esse exercício tem o mesmo objetivo do anterior. O domínio do afastamento costal é importante, de fato, tanto quanto o domínio do sopro abdominal.

O indivíduo, vertical, pernas bem-afastadas, coloca sua mão esquerda na base do tórax do mesmo lado, polegar de preferência para frente. Sem virar o corpo, que deve permanecer de frente, flexiona levemente a perna direita, levando o joelho para fora até que possa apoiar sua mão direita, com o braço estendido, em sua coxa, bem acima do joelho. O peso de seu corpo repousa assim no joelho direito, como se o braço fosse uma coluna. Essa postura imobiliza todo o lado direito do corpo. Com sua mão esquerda colocada lateralmente cobre o tórax, o indivíduo pode então tomar consciência do movimento de afastamento costal em cada inspiração e exercitar-se para acentuar mais ou menos esse movimento.

Essa posição deve ser mantida, como a anterior, por um ou dois minutos no mínimo, depois, o exercício é praticado simetricamente pelo outro lado.

O CATA-VENTO ⑨

Esse exercício é, de fato, uma variante do sopro do dragão, com a diferença de que o sopro será emitido não apenas para frente, mas sucessivamente nas cinco seguintes direções: à direita, na diagonal direita, para frente, na diagonal esquerda e à esquerda, repetindo depois em sentido contrário. O corpo, no entanto, permanece voltado sempre para frente e a postura, perfeitamente vertical. Esse exercício não será praticado antes que o indivíduo já tenha sido iniciado aos exercícios de verticalidade aos quais se assemelha e que descreveremos no subcapítulo seguinte.

Nesse exercício, o indivíduo terá bastante atenção para tomar o impulso do sopro apenas uma vez, instalado seu olhar na direção desejada. A tendência geral é, com efeito, inicialmente, tomar ar ao mesmo tempo em que a cabeça vira. Nessas condições, é certo que o indivíduo não teve realmente contato com o barco-alvo antes de dar início ao envio da mensagem.

Encontramos aqui a idéia de integrar os exercícios 1, 3, 4, 5 e 9 no contexto do comportamento de projeção vocal, vivido de forma autêntica. É assim somente que eles têm o máximo de eficácia, permitindo que se reinicie automática e espontaneamente o uso do sopro abdominal a cada vez que, em sua vida, o indivíduo se deparar com uma situação que exige de sua parte a emissão da voz projetada.

Assim, fora do contexto de treino, salvo exceção, nenhum esforço sistemático de atenção ao sopro será necessário por parte do paciente. A reconquista da automatização do ato respiratório normal passará inconscientemente no uso quotidiano de sua voz.

O CANUDO

Não poderíamos terminar esse capítulo dedicado ao sopro fonatório sem dizer nada a respeito da técnica do canudo descrita por B. Amy de la Bretèque.

Essa técnica propõe a familiarização com a mecânica do sopro por meio de um canudo de pequeno calibre, preso solidamente entre os lábios. A concavidade da mão, a cinco centímetros aproximadamente da extremidade desse canudo, permite sentir, na forma de uma "pequena bola de ar", o sopro emitido com firmeza, mas sem violência, por breves seqüências sucessivas de alguns segundos.

A resistência criada pelo pequeno diâmetro do canudo facilita o controle do sopro e a identificação da sensação da coluna de ar, conhecida pelos cantores, que verticaliza o corpo. Essa ação do sopro na concavidade da mão por intermédio do canudo coloca o indivíduo, na verdade, na situação de projeção vocal, isto é, na certeza de agir com eficácia, o que facilita a realização do sopro abdominal e o soerguimento do corpo.

Muitos exercícios podem ser realizados a partir do canudo que se pode pegar ou através do qual se pode emitir sons, exercícios descritos nas obras de B. Amy de la Bretèque, às quais remetemos o leitor.

LEITURAS SUGERIDAS

AMY DE LA BRETÈQUE B. *L'dquilibre et le rayonnement de la voix.* Marseille : Solal, 1997.
FAURE MA. Dynamique respiratoire et qualité acoustiques de la voix. *Bull Audiophonol* 1988 ; 4, 1-2 : 95-104.
GOULD WJ, OKAMURA H. Respiratory training of singer. *Folia Phoniatrica* 1974 ; 26 : 275-286.
LE HUCHE F. Pédagogie du souffle phonatoire. *J Fr ORL* 1968 ; 17, 3 : 247-254.
LE HUCHE F. Le souffle phonatoire normal et pathologique. *Bull Audiophonol* 1986 ; 2: 143-170.
MANDL L. *Hygiène de la voix.* Paris: Baillières, 1876.
TARNEAUD J, BOREL-MAISONNY. *Traité de phonologie et de phoniatrie.* Paris: Maloine, 1941: 344 ; 1961 : 27.

PEDAGOGIA DA VERTICALIDADE

"Atualmente, na pesquisa foniátrica, há uma tendência muito forte em isolar o funcionamento laríngeo do comportamento global do indivíduo" (F. Le Huche). Essas propostas que observamos em outubro de 1967, no XXVI Congresso da Sociedade Francesa de Foniatria, permanecem ainda infelizmente atuais. Os estudos referentes à mecânica laríngea e à acústica vocal proliferam. Mais raros, e isso é realmente lamentável, são os estudos referentes ao sopro fonatório e à postura física e mental do indivíduo no momento da fonação no contexto de seu comportamento global, mais difícil, é bem verdade, de se abordar[26].

O comportamento global, no entanto, é para nós fundamental na medida em que as dificuldades vocais, quaisquer que sejam, tendem sempre a alterar o comportamento de *projeção vocal*. A falta de certeza de ser, sem esforço, vocalmente eficaz tende naturalmente a orientar o ato fonatório para o comportamento de insistência (ou de alerta), em que o *sopro fonatório* se torna *vertebral* com flexão da parte alta da espinha dorsal, abaixamento consecutivo do tórax e projeção do rosto para frente. Os olhares ocular e facial permanecem, nesse caso, bem-orientados para frente, mas o olhar peitoral, em compensação, cai (cf. p. 146). A perda de verticalidade é assim um componente fundamental do comportamento de esforço vocal.

Descreveremos sete exercícios cujo objetivo é permitir ao paciente tomar consciência, primeiro, dessa perda de verticalidade, segundo, através do treino, fazer com que esse componente importante da postura de projeção vocal volte espontaneamente para seu lugar normal. Antes disso, porém, é interessante nos perguntarmos o que é preciso saber exatamente a respeito do termo verticalidade.

A verticalidade é, em primeiro lugar, uma característica reconhecida no homem como sendo o que o diferencia das espécies animais vizinhas. "O homem é um animal vertical". Pode-se inclusive fazer um paralelo entre o desenvolvimento na criança da postura vertical e da fala[27].

A verticalidade é, em segundo lugar, uma característica que diferencia um indivíduo do outro. Classifica-se um indivíduo conforme uma das três categorias seguintes:

– ele não fica reto, é curvado, sua postura é mole, ele tem um "habitus astênico" (Figura 3.11);
– ele é duro, duro como um bastão, ele engoliu um guarda-chuva, é tenso, tem uma postura rígida (Figura 3.12);
– ele é tranqüilo, tem uma boa postura, confortável, é seguro de si, não tem problema de verticalidade (Figura 3.13).

Esses três tipos de posturas são bem familiares. O habitus astênico responde a um certo número de características que, de baixo para cima e atingindo seu máximo, são as seguintes:

Pés para dentro/apoio freqüente sobre apenas uma perna/lordose/saliência do abdome/cifose dorsal/peito para dentro/ombros para frente/pescoço estendido para frente/boca entreaberta/rosto inexpressivo.

A *rigidez* caracteriza-se essencialmente por uma limitação da amplitude dos movimentos do corpo, apresentando especialmente um bloqueio da cabeça e do pescoço, dos ombros e do tórax.

A *postura vertical correta* resulta do fato de que a bacia está no lugar (não basculada) e a coluna vertebral desempenha com perfeição o seu papel de sustentação, deixando uma total liberdade de movimento aos membros, evidentemente,

▶ Fig. 3.11
Habitus astênico.

---

[26] Destaquemos um estudo que está sendo desenvolvido atualmente sobre esse assunto no trabalho do Professor Giovani, em Marseille.
[27] Pr Seemann, Congresso Internacional de Logopedia e de Foniatria, 1965.

mas sobretudo à cabeça, ao pescoço e ao tórax. Os ombros estão "repousados". Pode-se dizer que se trata de um indivíduo que é reto, mantendo-se descontraído. Essa postura dá uma impressão de estabilidade. Para o zen-budista, essa impressão resulta do fato de que seu centro de gravidade está situado no *hara* (isto é, no meio do abdome).

Apesar desses dados de ordem física, a verticalidade da postura não é exatamente de natureza geométrica e não poderia ser obtida por alinhamento sobre o fio de prumo. Essa verticalidade é, na verdade, uma impressão muito subjetiva. É a tradução física de uma postura mental particular que corresponde, entre outras coisas, à intenção de agir deliberadamente e sem demora em um contexto de autonomia e de segurança indiscutível. A postura de agir, a facilidade na ação conferem assim ao indivíduo o hábito de ficar ereto naturalmente. Isso explica a ineficácia do "Fique reto!", lembrando ao indivíduo a ausência dessa indiscutível segurança. Essa ordem que pesa sobre seus ombros de forma mais penosa é, evidentemente, incapaz de lhe dar tal segurança.

Quanto ao "pôr-se em sentido", isso não é feito precisamente para bloquear em uma verticalidade fixa a autonomia do indivíduo, visando, pois, à ação coletiva?

Os exercícios que indicamos não se limitam a uma concepção geométrica da verticalidade. Integram a noção de verticalidade em um comportamento que deve ser vivido autenticamente no mesmo espírito apresentado na prática do sopro. Dando toda a importância merecida aos três olhares que caracterizam a postura de projeção vocal, os dois primeiros exercícios (a *esfinge* e o *suspiro do samurai*) podem ser executados perfeitamente sentados ainda que não se possa apoiar as costas no eventual encosto. Tentar-se-á determinar, nesse momento, como a bacia pode bascular levemente para frente, para trás e mesmo lateralmente (levantando um pouco uma nádega depois a outra), sem alterar a postura vertical do tronco. Tal exercício explora, assim, um tipo de *área de equilíbrio* delimitada pelas possibilidades que a bacia tem de se mover (como a de um cavaleiro), permitindo ao indivíduo ficar ereto. Os demais exercícios exigem que se fique em pé.

☞ A ESFINGE

O nome desse exercício provém do fato de que a esfinge é um animal fabuloso, enigmático, frio e imóvel, que diz "não" implacavelmente quando a resposta está errada.

O indivíduo, frente ao espelho, tão vertical quanto possível, mas sem rigidez, verifica se o eixo de seu corpo e o eixo de sua cabeça estão bem alinhados. Depois, olhando-se nos olhos, vira o rosto (seu olhar facial) levemente para a direita, depois volta ao centro, virando-o em seguida para a esquerda, voltando ao centro novamente e assim sucessivamente duas ou três vezes.

A instrução do exercício é portanto a seguinte:

Olhar ocular mantido para frente
Rosto (olhar facial): à direita/à frente/à esquerda/à frente...

Cada movimento do rosto deve ser mantido por um segundo, eventualmente quatro ou cinco ou mais, caso necessário. No entanto, a passagem de uma postura para outra deve ser realizada de uma forma segura e sem lentidão.

A cada pausa, o indivíduo verifica:

– se seu olhar ocular permaneceu para frente e não seguiu o rosto, deslocando-se;
– se os ombros não viraram (nem o resto do corpo) devido a um movimento exagerado do rosto;

➤ **Fig. 3.12**
Rigidez.

➤ **Fig. 3.13**
Verticalidade.

– se o eixo do corpo e o eixo da cabeça estão sempre em alinhamento, ou seja, se a cabeça virou bem em torno de seu eixo vertical.

Freqüentemente, nas primeiras vezes, nota-se ou uma inclinação da cabeça sobre o ombro, ou um deslocamento da face para frente.

O indivíduo deve se ajudar, na determinação da postura, pela evocação do *vivido psicológico* que corresponde a cada uma dessas posições:

– "olhar para frente-rosto para frente" no contexto de uma posição vertical geral (olhar peitoral em ação, bacia não basculada) significa "o que está diante de mim me interessa e me ocupo com isso de modo eficaz".

– "olhar para frente-rosto de lado" significa "o que está diante de mim me interessa, mas eu não quero me ocupar com isso agora: não é problema meu e não quero ter nenhuma responsabilidade".

O sujeito é convidado então a passar alternativamente do sistema de localização física (coincidência dos eixos) ao sistema de localização psicológica (autenticidade do vivido da postura). O exercício é dominado de fato somente quando essa coincidência entre os dados físicos e os dados psicológicos é percebida com evidência pelo indivíduo. As duas posturas (de face, de lado) são então realmente apreendidas, familiares, tornando-se assim naturais e, ao mesmo tempo, conscientes.

Quanto aos erros de postura, notar-se-á que, quando a cabeça se inclina, passa-se para a postura de solicitação ("me dá"). O avanço da face na postura de lado corresponde a uma intenção de fuga "algo vai mal, é melhor esquivar-me".

A prática desse exercício facilita muito a do *sopro do sagitário* que, por sua vez, necessita como dissemos de uma atenção ao que está na frente, isto é, ao barco imaginário no mar.

☞ O SUSPIRO DO SAMURAI

Esse exercício é também chamado *elevador torácico*. Mencionamos várias vezes esse exercício importante que se intercala bem na prática dos exercícios de sopro para "reposicionar-se" após algumas tentativas.

Seu nome é inspirado nos combates de sabre, tal como se pôde admirar em vários filmes japoneses dos anos 60. Nesses filmes, durante certos duelos, instaura-se uma pausa em que os dois adversários ficam imobilizados; de repente, sabres levantados e percebe-se que a retomada do combate será fatal para um dos dois. Nessa pausa trágica, a respiração deve ser garantida, pois isso pode demorar. Porém o combatente não deve modificar sua movimentação dinâmica nem diminuir seu potencial de ação: trata-se de *recuperar o fôlego sem largar da mão*. Constata-se que isso é obtido por meio de uma respiração torácica superior.

Na prática, o exercício consiste em realizar uma inspiração ativa, de preferência nasal, por meio exclusivamente de uma elevação torácica (movimento costal "em bomba d'água") seguida imediatamente por uma expiração passiva realizada por um retorno do tórax à sua posição inicial.

Nesse exercício, o indivíduo deve evitar recorrer ao movimento de afastamento costal (movimento costal "em alça de balde") e sobretudo ao movimento de extensão da coluna vertebral. A respeito desse último ponto, isso consiste em dissociar o aparelho costal (móvel) do aparelho vertebral (fixo), adquirindo de alguma forma o domínio da *independência costovertebral* indispensável à boa realização do sopro.

Para que o indivíduo compreenda bem o problema, pode-se desenhar para ele um esquema do corpo (Figura 3.14), distinguindo o que na postura vertical deve permanecer fixo (a estrutura) do que pode ser movimentado em uma respiração que não altere a verticalidade da postura.

Nesse esquema, a bacia é representada por uma plataforma espessa de madeira, as pernas por pedaços de postes e os pés como pedras pesadas de beira de calçada. Assim é representada uma base sólida. A coluna vertebral é uma haste de aço ereta, mas flexível e aparafusada na plataforma de madeira (bacia). Ao final dessa haste, uma esfera móvel segundo o eixo vertical: a cabeça. Os órgãos assim descritos constituem a estrutura do indivíduo na postura vertical. A essa estrutura, e mais precisamente à haste vertebral, vêm se fixar os órgãos móveis que são:
– as costelas, unidas na frente pelo esterno, preso aos ombros pelas clavículas;
– os braços presos aos ombros;
– os ombros, unidos por um fio que passa por trás da haste vertebral sem se prender a ela.

O problema consiste em liberar os órgãos móveis em relação aos órgãos fixos, o que se traduz na prática pela aquisição de conforto na postura vertical.

Para realizar esse exercício, o indivíduo se posiciona frente ao espelho e executa uma série de suspiros mais ou menos volumosos, mais ou menos espaçados, pensando que deve mover seu tórax como um elevador que sobe, e depois desce tranqüilamente.

Verifica:
– se suas costelas não se afastam na inspiração;
– se suas costas e seu rosto permanecem perfeitamente verticais durante esse mesmo tempo e se não há nenhuma tendência em curvar as costas nem levar o queixo para frente;
– se são os ombros que estão conduzindo o movimento ou se eles só levantam quando há elevação do tórax;
– se na expiração, estando as costas eretas, não há abaixamento torácico nem oscilação do eixo vertebral. Esse abaixamento é feito lentamente e, estando bem posicionado o olho peitoral, o resultado é uma impressão de crescimento e de ar descontraído.

Uma outra forma de controlar a boa execução do exercício consiste em pedir ao paciente que se imagine uma marionete com cabeça de papelão presa na ponta de um cabo de vassoura que funcione como uma coluna vertebral. Seu tórax é um cilindro feito com *bristol* (uma espécie de papel para cartão) que, graças aos fios comandados pelo marionetista, pode deslizar em torno do cabo de vassoura, subindo no momento da inspiração e descendo no momento da expiração; os braços são fixos lateralmente na borda superior do cilindro.

O indivíduo é solicitado para controlar que, na inspiração, a subida do cilindro não modifique a posição da cabeça: o queixo não sobe, o pescoço permanece perfeitamente imóvel (o cabo de vassoura não é de borracha). Deve verificar ainda se os ombros sobem na inspiração devido à subida do tórax! Na expiração, verifica se, estando as costas eretas, não há abaixamento torácico nem oscilação do eixo vertebral.

Paralelamente a esse controle puramente físico de sua mecânica corporal, o indivíduo deve se perguntar se esse movimento pode ser vivido realmente por ele como o ato de tomada de hábito. Acabará então por distinguir esse suspiro do suspiro de alívio que significa o fim de um trabalho ou de um problema e que implica o mecanismo de extensão-flexão da coluna vertebral.

Esse *suspiro do samurai* é, na verdade, um ato bastante comum. É um gesto feito espontaneamente quando, ao discutir um pouco mais fortemente com alguém, você não encontra argumentos embora tenha a certeza de estar certo. Esse suspiro significa: "Deixemos por isso mesmo agora, mas um dia conseguirei me fazer entender e veremos então quem é que tem razão".

Se então você acrescenta a seu suspiro uma expiração ativa um pouco forçada e barulhenta sem perder nada de verticalidade, você expressa vontade

——— Estrutura
------ Partes móveis

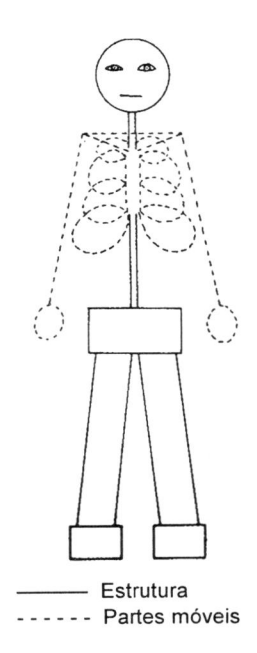

▶ Fig. 3.14
Esquema da postura de projeção vocal.

impotente. Esse ato acompanhado por uma trepidação elétrica da cabeça e por um fechamento dos pontos é um dos mecanismos cômicos dentre os mais eficazes de Louis de Funès.

Como ocorre com a maioria dos exercícios de verticalidade, o indivíduo pode se observar ao espelho colocado a três quartos dele, tentando fazer o exercício alternadamente como um movimento corporal a ser aperfeiçoado ou como uma postura psicológica particular (tomar como hábito) para se viver de forma autêntica.

O *suspiro do samurai* é associado com êxito ao exercício da *esfinge*. Nesse caso, deve ser executado (mas de uma forma nem sistemática nem regular) durante as pausas, ou com o rosto para frente ou com o rosto de lado. Após o suspiro, recomeça-se a rotação da cabeça *sem pressa*.

A ÂNFORA

É um exercício de rotação como *a esfinge*, mas nesse caso é o corpo que gira enquanto o rosto e o olhar permanecem fixos para frente.

O indivíduo vertical, diante do espelho, começa colocando as palmas das mãos lateralmente sobre as coxas, os dedos ficam alongados para baixo "sobre a costura da calça". Os braços ficam levemente flexionados e os cotovelos puxados para frente como alças de uma ânfora. Os pés ficam unidos.

Mantendo o olhar e o rosto para frente, o indivíduo gira seu corpo, de uma só vez (como se estivesse petrificado), levemente para a direita, e volta para frente; gira então levemente para a esquerda, voltando à posição inicial novamente e assim por duas ou três vezes.

A instrução do exercício é a seguinte:

Rosto e olhar para frente
Corpo: à direita/de frente/à esquerda/de frente...

Cada movimento do corpo deve ser mantido por um segundo, às vezes, até 4 ou 5 segundos, caso necessário. A passagem de uma posição para a outra deve ser, em compensação, bastante breve.

A cada parada, o indivíduo verifica:
– se a cabeça não virou junto com o corpo e somente o olhar permaneceu para frente;
– se o corpo virou bem em bloco (o quadril e os ombros devem virar juntos e permanecer constantemente num mesmo plano: a ânfora não é de borracha); isso só é possível se o movimento for moderado;
– se o corpo permaneceu em seu eixo e se não adquiriu uma postura curvada (corcunda).

Quando o indivíduo tem dificuldade em realizar corretamente o exercício, pode-se instruir-lhe para que faça um pouco mais devagar e para que corrija pacientemente cada postura, prolongando o quanto for necessário o tempo de parada. Ao contrário, pode-se também instruir-lhe para que execute oscilações bem rápidas do corpo, trabalhando a partir dos joelhos. Dessa forma, é muito mais fácil manter a cabeça voltada para frente. Depois, volta a executar mais lentamente, o que exige um maior controle.

O BALANÇO

É um exercício de mudança de peso lateral.

Diante do espelho, o paciente, com as pernas um pouco afastadas, desloca devagar seu corpo lateralmente até que todo peso seja suportado somente pela perna direita. Durante essa transição, deve esforçar-se para manter o eixo do corpo perfeitamente vertical. Marca um tempo de parada na posição lateral e, durante alguns segundos, deve conseguir tirar o pé esquerdo do chão sem perder o equilíbrio. Depois, volta à sua posição inicial.

O exercício deve ser executado em seguida com a perna esquerda e repetido duas ou três vezes (ou mais).

O "JOÃO-BOBO"

Esse exercício é semelhante ao anterior, mas aqui o corpo permanece como uma peça só, inclinando-se obliquamente à direita e à esquerda.

De frente, pernas um pouco afastadas, o indivíduo inclina-se para a direita alongando levemente a ponta do pé esquerdo até que todo peso do corpo esteja sobre a perna direita a ponto de poder levantar o pé esquerdo sem perder o equilíbrio durante, se possível, alguns segundos, voltando depois à posição inicial.

Contrariamente ao que ocorre no exercício anterior, o eixo do corpo se inclina para a direita (ou para a esquerda).

O exercício deve ser executado, para a direita e para a esquerda, duas ou três vezes.

O SOLDADO DE MADEIRA

Esse exercício é também chamado *a tábua*. Inicia-se com o indivíduo em pé, pés unidos, braços estendidos ao longo do corpo, palma das mãos coladas lateralmente sobre as coxas ou viradas para frente na posição de sentido.

Nessa posição, o indivíduo inclina levemente seu corpo para frente, utilizando somente a flexão (pequena) do pé na altura do tornozelo e esforçando-se para manter uma postura tão rígida quanto possível. Passa assim seu peso para frente de seus pés o máximo que conseguir mas sem perder o equilíbrio, nem alterar a postura do corpo. Este não deve particularmente "quebrar" na altura da cintura, nem na articulação das coxas. Mantém essa posição por um segundo ou mais, voltando em seguida à posição inicial.

Executa depois o movimento para trás, passando o peso de seu corpo para os calcanhares, observando as mesmas instruções. Estas, por sua vez, só podem ser cumpridas se o movimento for mínimo.

Aqui também o exercício pode ser repetido várias vezes.

A CRAVEIRA

Esse exercício é também chamado *o goteira*.

Os três exercícios anteriores são fáceis e são sobretudo divertidos. Este é mais difícil e mais interessante. Permite corrigir freqüentemente um sério problema: o do domínio do movimento de báscula da bacia, indispensável ao domínio da verticalidade.

Para realizar esse exercício, o paciente encosta-se contra o ângulo saliente de uma parede, a aresta de um móvel ou a dobradiça de uma porta de tal modo que seus calcanhares e sua coluna vertebral estejam em contato com esse ângulo. Tenta então obter o contato mais completo possível entre as vértebras e o ângulo. Verifica com a mão se há espaço (não deve haver) na altura dos rins, devendo este reduzir-se à nuca. Os joelhos devem estar estendidos, o abdome para dentro, o peito para fora e o queixo para baixo.

Trata-se evidentemente de uma posição exaustiva que não deve durar mais de alguns segundos. Para obter o contato na altura dos rins, o indivíduo deve fazer como se quisesse "colocar as nádegas para baixo de seu tronco".

Às vezes, o indivíduo posiciona bem sua bacia, mas ao mesmo tempo arredonda as costas com abaixamento torácico e perda de contato da cabeça com o ângulo; às vezes, ainda, ao invés de fazer o movimento de báscula com a bacia, faz grandes esforços inúteis na altura do tórax em sua incapacidade de mover corretamente a região lombar.

A prática desse exercício permite ao indivíduo aprender progressivamente a movimentar sua bacia independentemente de qualquer esforço torácico. Ora, com freqüência, a dificuldade em corrigir um movimento de báscula da bacia prejudica consideravelmente o paciente no controle da verticalidade e do sopro abdominal.

☞ EXERCÍCIO DAS CINCO CHARNEIRAS[28]

Pode-se distinguir cinco etapas possíveis para passar da posição vertical à posição de flexão anterior máxima do corpo. A passagem de uma etapa à outra corresponde a uma posição precisa e bem definida tanto no plano físico quanto no plano do vivido psicológico. Cada uma dessas posições resulta da realização de um grau suplementar de flexão, como se se tratasse de cinco charneiras movendo-se uma após a outra (Figura 3.15).

A primeira dessas "charneiras" corresponde à junção da cabeça e do pescoço; a segunda, fica entre o pescoço e o tórax; a terceira, no meio das costas (terceira ou quarta vértebra dorsal); a quarta, no tronco; e a quinta, por fim, na articulação do quadril.

O exercício consiste em conhecer as diferentes posições de flexão e em adotar sucessivamente cada uma delas, permanecendo um certo tempo (de 3 a 20 segundos ou mais) para senti-la bem e vivê-la.

■ **Charneira 1: Posição de reflexão**

O indivíduo começa por assumir, sem rigidez, uma postura tão vertical quanto possível, depois pende a cabeça cuidando para não modificar, ou modificar o míni-

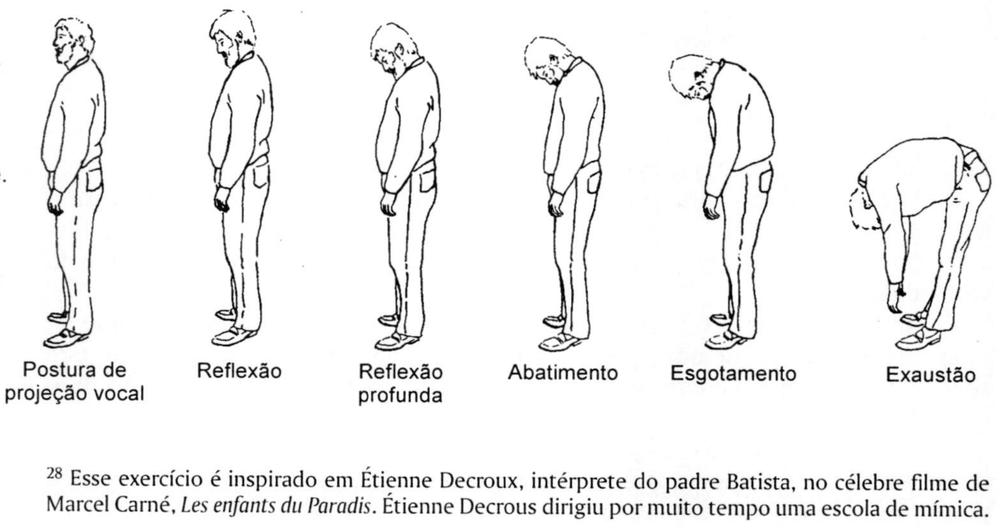

➤ **Fig. 3.15**

Exercício das cinco charneiras.

Estes seis desenhos foram feitos a partir de fotografias de um indivíduo que realizava o exercício já de forma conveniente. Notar-se-á, porém, nas quatro primeiras posturas, uma pequena falta de verticalidade que resulta em um leve excesso de curvatura do alto das costas e em um avanço das mãos (bem como do rosto, na primeira postura).

Postura de projeção vocal — Reflexão — Reflexão profunda — Abatimento — Esgotamento — Exaustão

---

[28] Esse exercício é inspirado em Étienne Decroux, intérprete do padre Batista, no célebre filme de Marcel Carné, *Les enfants du Paradis*. Étienne Decrous dirigiu por muito tempo uma escola de mímica.

mo possível, a posição do pescoço. O olhar não estará voltado mais "para frente", mas para o chão a 2 ou 3 metros aproximadamente.

O paciente deve inspirar-se no vivido correspondente a essa posição que pode ser descrita como postura de reflexão. É a postura que se fica espontaneamente quando um detalhe qualquer nos toma a atenção e impõe ao indivíduo a tarefa de encontrar uma solução rapidamente. Para o mecânico, isso poderia se traduzir por: "Ah! É preciso encontrar a chave 15".

■ Charneira 2: Posição de reflexão profunda

O indivíduo pende em seguida o pescoço. Essa flexão acompanha a da cabeça, mas o indivíduo deve tomar cuidado para que o tórax não seja levado junto: seu peito permanece "no lugar" e suas costas eretas. O olhar cai sobre os pés.

O paciente busca inspiração, como na posição anterior e como nas seguintes, no vivido correspondente a esta, que pode ser descrita como postura de reflexão profunda, de meditação, de questionamento. É a postura que se adota espontaneamente quando se toma consciência da ineficácia dos esforços que se acaba de empreender e da necessidade de mudar radicalmente seus planos. Para o mecânico, seria: "Bom! Não conseguirei encontrá-la assim sozinho, verei isso amanhã de manhã com Gegê."

■ Charneira 3: Posição de abatimento

O indivíduo pende então as costas que se curvam, enquanto o peito cai, cuidando no entanto em manter a posição do tronco. Ao mesmo tempo, a cabeça e o pescoço descem um grau.

O vivido correspondente pode ser descrito como postura de abatimento. São as forças morais agora que faltam ao indivíduo para fazer qualquer coisa que seja. É a desolação.

É Perette que compreende sua desventura, contemplando tristemente a seus pés os cacos de seu pote de leite quebrado e todo leite esparramado. Para o mecânico, seria: "M... estraguei a peça! Vou levar a maior bronca do ano e isso se não for mandado embora."

■ Charneira 4: Posição de esgotamento

O indivíduo pende depois seu tronco. Toma cuidado para não levar ao mesmo tempo o pescoço e a cabeça que devem continuar caídos. Os braços, dessa vez, acompanhem verticalmente o corpo, na frente do plano da bacia que permanece vertical.

O indivíduo pode efetuar algumas oscilações para a direita e a esquerda a fim de garantir a descontração de toda parte pendida do corpo "quebrado" na cintura. O equilíbrio deve ser mantido, repousando o peso do corpo tanto nos calcanhares quanto na planta dos pés. Os glúteos não devem estar contraídos, o que é perfeitamente possível se a bacia está bem no lugar.

Essa posição é a do esgotamento. Dessa vez, são as forças físicas que faltam ao indivíduo para agir. Este conservou somente a possibilidade de se manter firmemente sobre seus joelhos. É a posição do homem abatido, e o mecânico acrescentaria: "E além disso, completamente destruído! Estou no chão!"

■ Charneira 5: Posição de exaustão

O indivíduo pende, por fim, sua bacia, largando todo seu corpo que pende em direção às pernas. Os joelhos permanecem estirados, os braços pendem até o chão.

O indivíduo deve evitar completamente forçar a posição para tocar o chão com as mãos quando estas não o atingem naturalmente. Deve deixar somente o peso do corpo agir. O pescoço permanece descontraído, a cabeça pende.

Essa posição corresponde à exaustão. Tem-se a impressão então que bastaria um toque com uma mão sobre o corpo, em qualquer direção, para que este se enterrasse no solo.

■ Retorno

O exercício não termina aí e o indivíduo deve agora voltar à posição inicial, passando por cada uma das posições que acaba de experimentar. Passa, assim, sucessivamente pelas posições de esgotamento, de abatimento, de reflexão profunda, de reflexão simples. Verifica a correção de cada uma dessas posições sucessivas, tanto no plano físico quanto no plano do vivido psicológico correspondente, para chegar, finalmente, à posição de projeção vocal.

Um bom critério é a possibilidade de manter-se eventualmente em cada posição por mais de um minuto sem sentir a menor impressão de esforço, sem a mínima contração local e partindo sem o menor cansaço.

Normalmente, é o retorno que demanda uma atenção mais fina. Quando, porém, cada posição foi corretamente trabalhada, a recuperação da verticalidade terminal é um momento particularmente eufórico.

Esse exercício das cinco charneiras pode ser executado também sentado. Nesse caso, o indivíduo deverá, inicialmente, sentar-se somente no terço anterior da cadeira.

Para passar da posição de abatimento à de esgotamento, basta fazer um movimento de báscula com o quadril para trás; para passar à posição de exaustão, deve (podendo perder o equilíbrio) colocar os pés na frente, a uma certa distância da cadeira, e deixar cair os ombros e a cabeça entre os joelhos afastados.

Para concluir esse subcapítulo dedicado à verticalidade, acrescentaremos que certos exercícios de sopro, tais como o *sagitário, o dragão e o da naja* poderiam integrar também uma pedagogia da verticalidade. Esta deve ser compreendida, lembremos, como um dos elementos do comportamento de projeção vocal que a reeducação tem como objetivo reestruturar. É na medida em que a *verticalização* é associada durante o tratamento ao *sopro abdominal*, ao *olhar* direcionado a um destinatário (o barco) e à *intenção de agir* que se pode esperar que o paciente recupere uma realização correta e *automática* do comportamento de projeção vocal cada vez que surgir necessidade.

A prática regular dos exercícios de verticalidade não é indispensável a todos os pacientes. Para alguns, sua execução é imediatamente satisfatória, não sendo necessário, pois, perder muito tempo com isso. Para outros, porém, tais exercícios constituem uma etapa importante do tratamento.

A experiência mostra, de qualquer forma, que esses exercícios facilitam muito a boa execução dos exercícios de sopro e preparam de maneira eficaz à prática dos exercícios vocais. Eles contribuem fortemente à recuperação dos reflexos da postura de projeção de vocal a cada situação na vida que isso se impõe.

LEITURAS SUGERIDAS

GAGET PM, WEBER B. *Posturologie*. Masson, 1999.
GENEVÉE-LACHARME M, DEMEULEMEESTER-ARNOULD N. *Intérêt de la posturologie dans l'etude de la raucité vocale infantile*. Paris: Mémoire d'orthophonie, 1987.
GULDNER O. *Le maintien. Incidence sur la voix et l'expression*. Paris: Mémoire d'orthophonie, 1979.
LE HUCHE F. Souffle phonatoire et maintien. *Journal de kinésithérapie* 1962.
LE HUCHE F. Pédagogic de la verticalité. *J Fr ORL* 1967 ; 17 : 131-133.

PEDAGOGIA VOCAL

O aprendizado e a prática dos exercícios vocais correspondem à última etapa da reeducação. Sua prática não significa, porém, que as etapas anteriores tenham sido superadas. Ao contrário, domínio muscular, precisão do ato respiratório, correção da postura serão ainda aqui objeto de uma preocupação constante. Não é exagero dizer que cada exercício vocal é ao mesmo tempo um exercício de relaxamento, de técnica de sopro e de verticalidade.

Os exercícios que reunimos são bastante rudimentares se comparados aos praticados pelos atores e cantores. Sua realização não apresenta muita dificuldade para as pessoas que não têm problemas com a voz. Essa realização, em compensação, é geralmente difícil para os disfônicos. Pode-se concluir que o fato de tornar pouco a pouco um disfônico capaz de praticar tais exercícios sem dificuldade é levá-lo somente a um nível de habilidade bastante elementar. Nota-se, entretanto, que uma prática regular desses exercícios constitui um excelente meio de melhorar performances vocais já convenientes.

Pode-se classificar os exercícios que descrevemos adiante em *exercícios simples* cantados ou falados, que consistem em séries de emissões vocais relativamente breves, e em *exercícios* mais *complexos* a partir de textos cantados ou falados.

Estes serão apresentados segundo uma classificação sistemática que não corresponde de forma alguma a uma ordem de dificuldade crescente.

▶ *Do trabalho em sessão à prática pessoal*

Em sessão, após algumas explicações, o reeducador convida o paciente a adotar a postura de projeção vocal: olhar para frente, olhando à distância, verticalidade do corpo e do rosto[29]. Caso necessário, solicita um *suspiro do samurai* e/ou alguns *sopros do sagitário* para que o indivíduo fique realmente à vontade nessa postura em que o sopro abdominal ocorrerá naturalmente. O reeducador realiza então a emissão ou a série de emissões que compõe o exercício ou uma parte deste e o indivíduo repete em eco.

Essa repetição não deve causar nenhuma precipitação: o fôlego respiratório "controlado" não deve ser tomado antes pelo indivíduo, mas somente quando o reeducador realmente termina de emitir. O indivíduo deve, porém, iniciar em seguida, respeitando o ritmo inerente a essa emissão em eco. O reeducador poderá ajudá-lo a "iniciar no momento certo", sinalizando com gesto de mão e/ou repetindo a emissão ao mesmo tempo que ele.

O indivíduo deve estar convencido de que se trata simplesmente de repetir "banalmente", sem se questionar no momento da execução. As questões poderão ser feitas depois.

Cada vez que julgar útil, o reeducador pode interromper o exercício para dar indicações complementares, fazer o indivíduo escutar suas emissões[30], voltar a um exercício anterior (verticalidade, sopro) ou mostrar nele mesmo, caricaturando-o – com tato – a forma como o paciente está emitindo[31] e os erros que comete.

---

[29] A postura de projeção vocal não implica obrigatoriamente a posição em pé; pode ser muito bem adotada sentada. O indivíduo deve tomar cuidado, nesse caso, para não se apoiar no encosto da cadeira, sentar-se mais para frente desta e unir as pernas, de preferência, embaixo dele: a boa posição da bacia (que é essencial) será assim facilitada.
[30] É bom registrar sistematicamente em um gravador, deixando-o ligado durante toda a sessão. Escutar certas passagens é muito instrutivo para o indivíduo.
[31] A utilização do gravador é evidentemente muito mais eficaz que essa imitação caricaturada.

Em casa, o paciente pratica os exercícios aprendidos (ou alguns deles) conforme as indicações do reeducador. Esse treino deve ser tanto quanto possível quotidiano. Habitualmente, enfim (alguns minutos), pode estender-se a 15 minutos ou meia hora, uma ou duas vezes por semana. Notar-se-á que a maioria desses exercícios (contrariamente a etapas anteriores) pode ser executada fazendo-se outra coisa: no chuveiro, barbeando-se, no carro, etc. Nesse caso, evidentemente, o indivíduo não poderá adotar de modo tão rigoroso a postura de projeção vocal. O sopro abdominal deve ser mantido, mas o olhar e a verticalidade não serão mais mantidos tão rigorosamente. Contanto que esse modo de exercitar-se – fazendo outra coisa – não seja o único modo praticado pelo indivíduo, isso não desproverá os exercícios de eficácia. Essa execução mais livre pode trazer mesmo, às vezes, algo de extremamente positivo ao treino.

▶ Gestos

A fala e o gesto ajudam-se mutuamente: na verdade, não podem ficar um sem o outro e, quando são harmoniosamente combinados, produzem efeitos de eloqüência aos quais nem um nem outro jamais conseguiriam se fossem isolados. (A. Debay, 1878)

Não há boa realização vocal sem uma participação global do corpo inteiro. No uso vocal espontâneo, todo o corpo se movimenta. Muitos, em certos climas, poucos em outros, mas a pulsão energética que sustenta a emissão vocal anima mais ou menos o conjunto do corpo, fazendo com que as mãos e o rosto falem, produzindo movimentos, às vezes, amplos, outras quase imperceptíveis das costas, do pescoço, das pernas, etc. Esses gestos, esses movimentos parecem nascer no centro do corpo e utilizar a mesma fonte de energia que a emissão vocal.

Em caso de comportamento artificial, como pode ser o treino vocal, observa-se uma tendência do indivíduo em criar barreiras, chegando mesmo a isolar a produção vocal da vida psicomotora natural do conjunto do corpo, como se se tratasse de proteger a emissão vocal das variações de tensão que afetam a motricidade geral. Isso é prejudicial à construção de um comportamento vocal normal que exige o bem-estar e o natural.

Durante o treino para relaxar, o indivíduo disfônico pode fazer a experiência do que pode ser um corpo sem barreiras, em que a energia circule e se propague livremente. Mas isso não será suficiente para impedir o aparecimento de bloqueios tendendo a excluir uma parte mais ou menos grande de seu corpo durante seus exercícios vocais.

Uma boa maneira de promover um contexto de liberdade corporal na prática dos exercícios é propor gestos que acompanhem a emissão vocal. Podem ser gestos com uma mão ou com as duas, um pouco como um regente de coral, mas cuidando para não cair em uma movimentação exagerada, tal como praticada no ato de solfejar. Indicar a medida como um universo de abstração intelectual. Os gestos que propomos estão relacionados, ao contrário, com a dinâmica geral da emissão vocal em sua relação com o corpo que a produz e ao espaço que a recebe.

Para o gesto, o reeducador deve mostrar ao paciente como a energia se divide no desenvolvimento da pulsão fonatória, desde o fôlego da inspiração que a antecede (gesto para si) até o fim da ressonância (gesto para o espaço).

Em seu gesto, o paciente tomará consciência das barreiras das quais falamos na medida em que dão a esse gesto um caráter hesitante, seco, interrompido. O reeducador poderá levar o indivíduo a deixar agir em si a pulsão de um gesto natural, propondo-lhe movimentos de oscilações ou de balanço do corpo, deslocamentos, movimentos tais como empurrar, puxar, lançar ou bater (cf. p. 173) acompanhados ou não por emissão vocal[32]. Com os exercícios, o gesto ganhará progressivamente harmonia, tornando-se então uma sustentação eficaz para a emissão vocal antes de se apagar aos poucos ou tomar dimensões mais discretas[33].

Exercícios simples em voz cantada

Alguns autores dizem que não é útil utilizar na prática de indivíduos cuja atividade concerne somente à fala e para os quais a voz cantada não tem muito interesse exercícios em voz cantada. Pessoalmente, constatamos que, ao contrário, os exercícios em voz cantada permitem uma boa abordagem dos problemas da mecânica vocal em geral. Além disso, quando se trata de um "falador", está-se num domínio relativamente novo para ele, em que os condicionamentos patológicos praticamente não existem. Obtém-se assim, às vezes, belas emissões vocais completamente inesperadas, das quais a voz falada tirará certamente proveito num período mais ou menos breve. Em suma, não será ruim para o não-cantor treinar *também* o canto. Pode-se dizer, aliás, que reciprocamente não será ruim também para o cantor exercitar a projeção vocal falada.

Os exercícios em voz cantada exigem a utilização de um diapasão[34] de modo que o paciente possa trabalhar com alturas tonais precisas. Isso se faz necessário na medida em que a altura tonal condiciona em parte a dificuldade relativa do exercício. Será, aliás, interessante para o indivíduo constatar que consegue aos poucos executar tal exercício, em tal tom mais alto (ou mais grave), enquanto lhe era impossível há algumas semanas antes. Verificará desse modo seu progresso de maneira precisa e muito objetiva.

Se nesse momento surgem problemas de adequação, pode-se recorrer aos procedimentos descritos mais adiante (pedagogia da altura tonal).

LEITURAS SUGERIDAS

BASBOIS E, GILLES F. *Des gestes. Leur utilisation dans la rééducation vocale du dysphonique.* Paris: Mémoire d'orthophonie, 1985.
LEROI-GOURHAN A. *Le geste et la parole.* Tome 1 : *Technique et langage.* Paris: Michel, 1964.
SIGNORET JL. Analyse neuropsychologique des gestes humains. *Rééducation orthophonique* 1983; 21, 131 : 229-233.

☞ A MOSCA[35] ①

No exercício da *mosca*, o indivíduo é solicitado a realizar uma emissão de boca fechada ("m") em uma *nota fácil* para ele. Assim, essa nota pode ser para um ho-

---

[32] O *accent method*, de "Svend Smith" é fundamentado nessa prática de movimentos e de deslocamentos que acompanham a emissão vocal. Marie-Agnès Faure, cantora e foniatra, indica igualmente procedimentos similares.
[33] No caso do cantor profissional, é possível eliminar certas contorções do corpo ou caretas do rosto que não significam nada além de uma laboriosidade que ameaça a emissão vocal, mesmo que o som permaneça ainda "extraordinário"!
[34] Recomendamos, em geral, a compra de um diapasão de cursor Höhner, que tem a vantagem de dar todos os tons e semitons da escala. Dá evidentemente esses tons e semitons somente na oitava 3, mas a experiência mostra que o indivíduo consegue, eventualmente, transferir muito bem para as oitavas mais graves (2 e 1) ou, excepcionalmente, para a oitava mais aguda (oitava 4).
[35] Esse exercício corresponde um pouco ao terceiro exercício do método da Senhora Cléricy du Collet, publicado no início do século XIX. O primeiro sendo constituído pela emissão, com boca fechada, de notas picadas por toda escala musical; o segundo, de sons picados repetidos cada vez mais rápidos sobre a mesma nota; e quanto ao terceiro, constitui-se de sons prolongados, sempre com a boca fechada.

mem situada entre o *si1* e o *mi2*; para a mulher, entre o *si2* e o *ré3*; para a criança, entre o *ré3* e o *lá3*, conforme a idade[36].

Em pé (ou sentado na borda da cadeira), o indivíduo se coloca na postura de projeção vocal, do mesmo modo que no exercício do *sagitário*. Ele utiliza evidentemente o sopro abdominal. Assim, após um discreto inflar inspiratório, ocorre esse leve bloqueio abdominal, análogo ao que ocorre no *sopro do sagitário*, ao mesmo tempo que a emissão sonora inicia. Após essa dinamização inicial, a tensão (moderada) dos abdominais é mantida durante toda a emissão, mas o movimento de retração da parede abdominal fica quase imperceptível[37]. O manúbrio esternal não abaixa. O ataque vocal é suave (sem golpe de glote) com portamento visível, mas discreto.

Fazer um portamento vocal consiste em iniciar a nota por baixo e não diretamente em sua altura. No canto clássico, o portamento é – bem ou mal – freqüentemente proibido na medida em que pode dar à emissão um caráter relaxado. Aqui, porém, é paradoxalmente exigido[38].

A emissão dura 2 ou 3 segundos. É de intensidade moderada, o som é bem timbrado, sem ser gutural nem surdo. Nenhum desperdício do sopro se produz antes da emissão, o que daria um ataque assoprado, nem durante esta, o que resultaria em um som velado, nem após o término do som, o que seria o sinal de um impulso inspiratório desmedido.

O indivíduo nota as *sensações vibratórias* que percebe no nível da face se o som foi bem realizado. Para isso, a *verticalidade do rosto* deve estar perfeita, bem como a *descontração do soalho da boca*.

Eventualmente, o indivíduo poderá verificar essa descontração do soalho da boca por meio do seguinte procedimento: colocará, primeiro, a borda interna do dedo indicador dobrado sobre seu queixo. Tocará verticalmente, em seguida, com a primeira falange do polegar tentando descobrir tensões inoportunas na musculatura supra-hióidea anterior durante a emissão do som (Figura 3.16). O reeducador pode mostrar nele mesmo a ausência de tensão, propondo ao paciente verificar colocando seu indicador em seu mento.

Além dessas percepções mecânicas, o indivíduo deve esforçar-se para viver sua produção sonora como uma emissão de onda que emanam de seu olhar ou de seu rosto (a máscara), constituindo uma mensagem destinada ao barco à distância no mar, ou como vibração irradiante de todo seu corpo (coluna sonora) no espaço que o cerca, fazendo as paredes da peça onde está entrar em ressonância.

Esse exercício, que representa a emissão vocal mais simples, é, na verdade, um exercício difícil de se conseguir êxito. O melhor é não executá-lo logo no início.

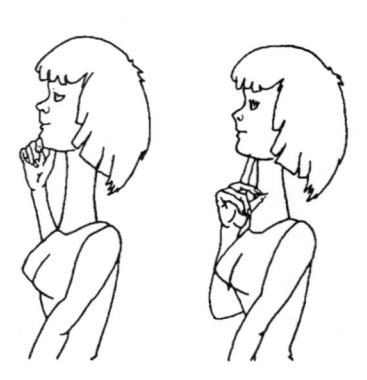

➤ **Fig. 3.16**

Verificar a descontração do soalho da boca.

Essa moça charmosa talvez constate que o soalho de sua boca está descontraído, mas deverá ainda retificar a posição de sua cabeça, recuando um pouco o mento (mento mais próximo da garganta) para deixar o rosto mais vertical.

---

[36] Como constatamos, essas notas ficam na metade inferior da extensão vocal. A facilidade de sua emissão exige uma execução em registro de peito (pregas vocais em forma de lábios espessos) e uma intensidade moderada (a que corresponde exatamente ao menor esforço).

[37] Observemos bem que é somente o início da emissão sonora que exige uma mobilização perceptível da energia abdominal. A sustentação da emissão, salvo se esta se prolongar por mais de 5 ou 6 segundos, parece não exigir. Essa noção importante que retoma a noção de tensionamento pré-fonatório da parede abdominal, de Baken, ajuda muito a evitar fadigas vocais.

[38] Fazer um portamento consiste, nesse caso, tomar a nota por baixo e não diretamente em sua altura. No canto clássico, isso geralmente é proibido na medida em que dá à emissão um caráter relaxado. Aqui, o portamento é paradoxalmente exigido. O que nos interessa, de fato, na reeducação da voz, não é, *acima de tudo*, a qualidade acústica do som nem sua significação musical, mas antes a qualidade de realização da mecânica vocal: o portamento indicado nesse exercício é interessante na medida em que se escuta o *nascimento do som*, o que permite avaliar melhor a *economia de energia* com a qual foi realizado. Acrescentemos que a evicção completa do portamento dá à emissão vocal um caráter muito duro. Um discreto portamento, quase inaudível ao ouvido, mas perfeitamente determinado com um analisador de melodia é escutado não como erro, mas como um som macio.

■ **Execução coletiva**

O exercício da *mosca* é executado, em geral, individualmente. No entanto, pode ser interessante, em alguns casos, praticá-lo em grupo, trata-se de indivíduos disfônicos ou não. Nesse caso, o coordenador da sessão, antes de dar o tom e o sinal de partida, recomenda aos participantes uma escuta conjunta do som que será produzido. Observa-se então se essa escuta é correta, se uma espécie de ajuste, de acordo automático das vozes ocorre: após um breve período de confusão, tem-se a impressão de que uma única voz emana do grupo.

Esse exercício, muito excitante, é particularmente interessante no treinamento dos coristas ou dos reeducadores, permitindo apreender bem a importância da *escuta*.

■ **Os sons "inaudíveis"**

O exercício da *mosca* pode ser executado esforçando-se para deixar o som o mais fraco possível (quase inaudível). A dificuldade aumenta desse modo consideravelmente. É muito mais difícil, de fato, manter homogêneo um som quando a intensidade é muito fraca.

Para aumentar ainda o nível de exigência, pode-se, após ter gravado o som, escutá-lo de modo ampliado. Vê-se então surgir em claramente todas as irregularidades da emissão, induzida especialmente pelos batimentos cardíacos quando a pressão pulmonar não está bem normalizada. Essas irregularidades desaparecerão aos poucos com os exercícios.

☞ MA, ME, MI, MO, MU ②

O exercício *ma, me, mi, mo, mu* (Figura 3.17) deriva do exercício da *mosca*. Trata-se, com efeito, de uma série de emissões que iniciam por um som de boca fechada com portamento. Porém, diferentemente do que ocorre na *mosca*, a boca se abre ao final da emissão em uma vogal, emitida de forma breve, vogal que, de algum modo, interrompe a produção do som nasal "m". Cada vogal do alfabeto é assim emitida uma de cada vez. Isso pode ser simbolizado pelo seguinte esquema:

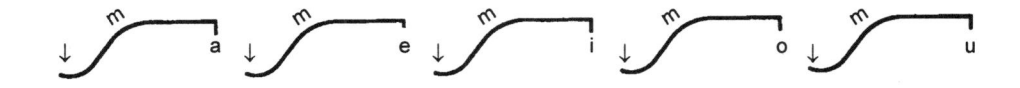

➤ **Fig. 3.17**
Ma, me, mi...

Esse exercício deve ser executado em alturas variáveis segundo as necessidades da reeducação, começando pelas tonalidades mais acessíveis (as que preconizamos para o exercício da *mosca*). Cada emissão silábica é emitida a cada dois segundos aproximadamente no início do treinamento. Depois, a seqüência pode aumentar até uma emissão por segundo aproximadamente. O exercício pode ser repetido uma vez ou mais, após um intervalo de repouso de alguns segundos ou mais.

Como na *mosca*, o indivíduo deve observar a postura de projeção vocal, utilizar o sopro abdominal, cuidar para atacar suavemente, cuidar os portamentos de vocais e a verticalidade do rosto, lutando contra a tendência (freqüente) em levar o rosto levemente para frente a cada emissão.

Notar-se-á particularmente que um impulso inspiratório "medido" – abdominal evidentemente – deve ser realizado (pela boca entreaberta) um pouco antes de cada sílaba emitida[39]. Se esse impulso se revelar difícil de ser realizado em um tempo bastante curto, poder-se-á recorrer à *respiração do porco espinho* ou mesmo adotar um ritmo mais lento.

Após a emissão da vogal, o indivíduo deve evitar fechar bruscamente a boca; esta deve permanecer aberta por um instante na vogal que antecede a retomada da posição entreaberta para o impulso inspiratório seguinte. Nesse momento, o indivíduo pode constatar que tensões musculares aparecem normalmente no soalho da boca, ao passo que não existiam na primeira parte de boca fechada da emissão.

Um leve encostar dos lábios pode ocorrer um pouco antes da abertura da boca, o que dá à emissão um aspecto sonoro (bola de ping-pong). Quando o exercício é bem executado, tem-se a impressão, de fato, de um tipo de explosão da vogal sem, no entanto, que o indivíduo tenha forçado a intensidade do som. Em geral, tende-se mais a reduzir essa intensidade da vogal para diminuir o contraste com a intensidade necessariamente mais fraca do som nasal. Age-se assim sob a influência de um reflexo que iguala as intensidades emitidas. Nesse exercício, o indivíduo deve tentar eliminar essa influência do aspecto acústico de sua emissão para orientar sua regulagem somente sobre a mecânica desta: deve, enfim, ocupar-se simplesmente em abrir a boca em uma vogal, evitando o som nasal. É normal que a intensidade aumente: se há som em uma caixa, isso faz mais barulho quando se abre a caixa.

☞ BRA, BRE, BRI, BRO, BRU[40] ③

Esse exercício (Figura 3.18), que comporta 15 séries de emissões de 5 sílabas cada uma, é calcado no anterior. Distingue-se pela substituição do "m" inicial pelos sons "br", na primeira vez, depois, por "cr", na segunda, "dr", na terceira e assim sucessivamente passando por todas as consoantes do alfabeto até a última série que será portanto "zra, zre, zri, zro, zru".

Notar-se-á que o "r" presente em cada emissão deve ser "rolado", devendo portanto resultar da vibração da ponta da língua contra a parte anterior da abóbada palatina, como no caso do "r" em espanhol. Isso exige, com efeito, uma maior flexibilidade articulatória e obriga o indivíduo a eliminar qualquer contração excessiva dos músculos das maxilas e da faringe. Evidentemente, não se deve insistir muito nessa emissão do "r rolado", podendo causar problemas. É certo, porém, que, respeitando-se essa articulação, o trabalho se torna mais eficaz.

O exercício é executado, em geral, em um *sol2*, para o homem, e em um *sol3*, para a mulher; pode-se, no entanto, indicar, no início do treinamento, uma nota um pouco mais grave (*mi2*, *mi3*).

Ao final do treinamento, ao contrário, deve-se prescrever sim uma nota mais aguda, que deixe o exercício mais dinâmico (*lá2/lá3*); ou uma nota extremamente grave (*lá1*, para o homem, *lá2*, para a mulher). O exercício se tornará, então, muito mais delicado, sendo bastante difícil executá-lo corretamente; porém, é o momento de adquirir uma maior precisão mecânica e exigir muita concentração mental.

As sílabas são emitidas na freqüência de *uma por segundo* em média. Essa freqüência pode ser também de uma sílaba a cada dois ou três segundos no início do treinamento ou durante as séries difíceis, como com *j*, *l* ou *x*, ou ainda durante a emissão no grave. Pode ser, ao contrário, de até duas sílabas por segundo se o indivíduo começa a se tornar hábil.

---

[39] No esquema (bem como nos próximos), esse impulso inspiratório é indicado por uma flecha apontada para baixo.
[40] Exercício de Paul Gravollet.

Um tempo de repouso de um a vários segundos separa cada série de sílabas da seguinte. Notar-se-á que, como no exercício anterior, um *impulso inspiratório* "medido" – abdominal evidentemente – deve ser realizado (com a boca entreaberta) *um pouco antes* de cada sílaba emitida.

Como anteriormente, *não se deve fechar a boca após cada emissão*: esta deverá permanecer levemente entreaberta, aguardando o impulso inspiratório da próxima sílaba.

É particularmente importante nesse exercício adotar, como nos dois anteriores, uma *partida com portamento vocal*. O resultado disso é que somente a vogal é emitida na nota, enquanto a primeira consoante (se for sonora) e o "r rolado" são emitidos em um tom bem inferior (de um quarto, ou mesmo de uma oitava). Isso pode ser representado pelo seguinte esquema:

▶ Fig. 3.18
Bra, bre, bri...

Nesse esquema, a flecha apontada para baixo representa, como já dissemos, o impulso inspiratório. A flecha apontada obliquamente para cima simboliza a elevação tonal para a nota de emissão da vogal e, ao mesmo tempo, o acento tônico que resulta da *mobilização de energia notável, embora breve*, que caracteriza esse exercício. Essa mobilização de energia resulta de uma *dinamização clara da parede abdominal*[41] (controlada pela ação antagonista do diafragma) e de uma articulação um pouco exagerada da vogal (a boca abre-se bem no "a", as comissuras labiais se estendem fortemente no "i", etc.). Quanto à dinamização que implica o sopro e a articulação é de curta duração e dá um *caráter flexível e, ao mesmo tempo, explosivo* à emissão. Vale notar também que *verticalidade* e *orientação do olhar* são respeitados.

Contanto que as instruções sejam bem cumpridas, esse exercício é muito eficaz, podendo mesmo sozinho constituir uma ginástica vocal de manutenção suficiente ao profissional da voz.

▶ Exercícios de contagem cantada

Os números constituem uma série de palavras particularmente propícia à prática do treinamento vocal. De um lado, trata-se de uma série perfeitamente memorizada e, no entanto, tão longa quanto se quiser. Isso é uma vantagem em relação a outras séries, às vezes, utilizadas, tais como os dias da semana ou meses do ano. Além disso, as palavras dessa série são, inicialmente, monossilábicas, depois plurissilábicas, resultando em uma complicação progressiva da emissão que permite naturalmente um treinamento graduado. De outro, sua utilização é mais facilmente aceita pelos pacientes. Sem dúvida porque cantar números, que podem significar o que se quiser, é menos enfadonho que cantar os dias da semana, que não significam nada... além dos dias da semana. Aliás, quando não se trata mais de cantar os números, mas de dizer, como prescrevemos no exercício da *contagem projetada*, chegamos ao uso corrente: a contagem é, de fato, freqüentemente utilizada em aulas de ginástica e de dança.

---

[41] Deve-se ter atenção, no entanto, para *não contrair* o abdome de forma exagerada a cada sílaba. Deve-se pensar mais em *fechar* os abdominais ou em *dinamizar* a parede abdominal, cuidando bem da verticalidade, como no sopro do Sagitário.

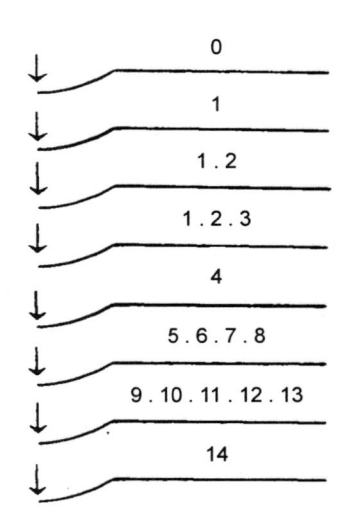

► **Fig. 3.19**
Contagem em um tom.

Descreveremos cinco exercícios de contagem cantada, de complexidade crescente: em um tom (*contagem salmodiada*); em dois tons (*as ameias*); em três tons (*o batismo*); em cinco tons (*a Acrópole*) e, por fim, em oito tons (*escalas contadas*).

CONTAGEM SALMODIADA (EM UM TOM) ④

Logo após o reeducador, o indivíduo canta, primeiramente, o som "o", cuja tonalidade foi escolhida do mesmo modo que no exercício 2 (ma, me, mi, mo, um). A emissão dura de um a três segundos. É realizada com flexibilidade e ataque vocal suave (portamento), utilizando o sopro abdominal, sem esquecer o impulso inspiratório "medido" (flecha apontada para baixo no esquema), nem a postura de projeção vocal.

Na mesma nota, canta-se depois, da mesma forma, a palavra "um", depois, sem esquecer o impulso inspiratório, canta-se "um dois", encadeando-as rapidamente, depois "um dois três", soltando então a imaginação a todas as fantasias que se quer. Pode-se cantar repetindo números anteriores mais um ou vários números novos, pode-se cantar apenas um único número ou vários novos números encadeados, deixando eventualmente prolongar-se mais ou menos no último.

Isso pode resultar, por exemplo, na seguinte fórmula (Figura 3.19).

Notar-se-á que, qualquer que seja o número de palavras que compõem a emissão, esta tem sempre quase a mesma duração.

Deve-se buscar obter uma emissão fácil e descontraída, porém dinâmica, tendo cuidado para que a articulação não enfraqueça.

Durante a sessão, o indivíduo deve esforçar-se para realizar uma imitação mais perfeita possível da emissão de seu reeducador (variação do ritmo e da intensidade, caráter do portamento), mesmo e sobretudo quando esta empenha-se para tornar-se expressiva, e mesmo um pouco humorística.

AS AMEIAS (CONTAGEM EM DOIS TONS) ⑤

Esse exercício consiste em uma emissão de números em série de quatro, sendo os números ímpares emitidos em uma nota e os números pares num tom mais alto.

Isso pode ser representado pelo seguinte esquema (Figura 3.20), cujo aspecto evocatório deu nome ao exercício.

► **Fig. 3.20**
As ameias.

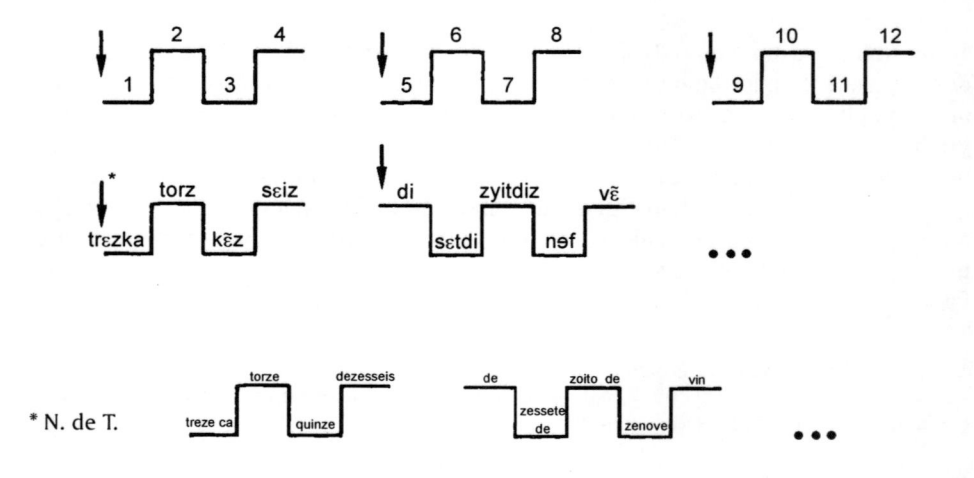

* N. de T.

É mais legível para o não-músico que a transcrição da Figura 3.21.

> ► Fig. 3.21
>
> As ameias. Transcrição musical.

No início do treinamento, o exercício é cantado como está descrito no esquema, em *ré2/mi2*, para os homens, e *ré3/mi3*, para as mulheres. Rapidamente, porém, pode ser cantado em tons mais altos, até, por exemplo, *sol/lá*.

Pode-se cantar também em um tom mais grave, por exemplo *sol1/lá1*, para os homens, e *sol2/lá2*, para as mulheres, o que, como nos exercícios anteriores, exige uma maior precisão e uma certa concentração mental.

Como se observa no esquema, se o número é uma palavra plurissilábica, é a última sílaba dessa palavra que é emitida na nota escolhida, enquanto a primeira ou as primeiras sílabas dessa mesma palavra são emitidas no tom do número anterior. Isso pode parecer complicado quando se analisa com minúcia (e muitos pacientes têm o pensamento voltado à análise), mas a realização ocorre assim naturalmente se cantamos alegremente: a emissão de todas as sílabas do número na mesma nota daria ao exercício um caráter triste e pesado.

Notar-se-á a flecha apontada para baixo, representando o impulso inspiratório antes de cada série. Na prática, isso se traduz por um leve e rápido inflar abdominal um pouco antes da emissão vocal. O indivíduo deve cuidar para não tomar esse ar antes do tempo. Mais exatamente, trata-se de conservar o caráter de impulso dessa inspiração para a série seguinte, evitando que esta não seja tomada como uma recuperação do ar despendido na série anterior.

Um detalhe interessante é o do intervalo entre cada série. Duas soluções são possíveis: pode-se repousar dois tempos entre cada série (tem-se então uma emissão de tipo mais rigorosa e precisa); pode-se, ao contrário, não parar, realizando uma aspiração muito rápida bem no final do tempo anterior (o que dá uma impressão mais viva e mais eloqüente, sobretudo no funcionamento em eco, como ocorre em geral na sessão).

A atenção do indivíduo deve estar voltada para o espaço: deve, tanto quanto possível, estar sintonizado com o espaço que sua voz anima. Uma boa dica é perguntar-se o seguinte: "Como as paredes escutam minha voz?". A respeito da verticalidade da postura, quanto mais exercícios direcionados a ela tiverem sido feitos, mais natural será.

O BATISMO (CONTAGEM EM TRÊS TONS) ⑥

O nome desse exercício é inspirado nos sinos que anunciam os batismos em certas igrejas do interior, sinos dos quais os três tons são separados por intervalos de um tom.

Calcado no exercício anterior, pode ser representado pela Figura 3.22.

▶ Fig. 3.22
O batismo.

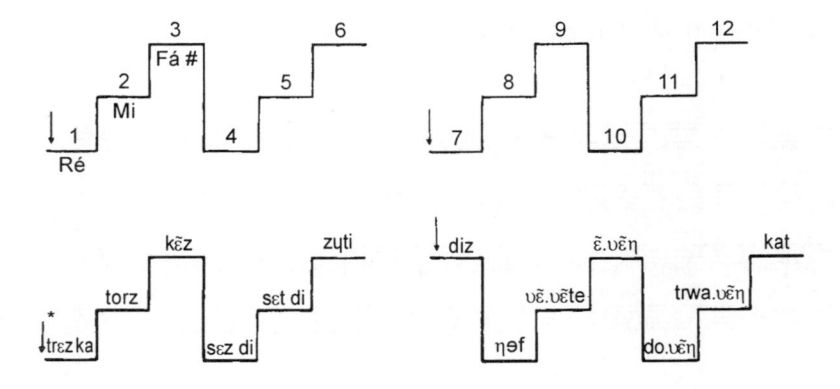

▶ Fig. 3.23
O batismo. Transcrição musical.

E aqui a transcrição musical desse exercício (Figura 3.23):

    Todas as instruções que demos e todas as observações que fizemos no exercício das *ameias* valem para o exercício do *batismo*: a tonalidade é estabelecida de mesma maneira, concernindo à última sílaba do número se este é uma palavra plurissilábica. O problema do impulso inspiratório abdominal é o mesmo, bem como o do encadeamento das séries. A atenção do indivíduo deve estar igualmente voltada para o espaço no contexto da postura de projeção vocal.

A ACRÓPOLE (CONTAGEM EM CINCO TONS) ⑦

Como no exercício das ameias, é o esquema que representa o exercício que inspira seu nome (Figura 3.24). Após ter subido rapidamente os degraus, cantando 1, 2, 3, 4, 5, percorre-se a horizontal da plataforma, cantando "o", para

* N. de T.

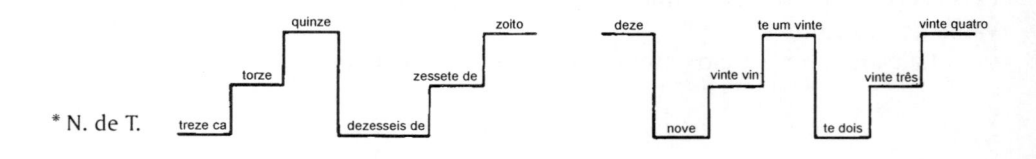

> Fig. 3.24
> A Acrópole.

descer pelo outro lado, cantando novamente 1, 2, 3, 3, 4, 5. Um "o" é cantado também no nível inferior para voltar a subir uma nova ascensão. Pode-se encadear assim em torno de seis *Acrópoles*, ou mais, não esquecendo o impulso inspiratório abdominal medido (representado pelas flechas verticais) antes de cada série 1, 2, 3, 4, 5 e antes do "o".

Eis a transcrição musical desse exercício na Figura 3.25.

> Fig. 3.25
> A Acrópole. Transcrição musical.

O aspecto repetitivo desse exercício permitirá, se bem empregado, resultar em um tipo de decantação a um desenvolvimento perfeito da mecânica vocal: comunicação harmoniosa com o espaço que o cerca decorrente do aperfeiçoamento progressivo de todos os detalhes dos quais falamos a respeito dos exercícios anteriores.

ESCALAS CONTADAS ⑧

Para o indivíduo disfônico, a realização de uma escala inteira com uma voz razoável representa já um bom desempenho. É, em suma, a recuperação da metade da extensão vocal normalmente exigida.

Preconiza-se um treinamento por tentativas progressivas. Três notas, depois cinco, depois oito (Figura 3.26). O fato de cantar pronunciando mais os números do que o nome das notas apresenta a vantagem de evitar a referência ao solfejo que nem sempre deixa boas lembranças ao paciente. Isso permite também cantar qualquer coisa (limitando-se aos oito primeiros números), em qualquer nota, sem ter de se preocupar em fazer corresponder a nota cantada ao nome desta.

Teremos assim as seguintes séries que devem ser cantadas pelo reeducador e retomadas em eco pelo paciente.

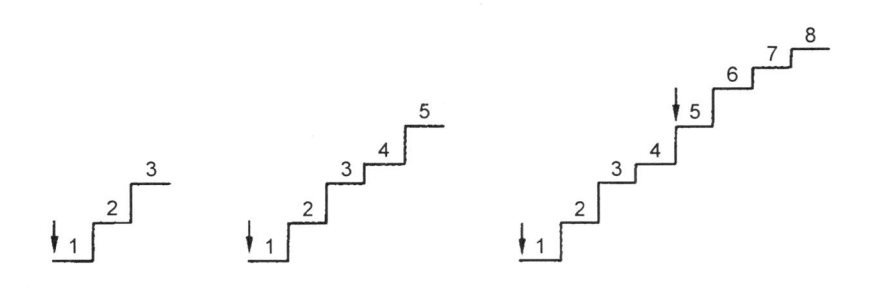

> Fig. 3.26
> Escalas completas.

Como pode ser observado no esquema, uma retomada inspiratória pode ser proposta durante a execução da escala completa, no meio desta.

Quando o indivíduo for capaz de subir corretamente a escala, pode-se treiná-lo a descer (Figura 3.27), sempre cantando números.

➤ **Fig. 3.27**
Escala crescente e decrescente.

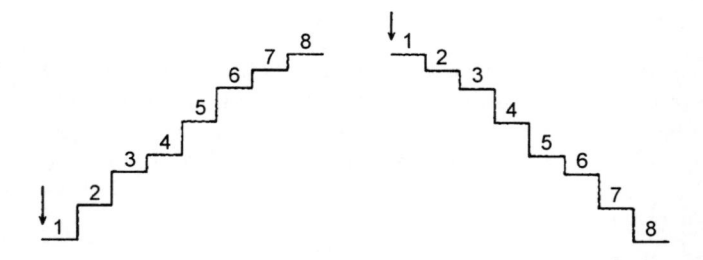

Neste momento, o indivíduo evocará muitas vezes as canções alegres que todos cantam em escala crescente e decrescente:

Dó ré mi fá sol lá si dó
Raspa a pulga que tenho nas costas
Se a tivesse raspado mais cedo
Eu não estaria tão irritado

▶ Vocalises

AS VOGAIS ⑨

Trata-se da emissão em uma nota fácil (escolhida como na *mosca*) de vogais cantadas, ligadas em séries sucessivas (Figura 3.28). Cada série retoma a anterior, acres-

➤ **Fig. 3.28**
As vogais.

Observe o prolongamento das vogais marcado por um acento plano e pelos portamentos vocais assinalados por uma linha curva, côncava.

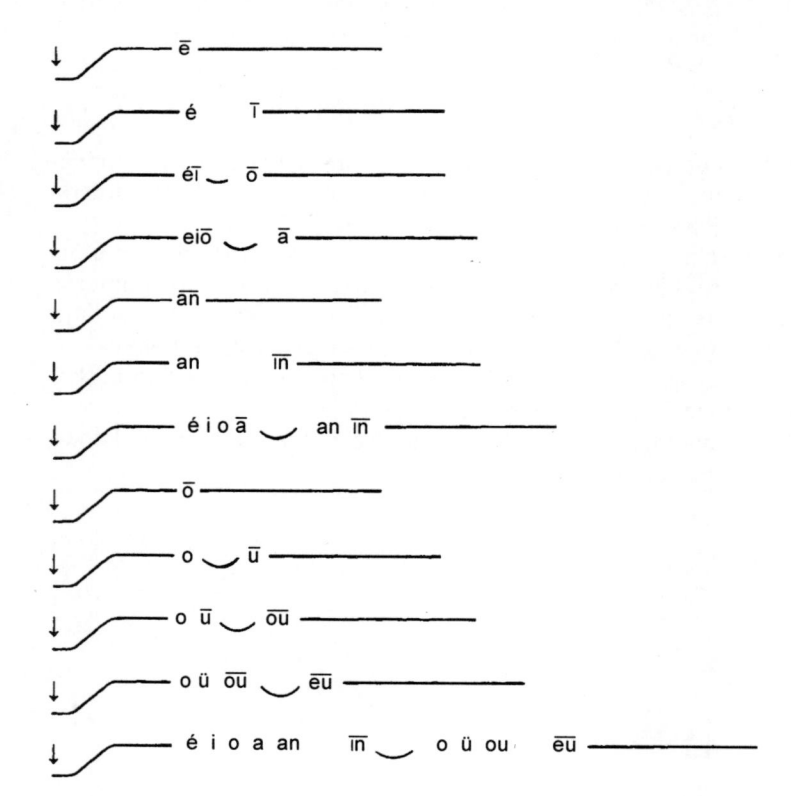

centando-lhe uma vogal suplementar ou prepara a série seguinte para chegar à longa série final "é, i, ó, a, an, in, o, u, e", em um único sopro.

Esse exercício é representado pelo esquema da Figura 3.28:
– nota-se a existência de um portamento em cada início de emissão (ataque), bem como antes da última vogal de certas séries;
– nota-se ainda a duração prolongada de algumas vogais, especialmente finais (seguidas de um traço horizontal).

Não discutiremos o problema do caráter arbitrário ou não dos prolongamentos preconizados para certas vogais, não mais sobre o porquê desse arranjo de vogais em detrimento de outro. Na verdade, assim estruturado, esse exercício constitui uma ginástica particularmente eficaz para contornar o problema das interações entre a produção vocal e a articulação vocálica e esta é a única justificativa séria.

☞ AS QUINTAS ⑩

Esse exercício (também como "Os chapéus") é constituído por séries sucessivas de quatro emissões vocais na vogal "o", sendo cada série emitida em um semitom acima da anterior.

Um primeiro "o" é cantado sozinho durante um segundo aproximadamente, a fim de dar o tom. Os três outros são encadeados em uma única emissão: repetição do "o" anterior, passagem à quinta (intervalo entre o *dó* e o *sol*), retorno, por fim, ao início.

É a emissão do "o" agudo (na quinta) que constitui o tempo principal do exercício. Esse som pode ser emitido de forma relativamente forte; pode ser prolongado até dois segundos. Sua execução exige um posicionamento correto das cavidades de ressonância bucal e faríngea (impressão que "há uma dilatação" atrás), rosto vertical, queixo no lugar, leve reforço do tono da parede abdominal, passando a impressão de uma maior projeção do manúbrio esternal. O portamento deve existir, mas permanecer discreto tanto no estabelecimento do som quanto no retorno ao nível inicial. Será preciso evitar absolutamente o "salto da pulga" de uma nota à outra.

Os dois primeiros "o" constituem uma preparação à emissão do "o" na quinta. Quanto ao quarto (retorno ao nível inicial), é a garantia da boa execução do conjunto: se caímos bem apoiados em nossos pés é um bom sinal.

O esquema do exercício é o seguinte:

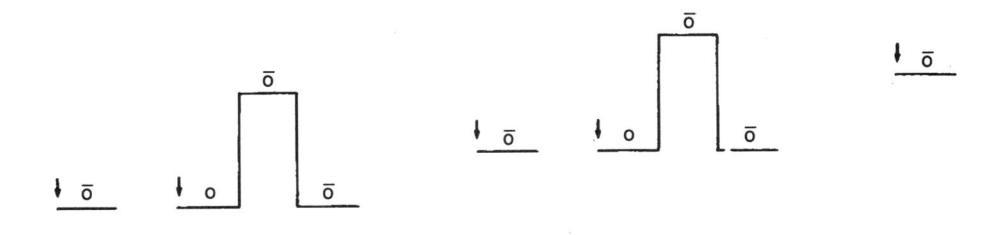

➤ Fig. 3.29
Os chapéus.

➤ Fig. 3.30
Os chapéus.
Transcrição musical.

Começa-se por notas relativamente graves: *lá1*, para os homens, *lá2*, para as mulheres. Desse modo, tem-se a série *lá, lá, mi, lá*. Sobe-se então por semitons, resultando em: *si^b, si^b, fá si^b*, depois *si, si, fá #*, depois, *dó, dó sol dó*, depois *dó #, dó # sol # dó #*, etc.

Subindo assim, fatalmente surgirão problemas na passagem do registro de peito ao registro de cabeça e vice-versa. O paciente deve tentar fazer tais passagens da maneira mais suave possível.

Nesse exercício, um homem pode muito bem ir até a emissão de um *sol4* ou mesmo de um *lá4 (ré4, ré4, fá4, ré4)* em registro de cabeça. Quanto às mulheres, normalmente conseguem alcançar o *sol #4 (dó #4, dó #4, sol #4, dó #4)*. Algumas chegam a ultrapassar o *dó5 (fá4, fá4, dó5, fá4)*.

Esse exercício permite resolver alguns temores quanto às notas agudas, responsabilizadas por catástrofes. A subida por semitom é tão progressiva que logo – a menos que o indivíduo tenha um ouvido absoluto[42] – o paciente, não tendo mais referências, executa muito bem, sem se preocupar com as notas que ele pensava serem inacessíveis ou perigosas. Normalmente, a escuta da gravação se transforma numa feliz surpresa.

O surgimento de um vibrato durante a execução desse exercício pode ser um indício de qualidade, manifestando um bom equilíbrio das tensões harmoniosamente distribuídas. O tremor na voz indica, por sua vez, que essas tensões são excessivas ou não-integradas em um gesto vocal harmonioso (implicando a totalidade da pessoa em relação ao espaço que a cerca).

Encerraremos aqui a lista desses exercícios elementares em voz cantada. Esta lista corresponde aos exercícios que utilizamos regularmente e que nos pareceu os mais eficazes. Claro que é perfeitamente recomendável inventar outros em função das dificuldades encontradas pelos pacientes. É igualmente desejável permitir-se variantes a partir desses exercícios, contanto que isso contribua para uma melhor eficácia e/ou um prazer maior. Cabe à imaginação de cada um.

Exercícios simples em voz falada

☞ CONTAGEM PROJETADA ⑪

Esse exercício repete o teste de mesmo nome, utilizado no exame do comportamento fonatório[43].

Consiste em contar até 20 (ou mais) de uma forma regular (com intervalos de um ou dois segundos), como se se tratasse de provocar uma ação a alguns metros, de uma maneira dinâmica e convincente, não mobilizando, porém, mais energia do que o necessário (Figura 3.31).

A emissão de cada número é antecedida por um "e" mais ou menos marcado (eventualmente, quase inaudível) que demonstra a independência, ou melhor, a autonomia da emissão de cada número. Esse "e", que serve de base para "enviar", obriga, além disso, a um ataque suave.

O esquema do exercício é o seguinte:

---

[42] Um indivíduo que possui um ouvido absoluto é o que consegue reconhecer imediatamente a altura de um som, sem precisar compará-lo a uma outra nota conhecida, emitida por um instrumento qualquer ou por um diapasão.

[43] Cf. *A voz*, Volume 2, Capítulo 1.

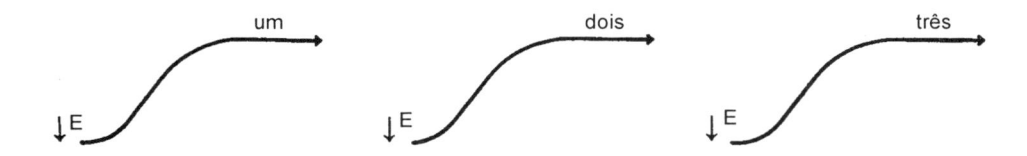

> Fig. 3.31
Contagem projetada.

Como indica o esquema, o impulso inspiratório (flecha apontada para baixo) está presente antes de cada emissão. Nota-se, além disso, que a forma dessa emissão pode variar (da mais ampla à mais seca). O fundamental é o caráter afirmativo e convincente.

Isso é difícil de ser obtido sem uma atenção especial à postura de projeção vocal (verticalidade, olhar, sopro abdominal, concentração no "alvo"), como no *sopro do sagitário*, do *dragão* ou da *naja*.

Assim como nos exercícios anteriores, o reeducador, em sessão, dará o modelo, esforçando-se eventualmente para criar pequenas variantes, e o indivíduo repetirá em eco da forma mais fiel possível (mais ridiculamente fiel possível, pode-se dizer!), o que significa: sem tentar de maneira alguma analisar as produções do reeducador antes de reproduzi-las. A análise será sempre depois. Aqui, trata-se somente de imitar passivamente, de "fazer como" para ver, para experimentar o que acontece[44].

Esse exercício permitirá ao indivíduo, às vezes, descobrir um universo até então não muito conhecido: o da projeção vocal. Ficará espantado então com a potência que tem à sua disposição de uma maneira tão imprevisível. Não se imaginava capaz de produzir tal voz! Em outros casos, esse exercício propiciará o vencimento progressivo das inibições psicológicas que impediam sua atividade de projeção vocal (cf. p. 188).

COMPLEMENTAÇÃO GESTUAL

Para ajudar o indivíduo nesse trabalho de descoberta ou de apropriação no domínio da projeção vocal, pode-se propor-lhe que combine a emissão vocal com um gesto da mão. Pode ser um gesto de bater ou de jogar.

Às vezes, abandonando provisoriamente o sistema da aprendizagem por imitação simples, é bom levar o indivíduo a tomar consciência dos diversos componentes desses gestos. Quando se bate com um martelo, por exemplo, "em marteladas separadas", vê-se que se sucedem quatro fases:

Tempo 1: no início, segurando o martelo, o antebraço fica numa posição muito particular, a de "curta espera". Na posição da "longa espera", isto é, quando a martelada a ser dada não é iminente, o antebraço pende verticalmente. Quando a martelada é iminente, o antebraço fica na horizontal, cotovelo próximo ao corpo, ombro e punho flexíveis. Essa posição do antebraço se mantém qualquer que seja o lugar (mais ou menos atrás) do cotovelo, graças a variações adaptadas do ângulo de flexão do antebraço em relação ao braço.

Tempo 2: dessa posição, o martelo é elevado a uma altura mediana. É o movimento de impulso.

Tempo 3: sem solução de continuidade, o martelo é mais ou menos conduzido para baixo até o impacto.

Tempo 4: após um eventual ressalto mais ou menos marcado, segundo a elasticidade do material, o braço volta à "posição de curta espera" antes de se lançar na martelada seguinte.

Esse esquema corresponde exatamente ao da contagem projetada como, aliás, ao de qualquer ato de bater, com golpes intervalados, ou de lançar.

---

[44] Feita essa trajetória, descobre-se então as virtudes da identificação com o outro como meio muito eficaz de se apropriar de seu *savoir-faire*.

O tempo 1 corresponde à conservação da postura de projeção vocal: vertical e descontraída, abdominais prontos a agir. A posição de curta espera do antebraço é, às vezes, tão difícil de situar e de trabalhar quanto à postura de projeção vocal à qual se assemelha.

O tempo 2 corresponde ao impulso inspiratório abdominal "medido".

O tempo 3, que se encadeia em continuidade com o anterior, corresponde à dinamização da parede abdominal. Essa dinamização se manifesta por uma breve e discreta contração que dá uma impressão de impacto contemporâneo ao início da emissão vocal ("e"). Algo notável, mesmo quando se prolonga um pouco esse "e", nenhuma mobilização abdominal suplementar é realmente necessária no momento da emissão do número que segue, embora essa emissão seja muito mais intensa do que a do "e". Em outras palavras, a impressão de impacto (impacto terminal do *sopro do sagitário* ou do *dragão*, cf. p. 144) corresponde ao início da emissão vocal e não ao impacto vocal que ocorre aqui no final da emissão. Isso vai de encontro ao que dissemos acerca do exercício da *mosca*: é no início da emissão que a energia abdominal é mobilizada de forma perceptível (cf. p. 162). Na verdade, a energia só é realmente mobilizada no início da emissão. É exatamente a mesma mobilização abdominal que, no *sopro ritmado*, produz-se no início dos três primeiros segundos do tempo expiratório (cf. p. 134).

O tempo 4 corresponde ao retorno à postura de projeção. O retorno a essa postura de curta espera, de repouso na espera de uma partida iminente, tende freqüentemente a ser escamoteado pelo indivíduo que fica tentado a distribuir impulso no movimento e parece ficar obstinado em fazer a pausa entre o impulso e a martelada (martelo no ar). Pode-se fazer o paciente notar que, quando se trata de pregar pregos, corre-se o risco de martelar os próprios dedos.

Um pequeno trabalho de mímica, tendo atenção para não passar do plano horizontal marcado, é freqüentemente interessante antes de tentar o amálgama do gesto da mão com o gesto vocal.

Descrevemos longamente o gesto de bater com martelo, mas pode ser utilizado uma infinidade de outros gestos, conforme o gosto do reeducador e a disposição do paciente. Pode ser um bater real das mãos, de uma mão na coxa, ou dos pés no chão. Pessoalmente, preferimos as ações imaginárias, tais como lançar uma pedra, apontar o dedo, jogar algo, dar uma chicotada ou jogar com as duas mãos na altura do peito um pesado pedaço de tronco ou uma pedra grande.

Durante as tentativas desses gestos, vê-se que, inicialmente, o indivíduo tenta em vão controlar sua voz e sua mão, em um esforço de coordenação voluntária que ignora a pulsão energética, passível de animar o movimento. Depois, repentinamente surge a unidade, e é como se a mesma fonte de energia irrigasse sua voz e sua mão.

No caso de dificuldades aparentemente insuperáveis, pode-se obter um bom resultado de duas formas: ou "deixando cair" provisoriamente um mês ou dois (há outros exercícios que podem ser feitos nesse período de espera), ou retomando as funções de Jung (cf. p. 104), o que levaria o indivíduo talvez a não querer mais realizar o exercício com a força de sua *função pensamento*, ao passo que seria muito fácil se utilizasse as "funções irracionais" *sensação* e *intuição*.

CONTAGEM PROJETADA À DISTÂNCIA VARIÁVEL ⑫

Esse exercício é uma variante do anterior, mas, ao invés de proceder por imitação em eco, propõe-se ao indivíduo que envie uma série de números a uma distância precisa.

O mais fácil é imaginar, primeiro, que o alvo está a 10 metros de distância. O indivíduo deve ter um tempo para "adequar-se", durante alguns segundos, em silêncio, concentrando-se nesse alvo imaginário, sem o qual corre o risco de não ser convincente.

Passa-se então a distâncias maiores: 25 metros, depois 50 metros; depois a distâncias menores: 4 metros, depois – o que é mais difícil e implica o que não se imagina – a 0,50 metro.

A qualidade do resultado obtido (sua autenticidade) aparece claramente ao se escutar a gravação. O paciente tomará consciência assim particularmente da importância do trabalho referente à percepção do espaço em matéria de treinamento vocal.

CONTAGEM DIVERTIDA ⑬

Esse exercício é também chamado de *contagem da vendedora* ou *contagem da baronesa* (Figura 3.32). Consiste em contar de quatro em quatro da seguinte maneira:
  – o primeiro número é emitido em um tom agudo, em registro de cabeça;
  – o segundo, em um tom descendente, é mais ou menos "encavalado" nos dois registros;
  – o terceiro, de tom grave, é emitido realmente no registro de peito.
  – quanto ao quarto, começa em um tom grave, no registro de peito, para, subindo rapidamente, terminar no registro agudo.
  O esquema correspondente a esse exercício é o seguinte:

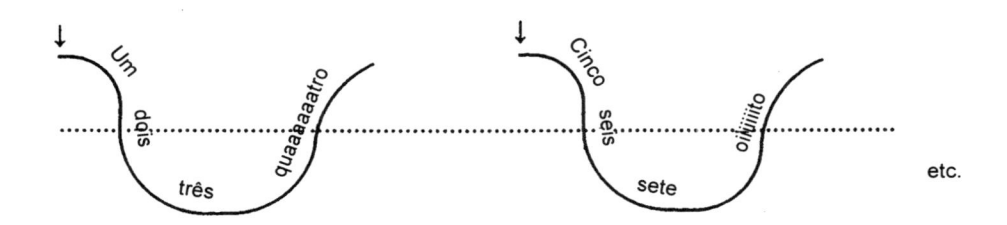

► Fig. 3.32
Contagem divertida.

A emissão caricaturalmente afetada que resulta dessa modulação máxima constitui um exercício muito útil na virilização laríngea. O indivíduo aprende assim a passar de forma menos brusca de um registro a outro. É um "instrumento que serve para amenizar a passagem de um registro a outro" de forma muito divertida.

AK, IK, OK ⑭

O exercício consiste em emitir em uma tonalidade rapidamente ascendente, uma curta série composta pelas três sílabas ak, ik, ok (Figura 3.33). O esquema correspondente ao exercício é o seguinte:

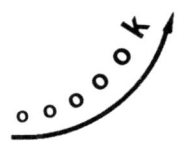

► Fig. 3.33
Ak, ik, ok.

A intensidade da vogal, fraca no início, aumenta rapidamente ao mesmo tempo que a tonalidade sobe, interrompendo-se de forma brusca ao contato com a oclusiva [k].

Cada emissão, que, claro, antecedida por um impulso inspiratório abdominal medido, exige que se recorra à forte dinamização da parede abdominal.

Esse exercício é muito útil nas disfonias orgânicas em que o fechamento glótico necessita ser solicitado de uma forma enérgica, como no caso das paralisias recorrenciais, nas disfonias após traumatismos laríngeos ou nas cordectomias.

O bloqueio da emissão vocal pela consoante [k] permite a essas emissões de caráter dinâmico não ser traumatizantes. A proteção realizada por essa oclusiva permite igualmente acabar com algumas hesitações na emissão vocal intensa, uma vez que o indivíduo tem a segurança de que se trata de emissões breves.

Para variar, pode-se utilizar outras sílabas similares, como ap, it, uk, yup, etc.

CHAMAMENTO ⑮

Esse exercício consiste simplesmente em treinar a voz de chamamento.

Esta deve ser executada em voz de peito com a sílaba Oh! Na nota *mi3*, para os homens, e em *sol3* ou *lá3*, para as mulheres, sabendo que a execução do chamamento em voz de peito não é aceita por todas as mulheres.

Em voz de cabeça, preconiza-se uma emissão em duas sílabas – "hou, hou" – em *fá4/mib4*, a princípio, sabendo que, para os homens, essa emissão de chamamento em voz de cabeça nem sempre é realizável e seu uso é limitado.

A execução da voz de chamamento exige obrigatoriamente a adoção do comportamento de projeção vocal e um trabalho de concentração mental em um alvo real (uma árvore ao longe, uma chaminé, etc.), ou melhor ainda, imaginário.

Exercícios simples utilizando simultaneamente a voz cantada e a voz falada

SUSPIROS SONOROS ⑯

Esse exercício fica um pouco de fora na medida em que as emissões vocais que o compõem saem do quadro da projeção vocal. Aliás, é executado facilmente deitado, ao final do relaxamento e utiliza, de preferência, o sopro torácico superior.

Consiste simplesmente em uma sonorização do suspiro que beneficia tanto a inspiração quanto a expiração.

Pode ser útil nas mudas falsas para descobrir o registro grave. Pode ser empregado também nas afonias psicogênicas e nas disfonias espasmódicas, mas, sem insistir, mais no sentido de gratificar o paciente com um pouco de produção vocal satisfatória, sabendo que o principal do tratamento é outra coisa...

A SIRENE ⑰

Esse exercício é também chamado *som nas bochechas* ou, para as crianças, o lobo (Figura 3.34). Consiste em uma emissão do som [u], em uma tonalidade crescente, depois decrescente, com uma duração de dois a três segundos, posicionando os lábios de tal forma que as bochechas fiquem, durante toda a emissão, infladas sob a influência da pressão de um sopro fonatório, cujo expulsão bucal fica reduzida convenientemente pelo fechamento dos lábios.

O exercício pode ser representado pelo seguinte esquema:

Uma variante com duas lombadas lembra a sirene dos carros de polícia americana, aos quais a televisão nos familiarizou (Figura 3.35).

A vantagem desse exercício é poder compensar o excesso de pressão subglótica por uma contrapressão supraglótica. Obtém-se assim uma diminuição da dife-

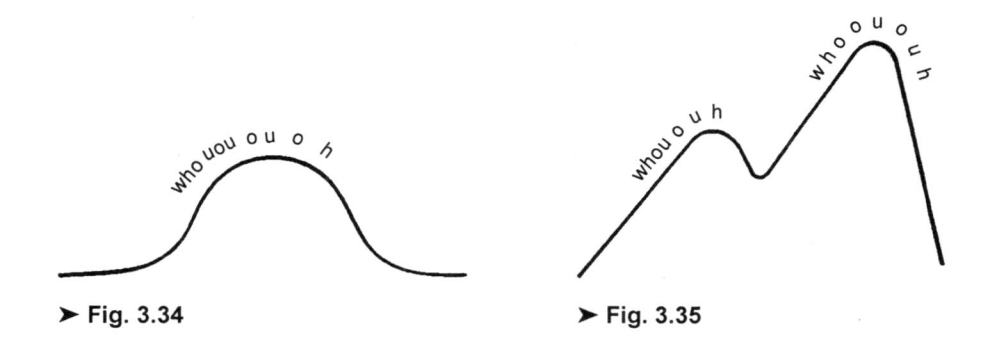

► Fig. 3.34
A sirene.

► Fig. 3.35
A sirene de dois ápices.

► Fig. 3.34

► Fig. 3.35

rença de pressão sub/supraglótica, permitindo realizar produções sonoras de boa qualidade em certas disfonias graves em que o comportamento de esforço é muito intenso. É o que ocorre com bastante freqüência, por exemplo, nas disfonias por união das pregas vestibulares.

CONTAGEM CANTADA-PROJETADA ⑱

Esse exercício consiste em uma emissão de uma série de números em um modo inicialmente cantado, passando progressivamente ao modo falado.

Cada série comporta a princípio três números, mas eventualmente um único. Cada número é antecedido por um "e" cantado quatro tons mais baixo, bem como a(s) primeira(s) sílaba(s) do número, caso se trate de um número plurissilábico. O próprio número ou a última sílaba deste é cantado em um *fá* ou em um *sol*. Do mesmo modo que no *Gravollet*, as sílabas são emitidas na freqüência, em média, de uma por segundo, mas essa freqüência pode ser, conforme a necessidade, acelerada ou relentada.

Cada série é separada da seguinte por um tempo. Estabelece-se assim um ritmo em quatro tempos. Um "gesto de dar" com uma mão, alternando com a outra, acompanha utilmente a emissão. O esquema correspondente ao exercício é o seguinte:

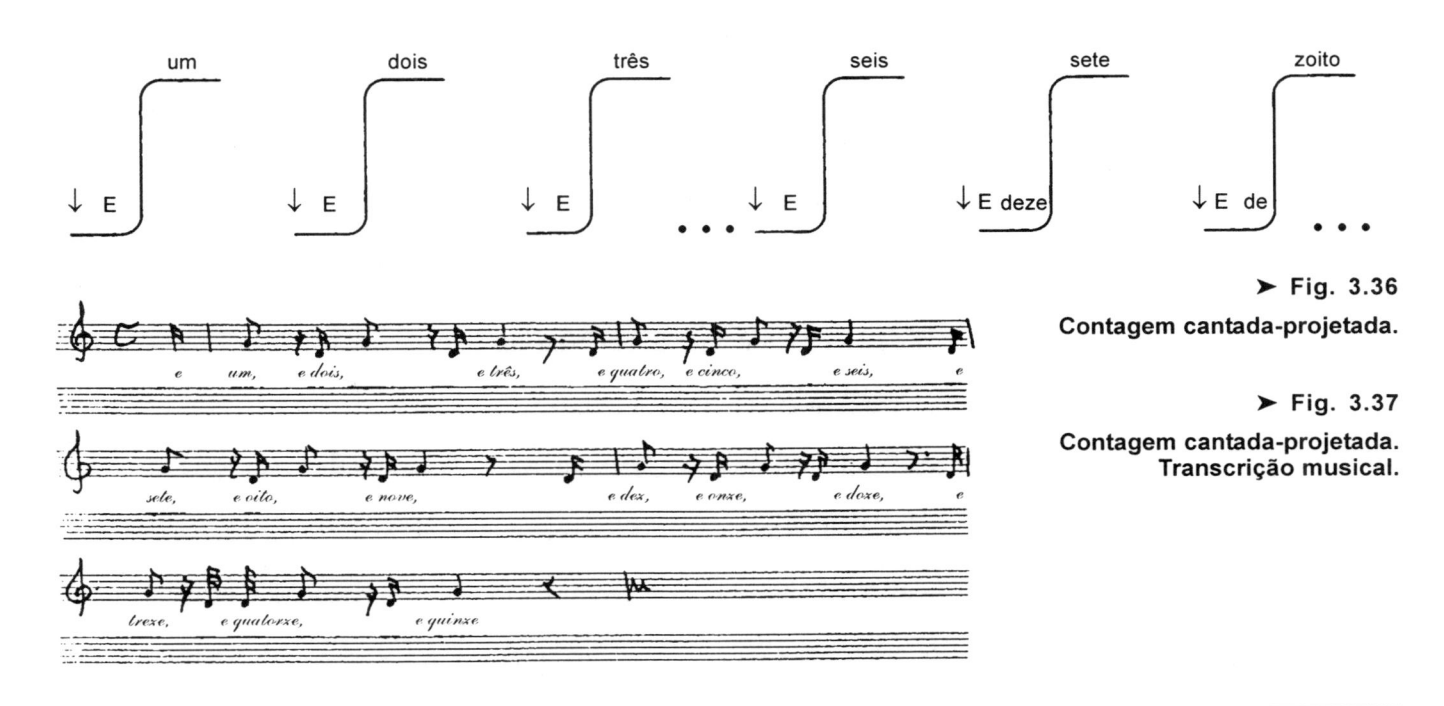

► Fig. 3.36
Contagem cantada-projetada.

► Fig. 3.37
Contagem cantada-projetada.
Transcrição musical.

Uma variante interessante consiste em fazer alternar cada série de três números com a emissão de um único número, cuja última sílaba será mais ou menos prolongada. Dessa forma, tem-se: // e um, e dois, e três// e quaaaatro// e cinco e seis e sete// e oiiiito, etc.

Quando o exercício estiver sendo realizado com facilidade em eco com o reeducador, este, abandonando a regularidade do ritmo, começa a prolongar a última vogal do número, depois, aos poucos, deixa cair a freqüência ao final da emissão. Obtém-se então, progressivamente, a passagem de uma emissão cantada a uma emissão falada, na qual se dará o aspecto afirmativo característico da contagem projetada. Trata-se de um dos meios de se resolver eventuais dificuldades que impeçam a produção da voz projetada.

Como nos demais exercícios, a dinâmica do sopro abdominal será objeto de controle preciso. O exercício da contagem cantada-projetada permite especialmente fazer com que o indivíduo compreenda que a utilização dos abdominais só é realmente necessária no início da emissão. Nesse caso, ocorre juntamente com o "e". Nada é visível, em compensação, no momento da emissão do número. Muitas vezes, no início, preocupado em utilizar bem seu abdome, o indivíduo marca uma segunda contração abdominal no momento em que a voz sobe à quinta para cantar esse número. É importante fazer-lhe descobrir que isso é absolutamente inútil e que a voz "sai" bem sem esse reforço fatigante.

Convém cuidar igualmente para realizar um impulso inspiratório (medido) realmente antes de cada "e". Isso exige uma certa habilidade com a inspiração, sobretudo se o ritmo for muito rápido. Caso necessário, relenta-se no início e volta-se, eventualmente, à prática do *porco-espinho*, que é um excelente exercício totalmente indicado aqui, em caso de dificuldade.

Assim como a dos exercícios simples em voz cantada, essa lista dos exercícios simples em voz falada ou intermediárias à voz cantada e falada não se quer limitativa nem fixa em definitivo.

Aqui, ainda, reunimos o que funciona melhor e o que, atualmente, é aceito mais facilmente pelos pacientes. Ora, essa aceitabilidade é suscetível de evoluir no tempo e ser diferente conforme os ambientes. As variantes são, nesse caso, desejáveis, e mesmo a adoção de formas de treinamento totalmente distintas. De modo geral, quanto mais os exercícios de relaxamento, de sopro e de verticalidade nos parecem relativamente fixos, mais os exercícios vocais nos parecem suscetíveis de evoluir.

☞ DRAGÃO-TEXTO "RETO-TONO" ⑲

Esse primeiro exercício consiste em cantar frase por frase ou ainda linha por linha um texto em uma nota única (reto-tono), como nas salmodias religiosas. O reeducador canta cada linha e o indivíduo canta, em sua vez, tentando imitá-lo ao máximo. Com a ajuda, por um lado, do espelho (em que o indivíduo pode observar sua postura) e, por outro, da escuta da gravação, o reeducador dá esclarecimentos ao paciente a respeito das seguintes instruções:

– a postura de projeção vocal deve ser "estabelecida" de forma a dar a impressão de naturalidade (verticalidade, ausência de tensão supérflua, atenção voltada ao espaço, à "escuta das paredes");

– o impulso inspiratório deve ser regulado da maneira mais adequada. Macio e ligeiro, deve ser feito imediatamente antes de cada linha, sem nenhuma pausa entre esse impulso e o início da emissão vocal. Essa inspiração deve manter seu caráter de impulso para a linha que segue e não transformar em uma recuperação do ar despendida para a linha que antecede. É a essa atenção particular à boa execução do sopro fonatório que o exercício deve, em primeiro lugar, seu nome. Para dizer a verdade, a referência feita ao *sopro do dragão* não é muito exata, já que o sopro é aqui mais ou menos prolongado (não tanto quanto no sopro da naja, por exemplo);

– A articulação precisa e bem ligada deve respeitar o ritmo natural das palavras e, em especial, os prolongamentos vocálicos normalmente presentes no texto quando falado; em outras palavras, o ritmo deve permanecer vivo e não virar "metronômico";

– Deve-se deixar produzir-se, sem exageros, os discretos portamentos (inflexões) que caracterizam uma forma macia de salmodiar. Para que isso fique bem claro, diremos que nos aproximamos mais do estilo "cônego", caloroso e descontraído, do que do estilo muitas vezes praticado, lamentavelmente, em certas comunidades religiosas femininas, onde o "reto-tono" é realizado "rigorosamente na nota" de uma maneira perigosamente tensa e contida, o que resulta às vezes em disfonias características.

O texto, enfim – resumindo tudo –, deve ser cantado de modo convincente. Isso implica estar atento e mesmo receptivo ao conteúdo do texto e resulta no respeito à *pulsão fonatória expressiva natural*. Uma boa forma de alcançar essa expressividade autêntica consiste em dizer o texto para si mesmo no espelho, colocando-se a 3/4 deste e sustentando sua convicção por gestos dirigidos ao seu interlocutor especular que mora do outro lado do espelho, visando a fazer com que escute o que diz o texto.

O exercício será realizado, primeiramente, na nota mais fácil para o paciente (de *dó2* a *mi2*, para os homens, de *dó3* a *mi3*, para as mulheres). Depois, pode-se aumentar a dificuldade, executando o exercício em uma nota mais aguda (um *sol* ou mesmo um *lá*) ou, o que é mais difícil, na nota mais grave possível (a nota "soalho"). Nesse último caso, a execução exigirá um ritmo consideravelmente relentado e um aperfeiçoamento muito cuidadoso da mecânica do sopro e da articulação. A execução em uma nota aguda exige uma mobilização de energia maior.

É o inverso para o grave: "Para descer é preciso descontrair". Nos dois casos, o indivíduo assim colocará à prova o domínio de sua própria tensão psicomotora. Esse exercício é um instrumento de trabalho particularmente eficaz e agradável de ser realizado na medida em que, certamente, é mais atraente cantar palavras do que vogais e números.

DRAGÃO-TEXTO PROJETADO ⑳

Esse exercício é calcado no anterior com a diferença de que o retotono é substituído por uma interpretação falada do texto.

Convém, no entanto, escolher, para esse exercício, textos que sirvam a uma projeção autêntica (textos afirmativos), eliminando deliberadamente os textos descritivos ou narrativos.

Os texto deve ser decomposto previamente em linhas e cada linha, assim individualizada, deve ser considerada pelo indivíduo como uma afirmação independente, desvinculada das anteriores e das que vêm a seguir por uma pausa mais ou menos breve, dando a cada linha um valor de conclusão que não dê espaço para nenhuma continuação.

Tal decomposição permite ao orador interromper o discurso praticamente após cada linha. Em outras palavras, cada linha pode, caso necessário, constituir o final da frase, sendo suprimidas as linhas seguintes sem que se tenha a impressão de uma frase incompleta. Isso implica a ausência especialmente do que se poderia chamar de desvio prosódico, elemento que resulta de uma subida particular da voz ao final da linha (última sílaba), cuja função é advertir o interlocutor que a frase não terminou e que há continuação. A independência de cada linha e, portanto, a ausência desse desvio prosódico é uma característica fundamental do discurso afirmativo, do discurso convincente: a ação verbal fica, devido a essa independência, muito mais flexível e pode muito mais facilmente se adaptar instantaneamente às reações imprevistas do interlocutor.

Uma atenção particular deve ser dada ao impulso inspiratório abdominal que antecede a emissão de cada linha, exatamente da mesma forma que no exercício da *contagem projetada*. Esse último exercício, aliás, serve de apoio ao *dragão-texto projetado*. A partir do momento em que a mecânica do sopro se torna insatisfatória ou que o caráter afirmativo da emissão enfraqueça, é aconselhável voltar momentaneamente à *contagem projetada*.

Dar à emissão vocal um caráter afirmativo nem sempre é algo fácil. Apesar do que dissemos a respeito do desvio prosódico, não se deve acreditar que se trate de um problema de prosódia, isto é, de tom a ser tomado e que o problema é resolvido se se evita o gancho em questão, cuidando para não deixar cair a voz ao final de cada linha. A variação da altura tonal durante a emissão de uma frase é, de fato, somente um dos elementos suscetíveis de expressar a determinação do indivíduo em afirmar o que diz. Na realidade, o que caracteriza essa determinação é a sustentação energética que vai, mantendo-se ou aumentando, até o fim da emissão e mesmo além, sem enfraquecer, ao contrário do que ocorre quando se trata não mais de afirmação, mas de constatação.

Notemos que uma sustentação energética igual ou crescente pode ser expressa tanto pela conservação quanto pelo aumento da intensidade vocal ou por uma aceleração do fluxo ou por uma melhor precisão articulatória, ou por uma maior intensidade do olhar ou por um reforço da postura de projeção[45]. Assim, pode-se ser afirmativo com um tom que sobe, um tom que desce ou um tom horizontal, e a prosódia não determina nada sozinha. É a determinação para agir que importa. Concebe-se, nesse caso, a vantagem para o indivíduo em se ocupar não em primeiro lugar da voz e do tom que ela deve ter, mas, antes de qualquer coisa, do espaço no qual deve agir com sua voz. Pode-se ficar certo de que o caráter afirmativo é efetivo quando se pode dar continuidade a cada linha, com o silêncio que a separa da seguinte pela retomada afirmativa da última palavra, antecedida ou seguida "perfeitamente" por uma palavra, sem que isso tire a credibilidade da interpretação.

Como na contagem projetada, os gestos poderão dar sustentação de modo eficaz à liberação (ou à construção) das possibilidades de afirmação do indivíduo realizada por esse exercício.

Deve ficar claro que a qualidade do texto utilizado também é importante. Pessoalmente, utilizamos sobretudo três lindos textos que constituem uma gama interessante na medida em que seu valor afirmativo é diferente.

O primeiro corresponde a um discurso político. É o discurso de Creonte tirado da *Antígona* de Sófocles, na adaptação feita por Jean Cocteau[46].

O caráter afirmativo atinge seu máximo. É o discurso do ditador que vem tomar o poder. Mesmo que na tragédia de Sófocles ele se dirija apenas a uma dezena de sábios, ele incita facilmente a uma intensidade vocal notável como se fosse dirigido a todo povo.

---

[45] Cf. *A voz*, Volume 1.
[46] Texto original em francês extraído de Jean Cocteau, Antigone, Théâtre I, com autorização de Éditions Gallimard. O primeiro parágrafo do texto é utilizado para exame do comportamento fonatório (cf. Volume 2, Capítulo 1).

> Fig. 3.38
> Discurso de Creonte.

> *Citoyens,*
> *Les dieux ont sauvé cette ville du naufrage.*
> *Je vous ai tous réunis,*
> *Sachant votre respect pour la maison de Laïos,*
> *Votre fidélité à Œdipe*
> *Et à ses fils.*
> *Les fils se sont entre-tués.*
> *Tout le pouvoir passe entre mes mains.*
>
> *Avant qu'un homme se prouve,*
> *Il est difficile de le connaître.*
> *Pour moi,*
> *Je blâme celui qui gouverne sans consulter autour de lui.*
> *Je blâme encore le chef*
> *Qui sacrifierait la masse aux intérêts d'un seul individu.*
> *Jamais je ne flatterai mon adversaire.*
> *Um prince juste ne manque pas d'amitié.*
> *Tels sont mes principes.*
>
> *C'est pourquoi,*
> *J'ai dicté le décret relatif aux fils d'Œdipe.*
> *Etéocle est un soldat,*
> *Qu'on lui rende les honneurs.*
> *Polynice est revenu d'exil pour nous incendier*
> *Nous bafouer,*
> *Nous réduire en esclavage.*
> *Je défends qu'on l'honore.*
> *J'ordonne que son cadavre appartienne aux chiens et aux corbeaux.*
> *Jamais je ne confondrai la vertu et le crime.*
> *J'ai dit.*

O segundo texto é tirado de *Uma estação no inferno*, de Rimbaud. O caráter afirmativo atinge também o máximo. Constitui de algum modo um formidável manifesto anarquista (não se é obrigado a aderir). Porém, a força desse texto não exige um grande volume vocal. Pode-se pensar como interlocutor não uma multidão, como o primeiro texto, mas alguns delatores.

> Fig. 3.39
> Uma estação no inferno.

> *Encore tout enfant,*
> *J'admirais le forçat intraitable*
> *Sur qui se referme toujours le bagne;*
> *Je visitais les auberges*
> *Et les garnis*
> *Qu'il aurait sacrés par son séjour;*
> *Je voyais*
> *Avec son idée*
> *Le ciel bleu*
> *Et le travail fleuri de la campagne,*
> *Je flairais sa fatalité dans les villes.*
> *Il avait plus de force qu'un saint,*
> *Plus de bon sens qu'un voyageur*
> *Et lui*
> *Lui seul*
> *Pour témoin de sa gloire et de sa raison.*

> *Sur les routes,*
> *Par les nuits d'hiver,*
> *Sans gîte,*
> *Sans habits,*
> *Sans pain,*
> *Une voix étreignait mon cœur gelé;*
> *« Faiblesse? ou force?:*
> *Te voilà,*
> *C'est la force.*
> *Tu ne sais ni où tu vas,*
> *Ni pourquoi tu vas,*
> *Entre partout,*
> *Réponds à tout.*
> *On ne te tuera pas plus que si tu étais cadavre».*
>
> *Au matin*
> *J'avais le regard si perdu*
> *Et la contenance si morte*
> *Que ceux que j'ai rencontrés ne m'ont peut-être pas vu.*
> *Dans les villes*
> *La boue m'apparaissait soudainement rouge et noire,*
> *Comme une glace quand la lampe circule dans la chambre voisine*
> *Comme un trésor dans la forêt!*
> *Bonne chance, criai-je*
> *Et je voyais une mer de flammes et de fumée au ciel;*
> *Et à gauche,*
> *À droite,*
> *Toutes les richesses flambant comme un milliard de tonnerres.*

O terceiro texto é tirado do romance de Blaise Cendrars, *O Ouro*[47]. O caráter afirmativo não é tão implacável. Ele busca suscitar o interesse mais para o que é dito do que em provocar a convicção no outro. O último parágrafo desse texto é interessante no sentido de que é feito por uma série de frases interrogativas que, na verdade, não constituem de forma alguma interrogações (às quais se poderia responder), mas afirmações de interrogações: cada uma afirma que há uma questão para ser respondida.

Sabe-se que o ato de fala é tributário de três domínios distintos[48]: o das coisas das quais se fala é o domínio *referencial* (fala-se de acordo com o que se tem a dizer); o da forma como são sentidas as coisas que se diz é do domínio da *expressividade*; o da forma como se vive, enfim, as *circunstâncias* nas quais se fala (a fala difere conforme o lugar onde se fala, os interlocutores, o papel que se tem, etc.).

No exercício do *dragão-texto projetado*, trata-se essencialmente de treinar o indivíduo a adaptar sua fala a esse último domínio. O problema da projeção vocal é inteiramente tributário. Isso pode, evidentemente, traduzir-se por um empobrecimento no que diz respeito ao aspecto expressivo, sobretudo quando o indivíduo está ainda ocupado em melhorar a mecânica de seu comportamento (verticalidade, uso do sopro abdominal). Em conseqüência, quando o comportamento de projeção for realizado de uma maneira natural, a expressi-

---

[47] Blaise Cendrars. Estraído de *L'Or*, com autorização de Éditions Denoël.
[48] Cf. *A voz*, Volume 1.

> Fig. 3.40
O ouro.

De la vallé du Mississipi
Jusqu'au-delà des montagnes géantes,
Bien loin,
Bien loin
Bien avant dans l'Ouest
S'étendent des territoires immenses
Des terres fertiles à l'infini:
Des steppes aides à l'infini:
La prairie
La patrie des innombrables tribus peaus-rouges
Et des grands troupeaux de bisons
Qui vont et viennent comme le flux de la mer.

Mais après
Mais derrière?
Il y a des récits d'Indiens qui parlent d'un pays enchanté
De villes d'Or.
De femmes qui n'ont qu'un sein.
Même les trappeurs
Qui descendnt du Nord avec leur chargement de fourrures
Ont entendu parler
Sous leur haute latitude,
De ces pays merveilleus de l'Ouest,
Où, dissent-ils, les fruits sont d'or et d'argent.

L'Ouest?
Qu'est-ce que c'est?
Qu'est-ce qu'il y a?
Pourquoi y a-t-il tant d'hommes qui s'y rendent et qui
n'en reviennent jamais?
Ils sont tués par les Peaux-Rouges;
Mais celui qui passe outre?
Il meurt de soif;
Mais celui qui traverse les déserts?
Il est arrêté par les montagnes.
Mais celui qui franchit le col?
Où est-il?
Qu'a-t-il vu?
Pourquoi y en a-t-il tant parmi ceux qui passent chez moi
Qui pinquent directement au nord
Et qui, à peine dnas la solitude,
Obliquent brusquement à l'Ouest?

vidade retomará seu lugar. Aliar a eficácia de uma projeção vocal à riqueza de uma expressividade que deixa expressar as reações afetivas suscitadas pelo texto é, evidentemente, o ideal para o qual deve se poder conduzir alguns pacientes. Para isso, pode-se utilizar uma técnica de aperfeiçoamento, criada por Émile Dars, a Expressão Cênica (terapia emocional a partir dos textos) que descreveremos mais adiante e que constitui um complemento muito oportuno à técnica da projeção vocal.

OS CONSPIRADORES ㉑

Esse exercício constitui uma variante do *dragão-texto projetado*. As instruções são exatamente as mesmas, a única diferença é que o texto é pronunciado não em voz alta, mas em voz quase sussurrada. Ora, essa ausência de volume vocal deve se traduzir, no entanto, por um nível de projeção intensa, isto é, por uma forte determinação em convencer[49]. Pode-se ajudar o indivíduo, sugerindo-lhe a idéia de arengar, de estimular a passagem à ação os principais responsáveis por um golpe de estado. São quatro horas da manhã, bem cedo cada um estará em seu posto e dentro de uma ou duas horas terá início a ação. Convém, pois, estimular solidamente as tropas, sem, entretanto, despertar a guarda.

Esse divertido exercício permite com que o indivíduo apreenda bem o conceito de projeção vocal e grave em sua mente que a intensidade vocal não é tudo e que, conseqüentemente, a vantagem não é obrigatoriamente daquele que fala mais forte.

MOAGEM E MISTURA

Não, este título não está errado! Não saímos da reeducação vocal e entramos em receitas de cozinha. *Moagem* e *mistura* são duas práticas um pouco opostas que se aplicam ao conjunto dos exercícios vocais.

A *moagem* utiliza o efeito de repetição de uma mesma emissão vocal com o objetivo de obter uma simplificação do gesto fonatório por um tipo de decantação progressiva. Essa *moagem* pode ser empregada a qualquer exercício. Pode tratar-se tanto da sílaba "mi", extraída do exercício *ma, me, mi, mo, mu*, da seqüência "*treze, quatorze, quinze, dezesseis*", extraída das *ameias* ou de uma *linha* de um texto dito *reto-tono*.

O reeducador começa a "moer" o elemento escolhido (é bom acompanhar com um gesto) e o paciente é convidado a entrar em uníssono nessa repetição desde que comece a sentir o ritmo. O número das repetições pode ser de 15 ou 20 ou mais e deve-se ter a impressão de uma "instalação" em uma mecânica que, aos poucos, evoluiria sozinha. A partir do momento que isso é obtido, o reeducador pode calar-se progressivamente e deixar o paciente continuar um pouco sem ele.

Para obter essa impressão de instalação muito característica dessa prática, é preciso evitar qualquer precipitação. Cada emissão deverá para isso ser cuidadosamente separada da seguinte por um curto período de tempo do qual já falamos (repouso no ponto zero na *curta espera* de uma nova partida iminente)[50]. Por outro lado, é preciso que o impulso do sopro fonatório seja ajustado de forma cada vez mais precisa. Deve-se, por fim, refazer progressivamente a postura geral de verticalidade e de presença de si no meio em que se encontra.

Quanto à *mistura*, consiste em uma passagem contínua de um exercício a outro e pode ser praticada facilmente ao final da reeducação.

O reeducador propõe uma emissão vocal tirada de um exercício que o paciente repete em eco, como habitualmente, depois passa a uma emissão tirada de um outro exercício que o paciente repete igualmente e assim sucessivamente. Passa-se assim, por exemplo, sem transição, de uma seqüência de *Gravollet* a uma emissão *em sirene*, depois a uma linha de *texto projetado*, etc., conforme a inspiração do reeducador.

Essa prática permite passar rapidamente por toda a técnica vocal; permite também exercitar a maneabilidade da voz.

---

[49] Lembremos que a voz projetada não é, de forma alguma, sinônimo de voz alta e que se pode ser extremamente afirmativo com uma voz de volume reduzido: a intensidade da projeção vocal corresponde não à intensidade da voz, mas à força da determinação de agir do indivíduo.
[50] Cf. p. 174.

PEDAGOGIA DA ALTURA TONAL

Como dissemos, a realização dos exercícios vocais exige, ao menos para alguns, que a altura tonal não seja deixada ao acaso, mas seja, ao contrário, objeto de um controle preciso. Com efeito, tal exercício, fácil se adotado tal tom, torna-se mais difícil se adotado um outro. Vimos, aliás, que é possível dosar a dificuldade de um exercício, alterando somente a altura tonal exigida.

Um disfônico a cada dois, ao menos, não apresenta, no momento do exame, nenhuma dificuldade maior quanto ao domínio da altura tonal de sua emissão vocal. Pode cantar de modo "mais ou menos" bem e a idéia de emitir um som por imitação em boa freqüência não constitui para ele um problema, contanto que esse som fique na parte média de sua tessitura.

Na outra (pequena) metade, ao contrário, o indivíduo disfônico declara, na primeira conversa, que não canta muito bem ou que canta completamente mal, ou que é melhor não tentar senão pode chover.

O verdadeiro falso problema do ajuste vocal

O ajuste vocal é adquirido naturalmente de modo progressivo entre três e sete anos. Evidentemente, como em todas as áreas, algumas crianças são mais precoces que outras. Mas quando, ao longo desse período, a criança é levada a se preocupar com esse ajuste, porque lhe fazem observações sobre isso (você canta mal!) ou porque todos são músicos na família e ele não é tão bom, pode ter dificuldades que comprometam a evolução normal do ajuste de sua voz. Corre o risco, de fato, de reagir com um desinteresse – "já que eu não consigo, isso quer dizer que não dou para cantar" –, parando assim de experimentar. Ou, ao contrário, corre o risco de reagir com um comportamento de obsessão voluntária – "Eu conseguirei". Ora, os esforços para ajustar a voz são extremamente prejudiciais ao ajuste natural. Para reproduzir exatamente uma melodia, é preciso, de fato, ter tempo para escutá-la, interessar-se, ter prazer. Quando se tem pressa, ânsia de produzir notas boas, não se tem tempo de escutar a melodia antes de botá-la para fora. Em suma, o esforço para reproduzir com perfeição prejudica essa escuta interiorizada que é a condição primordial para o ajuste da emissão.

Isso é confirmado na prática. Com efeito, em uma criança de seis ou oito anos, para que sua voz se ajuste, basta, em geral, dizer-lhe: "Abra bem seus ouvidos para que os sons que faço que eu te repito duas ou três vezes (ou mais) entrem bem na sua cabeça e, quando forem bem fixados, tu os deixa sair com a tua voz".

Para o adulto, às vezes, não é tão simples, mesmo que reconheça que, para ele, as coisas aconteceram assim quando era criança. Em aula de canto, era solicitado articular somente: "Tu, podes fazer de conta", o que lhe confirmava a idéia de irremediabilidade. Nesse caso, freqüentemente é necessário, para resolver o problema, começar por fazer o paciente repetir as três qualidades de um som musical: altura, intensidade, timbre, para que distinga bem um do outro.

Para a maioria desses pacientes, no entanto, o exame da voz cantada mostra que, contrariamente à sua afirmação, podem "produzir notas" (ou ao menos algumas notas) sem muita dificuldade. Constata-se, nesse caso, que no momento de abordar os exercícios vocais, o ajuste tonal não apresenta nenhum problema. Provavelmente, a prática do relaxamento e a evolução referente ao sopro fonatório serviram para alguma coisa.

Talvez seja somente para 5 ou 10% dos pacientes que o problema do domínio tonal se apresente com certa acuidade, exigindo procedimentos pedagógicos especiais. A primeira coisa a ser feita é, em primeiro lugar, convencer o paciente de que ajustar sua voz é importante para a prática do treino vocal e que isso não é muito complicado de se conseguir, apesar das idéias contrárias que circulam normalmente sobre isso.

Pensa-se freqüentemente, de fato, que cantar mal é congênito e irremediável: ora, isso é totalmente falso, a experiência prova com muitos exemplos.

Distinguir os caracteres acústicos do som musical

Com o objetivo de levar o indivíduo a distinguir os três caracteres acústicos do som musical, o reeducador pode utilizar um gesto com as mãos firmando um círculo como se se tratasse de manter um tubo vertical, emitindo sons ao mesmo tempo que variam segundo a altura, depois, a intensidade e, por fim, o timbre.

Para simbolizar as variações de *altura* (sons de sirene com a boca fechada), o reeducador sobe e abaixa suas mãos em círculo conforme o som suba ou desça.

Para simbolizar as variações de *intensidade*, o reeducador afasta ou aproxima suas mãos, como se se tratasse de um tubo mais grosso ou mais fino, produzindo, ao mesmo tempo, um som de altura constante, mas de intensidade crescente e decrescente.

Para simbolizar o *timbre*, finalmente, desloca suas mãos no plano horizontal, produzindo sons de mesma altura e mesma intensidade, mas de timbre variado. Por exemplo, diversas vogais mais ou menos deformadas guturalizadas ou nasalizadas.

Durante essas manobras, o paciente não deverá fazer outra coisa senão escutar e olhar, tentando fazer as correspondências entre o caráter dos sons emitidos pelo reeducador e os deslocamentos das mãos deste. O reeducador não deverá fazer com que o paciente adivinhe se o som sobe, desce, aumenta, diminui ou muda de timbre, mas deve lhe permitir, através do símbolo gestual, constatar tais variações e familiarizar-se com elas.

Se essa familiarização parece difícil, o reeducador pode propor um outro sistema de simbolização proveniente de uma comparação com o barulho do motor:

– para a *altura*: um som que "sobe" é um motor que se acelera; um som que desce é um motor que relenta;

– para a *intensidade*: um som cuja intensidade aumenta é um motor do qual nos aproximamos (ou representa a sala das máquinas com a porta aberta), enquanto o motor gira em velocidade constante;

– para o *timbre*: rapidez de rotação e proximidade do motor são constantes, mas modificações intervêm nos órgãos que cercam o motor, criando modificações de ressonância ou de estridência (há "algo enjambrado" no motor).

Um trabalho de alguns minutos sobre esses temas durante dois, três ou quatro sessões são suficientes, em geral, para que o indivíduo distinga bem as três qualidades acústicas dos sons. Fica possível então treiná-lo a reproduzir um determinado som.

Reprodução de um determinado som

O reeducador produz para o paciente escutar um som prolongado, ou de boca fechada, ou um [o] em um tom fácil para ele. Este deve escutar o som pelo tempo que achar necessário (10 segundos, por exemplo, mesmo se isso obrigar o reeducador a tomar fôlego várias vezes durante a produção do som), depois tentar emitir pensando em colocar naquele ambiente um som idêntico. Para facilitar, pode-se apresentar ao indivíduo um som com portamento vocal marcado, isto é, de partida ascendente. Sugere-se ao paciente que deve fazer como se tomasse o elevador com esse som e parasse assim que sentisse que chegou no andar certo.

Se o som emitido for adequado, o paciente poderá conferir na fita gravada (tudo deve ser, de fato, registrado). Depois, passa-se à emissão de sons vizinhos, em que o indivíduo se torna rapidamente capaz de reproduzir um dado som com um tempo de escuta cada vez mais curto.

Se o som emitido não for adequado, o reeducador avisa o paciente que vai reproduzir o som emitido por ele e propõe-lhe emitir novamente esse som em seguida: "Você fez isso: [o...], faça novamente". Em geral, nesses condições, o indivíduo reproduz o som apropriado. O reeducador propõe então dois sons: o que acaba de ser produzido e o som anteriormente proposto. O indivíduo, na maioria das vezes, consegue reproduzir esses dois sons e isso é o início da possibilidade para ele de reproduzir um som adequado conforme queira.

Às vezes, no entanto, o indivíduo continua distante do som proposto, escapando "por baixo" do som que acaba de emitir cada vez que o reeducador produz este. Salvo exceção, esse comportamento não resiste a algumas tentativas sucessivas intercaladas pela escuta da gravação.

Em certos casos, a dificuldade está simplesmente na diferença de sexo entre o reeducador(a) e o(a) paciente, que não consegue perceber que o som que deve ser produzido está em uma oitava abaixo do som emitido pela reeducadora, ou uma oitava acima do som feito pelo reeducador.

Nesse caso, o reeducador pode apresentar ao indivíduo imediatamente após o som a ser reproduzido, depois o som que será realmente emitido pelo indivíduo e que será, segundo o caso, uma oitava mais alta ou mais baixa. "Meu primeiro andar corresponde ao seu térreo, pode dizer o reeducador a sua paciente. Assim, para lhe dar o tom, escolho entre dois meios ruins: ou lhe dou o som com minha própria voz e corre-se o risco de parecer impossível a você, pois é extremamente grave; ou subo um andar para lhe dar o som real (acusticamente) que você deve produzir, mas, nesse caso, você terá vontade de subir um andar, tomando a oitava acima. Então lhe dou os dois sons, o meu e o seu". Às vezes, tal problema se resolve mais facilmente dando-se não apenas um único som, mas uma melodia, como, por exemplo, as seis primeiras notas de "*Au clair de la lune*". Em seguida, pode-se voltar a uma nota isolada sem problemas.

Às vezes, o som adequado só pode ser produzido se o reeducador continua a produzir o som. A instrução que deve ser dada pelo reeducador é a seguinte: "Eu faço um som prolongado, tomando fôlego de tempos em tempos; escute bem esse som e, quando lhe parecer possível, entre nesse som comigo tomando o elevador".

Em outros casos, por fim, relativamente raros, o indivíduo emite um som particularmente próximo daquele proposto pelo reeducador, mas mantendo uma distância mínima, levando-o logo abaixo da nota, como se algo o impedisse, apesar de sua boa vontade, deixá-lo ir em uníssono perfeito. Está-se, nesse caso, diante de um fenômeno muito particular que chamamos *aproximação com distância tonal mínima*.

Esse fenômeno nos parece ocorrer quando os sons são exatamente ajustados, há uma fusão (mesmo se diferem de uma oitava!) e eles se confundem. Torna-se então difícil comparar a lembrança do som que se deve imitar e o som produzido na medida em que não se distingue mais realmente um do outro! Ainda nesse caso, isso pode ser resolvido com a escuta das gravações e com as repetições. Às vezes, porém, isso parece absolutamente impossível. Trata-se provavelmente de uma defesa contra a fusão e a perda de identidade e pode ser preferível não insistir. O que se pode fazer é sugerir ao paciente iniciar um trabalho psicológico em nada relacionado com o problema do ajuste vocal mesmo.

Sabe-se que normalmente, quando várias pessoas cantam a mesma nota, suas vozes tendem a se ajustar de maneira absoluta, isto é, exatamente com a mesma freqüência, contanto que essas pessoas estejam em uma postura de *escuta transcendente* em que se está em um estado de receptividade de fusão quanto à voz comum emitida em um espaço sem limite preciso. Ato estimulante ou cativante de cantar junto na sublimação de si para o melhor... ou para o pior! É o medo inconsciente desse pior que nos parece ser, em certos casos resistentes, a origem desse fenômeno singular do afastamento tonal mínimo. Um trabalho de vários meses acerca desse tema com dois pacientes nos convenceu disso, apresentando um resultado positivo para um e um abandono para o outro.

Quando um som é realizável sem muita dificuldade, passa-se à execução de dois sons separados por intervalos inicialmente fáceis (1 tom, depois 2 tons). O reeducador emite várias vezes os dois sons encadeados até que o paciente perceba bem, antes de tentar ele mesmo. Em um segundo momento, faz-se intervalos mais difíceis (1/2 tom, 5 tons, etc.), passando em seguida à execução de séries de sons variados, crescentes e decrescentes: até alcançar a execução de uma escala inteira. Pode-se então cantar melodias simples: "Frères Jacques" é bastante cômodo, bem como "Au clair de la lune" ou "J'ai du bon tabac", etc.

A partir daí, não haverá mais dificuldades para o indivíduo praticar os exercícios cantados que descrevemos, ajustando-se ele próprio com a ajuda do diapasão com cursor.

Pode-se seguir um pouco nessa descoberta do universo dos sons musicais na medida em que o indivíduo se interessa, levando-o a perceber a diferença de atmosfera existente entre as três escalas *maior* (sólida, tranquilizadora), *menor* (melancólica, romântica) e *atonal* (aérea, imaterial). Pode-se também, beneficiando-o da mesma forma, ensinar ao paciente algumas canções, justamente para provar a ele que pode muito bem cantar.

INIBIÇÃO DA PROJEÇÃO VOCAL E NOÇÃO DE ESPAÇO VOCAL

Como podemos constatar com a leitura de sua descrição, os exercícios vocais não se destinam somente à mecânica do corpo durante a fonação, mas também à imaginação do indivíduo. Trata-se, de fato, de engajá-lo de modo autêntico em uma ação em que utilizará sua voz exatamente como o faria na vida. Na vida, a atenção não se volta habitualmente à voz, mas ao espaço onde se encontra o interlocutor ou o público ao qual se dirige. O movimento talvez não seja realmente natural se ignorada essa questão do destinatário. Daí a importância que damos aos exercícios de concentração do indivíduo no alvo – aqui imaginário – de sua projeção vocal (cf. p. 138).

Frequentemente, o indivíduo tende a escamotear essa preocupação, devendo o "alvo" regularmente ser lembrado (com a ajuda de indicações verbais ou gestuais) durante os exercícios. Isso não é tão fácil na medida em que, muitas vezes nesse caso, tem-se de lutar contra a inibição da projeção vocal e da atitude mental e física que a sustenta.

A inibição da postura de projeção vocal é normal até um certo ponto. Normalmente, não nos permitimos parecer agir sobre o outro sem que nos sentamos autorizados. Somente a postura do indivíduo pode significar essa intenção de agir sobre o outro. Se, por caso, sinto-me no direito, rosto para frente, olhar nos olhos, e se alguém se coloca sem querer bem no meio de meu campo visual, deveria modificar minha atitude, "quebrá-la" levemente, descentrando meu olhar ou alterando minha verticalidade com um leve movimento de cabeça, senão a pessoa que entrou no meu campo visual se sentirá envolvida comigo. Terá o direito de me dizer: "Por que você me olha assim?", ou então "Desculpe! Nos conhecemos?". Isso pode ser muito desagradável e para evitar semelhantes erros de percurso, minha postura se afasta involuntária e automaticamente desta da projeção vocal, na medida em que esta é inoportuna. Em outras palavras, há, em estado normal, um mecanismo de inibição da postura de projeção vocal.

No cotidiano, o indivíduo que fala ocupa, devido à sua voz, um determinado espaço. A fala é um meio de possuir um certo espaço em torno de si e de se impor a todas as pessoas que ali se encontram. A potência vocal necessária à ocupação de um dado espaço varia consideravelmente conforme as circunstâncias: barulho, "clima", número e caráter das pessoas presentes[51]. Mas a noção de perímetro de ação vocal é perfeitamente precisa e, normalmente, cada um regula de maneira automática as características de sua voz segundo a abrangência que entende instintivamente lhe dar quando necessário.

Assim, quando um grupo discute alegremente em uma sala de restaurante de pequenas dimensões em que está sozinho, o volume vocal empregado se reduz normalmente de modo automático quando um outro grupo entra na sala. Se essa redução não ocorre, significa que a chegada desse novo grupo não foi levada em consideração. Há, com efeito, uma patologia inversa à que mencionamos e que resulta de uma falta de inibição. Quem nunca ficou incomodado com essas pessoas que falam alto (só se escuta ele!!!)? e a ausência de inibição não é uma das mais preocupantes características do comportamento esquizóide?

Na reeducação vocal, os mecanismos de inibição podem constituir, por sua hipertrofia, um obstáculo que será preciso superar.

Certos disfônicos não têm outra razão de assim sê-lo senão a existência de uma inibição excessiva da postura de projeção vocal. Um indivíduo, nesse caso, apresenta às vezes uma dificuldade que parece insuperável a se manter ereto, a olhar para um lugar preciso (o barco no mar), a não piscar durante a emissão de um sopro ou de um som dinâmico, a não avançar o mento nos mesmos atos.

Freqüentemente, o indivíduo tem tanta dificuldade em vencer esse tipo de inibição que, quando se obriga a executar da melhor maneira possível um exercício, tal como o *sopro do sagitário*, por exemplo, o suor escorre por sua testa como dissemos, manifestando assim inegavelmente seu incômodo.

Aos poucos, graças ao treinamento, aprende a "viver" como alguém que pode se manifestar de modo dinâmico, assumindo todos os riscos de reações que isso comporta por parte "daqueles que estão em sua frente".

A postura de projeção vocal se adquire somente se esses riscos forem assumidos pelo indivíduo.

OUTRAS CONCEPÇÕES DA REEDUCAÇÃO VOCAL

Não pretendemos dar conta aqui de todas as técnicas que podem ser propostas em vista do tratamento reeducativo das disfonias. Para isso, seria necessário uma grande obra com a participação de inúmeros autores, pesquisas aprofundadas, confrontos de profissionais e ainda a apresentação de documentos audiovisuais. No entanto, realizamos, no XXXIII Congresso da Sociedade Francesa de Foniatria e no V Congresso da União Européia dos Foniatras, ocorridos conjuntamente em Paris, em outubro de 1976, um relatório referente a uma pesquisa sobre a prática da reeducação vocal[52]. Se não há equívoco, não parece que uma pesquisa dessa amplitude tenha sido realizada desde então, o que é bem lamentável. De qualquer forma, pensamos que, apesar de já termos passado em quarto de século desse trabalho, muitos elementos podem ser aproveitados e interessar ao leitor.

---

[51] A voz se regula naturalmente não pelo simples fato de que o indivíduo escuta sua voz, como sempre se diz, mas por avaliar subconscientemente que outro o percebe, o que é mais complexo.
[52] A primeira parte desse relatório foi publicada em 1980, no *Bulletin d'Audiophonologie*; 10, 3: 57-107. A segunda parte foi publicada em 1982, na mesma revista: 14, 4: 67-106.

> **Pesquisa sobre a prática da reeducação vocal**
>
> Essa pesquisa foi realizada em duas fases. Um primeiro questionário bastante sucinto foi dirigido a 450 pessoas (foniatras e fonoaudiólogas) que supostamente trabalham com reeducação vocal, das quais 200 de outros países (27 países diferentes integraram a pesquisa); 108 pessoas responderam a esse questionário.
>
> No segundo momento da pesquisa, uma carta personalizada (às vezes, duas) foi dirigida a 95 dessas pessoas, 13 outras tendo sido entrevistadas. Respostas complementares substanciais puderam ser obtidas assim de 62 pessoas. Para sete dessas respostas, particularmente bem estruturadas, fizemos uma apresentação sintética de cada uma.[a]
>
> [a] Os sete autores referidos são: Gunderman (RDA), Zaliouk (Israel), Kiml (Checoslováquia), Dinville (França), Svend Smith (RFA), La Monaca (Itália), Cornut (França), aos quais devemos acrescentar Van Riper (EUA: resumo feito a partir de *Voice and Articulation* de Van Riper e Irwin) e nós mesmos.

Freqüentemente, há uma distância significativa entre o que um reeducador diz e sua prática e o que faz na realidade. Além disso, mesmo no caso em que se relate com exatidão um modo de procedimento e os resultados obtidos, nunca se está seguro dos mecanismos pelos quais esses resultados são obtidos: as razões pelas quais "isso funciona" e pelas quais "isso não funciona" podem ser totalmente desconhecidas do próprio terapeuta e, evidentemente, do paciente. Considerando tais reservas e nos limites dos resultados de nossa pesquisa de 1976, daremos aqui as principais orientações que pareceram se destacar.

Primeira evidência, a utilização do relaxamento expandia-se, já que somente 7 terapeutas sobre 108 declaram não a utilizar nunca, enquanto 50 declaram utilizá-la sempre. Está-se longe das hesitações de Tarneaud. Encontramos, no entanto, alguns reeducadores que a excluem, considerando-a externa ao domínio da reeducação, ou a consideram apenas como um quebra-galho nas sessões em que o reeducador está sem muita imaginação.

Alguns terapeutas partidários da utilização do relaxamento a rejeitam nos casos das disfonias "hipocinéticas". Dissemos muitas coisas a respeito do que pensamos sobre essa divisão entre disfonia hiper e hipocinética, não havendo necessidade de voltar a isso. Alguns autores preconizam somente métodos de relaxamento locorregionais.

Por ordem de freqüência, os métodos de relaxamento citados são os seguintes: Schultz, Le Huche[53], Sapir, Jacobson, Ajuriaguerra, Stokvis, Wolpe-Lazarns, Gerda Alexander, Wintrebert, Svend Smith, o yoga.

Segunda evidência, contrariamente às prescrições de Tarneaud, a técnica do *sopro fonatório* é objeto, para a grande maioria dos terapeutas, de exercícios especiais em que o ato do sopro é aperfeiçoado independentemente da produção vocal. Para a maioria, trata-se de um domínio a ser adquirido. Para um certo número, pode-se lamentá-lo, trata-se de treinar a própria respiração julgada insuficiente. A melhora da ventilação pulmonar é ainda freqüentemente confundida com a melhora do ato do sopro fonatório!

A posição adotada para tais exercícios é diversificada. A posição vertical, costas na parede, proposta por Tarneaud, dá lugar às posições em pé sem apoio, deitada ou sentada.

As instruções pedagógicas variam muito conforme os profissionais: muita explicação... ou nada. Demonstrações ao paciente solicitado a imitar; manipulações da parede abdominal, dos ombros, do pescoço.

[53] Esse segundo lugar que ocupamos resulta evidentemente de um certo viés, já que autor e pesquisador são, nesse caso, a mesma pessoa!

Todos os terapeutas sem exceção preconizam o domínio do sopro abdominal, mas alguns preconizam um movimento "respiratório" lento profundo e nasal. Felizmente, essa atitude é excepcional.

Para a *prática vocal* propriamente dita, as variações são muito mais importantes e isso nos parece lógico.

Certos terapeutas pensam que os exercícios vocais devem ser indicados desde o início da reeducação. Para um número certamente grande[54], a reeducação é durante algum tempo extravocal: período preparatório dedicado aos exercícios de relaxamento e de sopro exclusivamente.

Certos profissionais preconizam exercícios vocais em posição deitada, mas é uma posição mais rara. Para a maioria, esses exercícios devem ser praticados em pé ou sentados.

O material fonético utilizado é interessante a ser considerado: as séries naturais (dias da semana, meses do ano, número de anos) são amplamente utilizadas, provavelmente porque representam um material fonético variado e não exige esforço de memorização.

Sons elementares, vogais fechadas ou abertas, sons com a boca fechada, sons consonantais (consoantes sonoras prolongadas), bocejos, suspiros sonoros, mugidos, risos, gritos de animais são prescritos de forma variada por alguns reeducadores, com indicações precisas, adaptando-se a cada caso.

O mesmo ocorre com a produção de logarítmos e de sílabas. Alguns entrevistados dão uma atenção particular à composição fonética desses logarítmos e dessas sílabas, cuja execução é prescrita conforme uma progressão definida e com um objetivo preciso (Cornut). Certos reeducadores consideram, na escolha dos exercícios implicando sons elementares, o caráter hipo ou hipertônico da disfonia: "Utilizo exercícios de ataque suave: mascar, bocejar para as vozes hipertônicas" (Damste). Quanto aos textos, muitos reeducadores os utilizam nos exercícios ditos de leitura indireta, em que o reeducador lê uma frase ou um trecho de frase que o indivíduo deverá, por sua vez, repetir imitando-o. Certos terapeutas exigem, nesse caso, uma articulação mais forte e um relaxamento tonal ao final da linha (L. Gaches) ou ainda o prolongamento das vogais e a execução de encadeamentos (Maximov).

Durante essa leitura indireta, o reeducador geralmente controla com sua mão colocada no abdome do indivíduo a execução correta do sopro abdominal.

Esse mesmo cuidado é igualmente indicado nos exercícios de conversação em que o indivíduo é solicitado a contar, por exemplo, seu dia, tendo atenção à técnica respiratória. Muitos reeducadores se interessam pelas qualidades acústicas da emissão (altura, intensidade, timbre). Alguns pensam que é essencial descobrir o *fundamental habitual* a ser adotado. Felizmente, esse ponto de vista é criticado por outros: "Penso que uma boa coordenação expiração-fonação é mais importante que a altura correta, a intensidade e a duração" (Waar).

Alguns reeducadores se esforçam para inscrever a produção vocal em um comportamento motor global. Fizemos várias vezes alusão ao *Accent method* de Svend Smith, que vai nesse sentido. Lembraremos ainda outros procedimentos auxiliares, tais como abaixamentos vigorosos dos cotovelos contra os flancos ou movimentos mastigatórios (Froeshels) que acompanham a emissão vocal.

Um elemento interessante nesses exercícios é o trabalho *contra resistência*. Por exemplo, com o indivíduo sentado, o reeducador imprime em seu occipício uma leve pressão, pedindo-lhe para resistir à ação de flexão da cabeça. Isso tem

---

[54] Número infelizmente não-determinado em nossa pesquisa.

como efeito a descontração dos músculos anteriores e laterais do pescoço. O paciente é então solicitado a emitir sons e constatar a facilidade dessa emissão.

Seguindo a mesma ordem de idéias, lembremos ainda os exercícios posicionais de facilitação de M.T. Barbaix que permitem ao paciente descobrir possibilidades de emissão vocal mais fácil.

TENTATIVAS DE CORREÇÃO DIRETA DAS DIVERSAS QUALIDADES ACÚSTICAS DA VOZ FALADA

Freqüentemente, um paciente chega ao terapeuta da voz com uma reclamação precisa referente a uma ou outra das três qualidades da voz[55]. Normalmente, essa reclamação diz respeito à altura tonal: "Minha voz é muito aguda" ou "Minha voz é grave demais". Pode dizer respeito ao timbre: "Minha voz é surda" ou "Minha voz não é clara" ou "Minha voz está constantemente meio rouca". Mais raramente, essa reclamação tem a ver com a intensidade: "Não me escutam" ou "Não consigo falar forte" ou "Me dizem que falo forte demais".

Às vezes, essa reclamação é expressa de uma maneira mais subjetiva, sem referência direta às qualidades acústicas. "Minha voz é vulgar; é uma voz de vendedora de peixe" ou "É uma voz de menina" ou, mais vagamente ainda, "É uma voz atroz, uma voz horrorosa", ou ainda "Não gosto de minha voz".

O indivíduo que formula tal reclamação espera normalmente um tratamento que aja diretamente na acústica vocal, seja por meio de medicamentos, de cirurgia ou, em último caso, de reeducação.

Quanto à altura tonal particularmente, propõem-se, às vezes, a fim de elevar a voz, intervenções cirúrgicas (cf. p. 53), visando a estender as pregas vocais (por meio da fixação do arco cricóideo à cartilagem tireóide, por exemplo). Para abaixar a voz, propõe-se ou soltar as pregas vocais por ressecção de uma parte anterior da cartilagem tireóide, por exemplo, ou infiltrá-las com um produto inerte (cf. p. 54).

Nesse mesmo espírito, vê-se ainda médicos que prescrevem ao reeducador uma ação de elevação do fundamental habitual da fala, expressando-se da seguinte forma: "Essa pessoa fala grave demais, você poderia dar-lhe alguns conselhos para elevar sua voz 2 ou 3 tons" (sic!).

Diante desses pedidos de retificação da acústica vocal, devemos levar o paciente (e sobretudo o eventual médico) a compreender que é completamente ilusório considerar as coisas dessa maneira superficial e limitada e que se expõe assim, a experiência o comprova, a muitas decepções.

De fato, é preciso lembrar que a voz (a acústica da voz) está relacionada não apenas ao estado dos órgãos vocais, mas ao comportamento vocal (a mecânica psicofiosológica da voz).

Assim, antes de pensar em modificar o órgão vocal, convém verificar os seguintes pontos:

– O caráter defeituoso da voz não está relacionado a uma falta de maneabilidade dos órgãos vocais, implicando um comportamento de esforço ou de contenção?

– O paciente sabe utilizar realmente todos os recursos de seu instrumento?

– O paciente tem uma relação psicologicamente sadia entre seu instrumento vocal e a produção deste?

Nessas condições, vê-se que o problema é resolvido raramente buscando-se o meio pelo qual se poderia obter a modificação de tal caráter acústico defeituoso,

---

[55] Intensidade, altura (ou tonalidade), timbre.

prejudicando eventualmente a integridade anatômica do órgão vocal e diminuindo com certeza a extensão de suas possibilidades. Pode-se resolver um problema bem melhor visando, primeiro, devolver ao indivíduo a maneabilidade de seu instrumento, levando-o a colocar ordem em seu comportamento vocal e a dominar todas as suas possibilidades por meio de uma reeducação vocal bem conduzida. Esta, longe de canalizar a produção vocal para tal aspecto acústico julgado "normal" para esse indivíduo, deve conseguir a liberação da produção vocal e livrar-se de qualquer amarra normativa. A única regra aqui é, por um lado, a adequação do comportamento vocal em relação ao vivido emocional, e, por outro, a adaptação exata desse mesmo comportamento vocal aos objetivos visados pelo paciente em seu ambiente. Quanto à ação que visa a modificar o órgão vocal, deve ser logicamente considerada somente quando a alteração acústica da voz não vem acompanhada por nenhuma alteração significativa do comportamento fonatório.

DO TREINAMENTO AO USO

Na pesquisa citada anteriormente, muitos terapeutas observaram que, em uma certa fase da reeducação, o paciente fica suscetível a produzir uma voz muito satisfatória durante a sessão, ao passo que, no uso cotidiano, sua voz permanece defeituosa. Para esses terapeutas, há aí um problema de passagem à automatização, aparentemente difícil de ser resolvido "na medida em que, como se sabe, não é possível pedir ao indivíduo um esforço perpétuo de atenção no momento do uso[56]": para que uma reeducação tenha sucesso, a voz deve ser boa espontaneamente.

Alguns desses terapeutas pensam obter esses resultado pedindo ao paciente tentar voluntariamente melhorar sua voz na prática de atos precisos, sistematicamente programados:
– utilizar "a boa voz" ao telefone;
– utilizar "a boa voz" quando se cumprimenta amigos;
– utilizar "a boa voz" em casa[57].

Na mesma ordem de idéias, para favorecer a passagem ao uso, alguns preconizam a prática de exercícios no contexto das circunstâncias da vida em que o paciente deve se expressar: exercícios de conversação sobre assuntos profissionais, reprodução do meio ambiente através de aparelhos acústicos ou pela utilização, por exemplo, de uma sala de conferência. Outras situações profissionais podem também ser simuladas por encenação de papéis, discussões, seminário, um ditado de carta, etc.

Longe de nós a idéia de denegrir sistematicamente essas diversas formas de resolver o problema. O principal é que o paciente encontre sua maneira. Seria interessante evidentemente fazer estudos comparativos sobre os diversos modos de proceder. Muitas dificuldades, nesse caso, deveriam ser superadas devido aos múltiplos fatores implicados. Um deles, referente à personalidade do reeducador, trará sempre nessa área um viés importante particularmente difícil de administrar.

Outros terapeutas (e nós somos muitos) não encontram esse problema da passagem ao uso: "A melhora vocal se infiltra gradualmente no uso em qualquer momento quando o paciente fala"[58].

---

[56] Efetivamente, quando se fala, temos outras coisas para pensar do que na voz, assim como, quando caminhamos, seria complicado ter de pensar nos pés!
[57] Waar (inspirado em Van Riper).
[58] Ségnestam (Suécia).

Pessoalmente, temos boas razões para pensar que, se não nos deparamos com esse problema, a preocupação com a postura geral do indivíduo e com a atmosfera da projeção vocal durante o treinamento serve para alguma coisa, bem como a utilização de textos apropriados (de preferência textos de discurso em vez de textos narrativos).

Parece-nos, além disso, que, se esse problema da passagem ao uso apresenta-se com acuidade, é porque a reeducação visou a um resultado rápido, o que pode satisfazer o paciente e torná-lo mais facilmente cooperante, mas deixar de lado, em compensação, certos automatismos desviantes que se apresentam assim que o paciente não se cuida mais suficientemente.

LEITURAS SUGERIDAS

ANTONETTI C. *Entraînement à l'expression orale*. Éditions Hommes et Techniques, 1959.
BARBAIX MT. *Le rôle des exercices de facilitation vocale dans la rééducation des dysphonies fonctionnelles*. Congrès de l'IALP. Copenhague: H. Nils Buch Editor, 1977 ; 1, 85 ; 94. H. Nils Buch Editor.
BARTHÉLÉMY Y. *La voix libérée*. Paris: Robert Laffont, 1984.
CASTARÈDE MF. *La voix et ses sortilèges*. Paris : Les Belles Lettres, 1987.
CLÉRICY DU COLLET M. *La voix recouvrée*. Paris: École orthophonique, 2ᵉ éd., 1912.
DÉJONCKERE P. *Précis de pathologie et de thérapeutique de la voix*. Paris : Éditions J.P. Delarge, 1980.
DINVILLE C. Techniques éducatives de la voix parlée et chantée. *J Fr ORL* 1957 ; 6, 3: 500-515.
ESTIENNE F. *Je suis bien dans ma* voix. Bruxelles : Office international de librairie, 1980.
GRAVOLLET P. *Declamation. École du mécanisme*. Paris: Albin Michel, 1966.
HEUILLET-MARTIN G, GARSON-BAVARD H, LÉGRE A. *Une voix pour tous*. Tome 2 : *La voix pathologique*. Marseille: Solal, 1995.
HUSSON R. *La voix chantée*. Paris: Gauthier Villars, 1960.
LEHMANN L. *Mon art du chant*. Paris: Rouat Lerolle, 1909.
LE HUCHE F *et al.* Enquête internationale auprès des phoniatres et des orthophonistes sur le traitement rééducatif des dysphonies dysfonctionnelles. *Bull Audiophonol* 1980: 12, 3 : 57-107 ; 1982 ; 14, 4 : 67-106.
MATHA L, DE PARREL G. *Éducation et rééducation de la voix chantée*. Paris: Doin, 1931.
OTT J, OTT B. *La pédagogie de la voix et les techniques européennes du chant*. Paris : Éditions EAP, 1981.
PANZERA C. *L'art vocal*. Paris : Librairie théatrale, 1959.
POIZAT M. *Variations sur la voix*. Paris: Anthropos, 1998.
RONDELEUX LJ. *Trouver sa voix*. Paris: Le Seuil, 1977.
SARFATI J. *Soigner la voix*. Marseille: Solal, 1998.
TARNEAUD J, BOREL-MAISONNY S. *Traité pratique de phonologie et de phoniatrie*. Paris: Maloine, 1961.
TARNEAUD J. *Le chant, sa construction, sa destruction*. Paris: Maloine, 1946.
TARNEAUD J. *Pour obtenir une voix meilleure*. Paris: Maloine, 1957.
TARNEAUD J. *Précis de thérapeutique vocale*. Paris: Maloine, 1955.
Cf. également *La* voix, tome 2, chapitre 3 pour la bibliographie concernant la dysphonie chez les chanteurs.

Tratamentos psicológicos

4

Aronson afirma "que o conjunto dos distúrbios da voz observado na ausência de uma lesão orgânica da laringe, e que são na maioria das vezes qualificados de *funcionais*, devem, na verdade, ser qualificados de *psicogênicos*".

Tal afirmação prejudica gravemente, no nosso ponto de vista, a compreensão do mecanismo da disfunção vocal. A noção de círculo vicioso do esforço vocal desenvolvida por Tarneaud, apoiada então pela noção de voz de insistência ou de alerta, permite evitar essa lamentável assimilação ainda extremamente difundida a respeito da patologia disfuncional e da patologia psicológica.

Isso não significa dizer que, às vezes, realmente os fatores psicológicos não estejam no primeiro plano da cena e mereçam então ser considerados e tratados como tal nas disfonias disfuncionais. É preciso acrescentar que, se perturbações de ordem psicológica podem ter uma tradução vocal, o que ninguém duvida, a deficiência vocal pode, por sua vez, provocar perturbações psicológicas. Uma voz é um bem da qual temos a dimensão da real importância quando se torna falha e a disfonia pode causar uma retração, alterando toda uma vida.

DUAS POSTURAS FREQÜENTES FRENTE A PROBLEMAS PSICOLÓGICOS

Psicoterapia de patronagem

Uma reação freqüente em se tratando de fatores psicológicos como origem de qualquer tipo de distúrbio é o desejo de tranqüilizar, minimizar ou recorrer à vontade do indivíduo. Essa atitude provém do que chamamos "*psicoterapia de patronagem*" e é expressa da seguinte maneira: "Vamos! Um pouco de força meu velho! Tudo isso tá na cabeça! Não é grave", "Você não tem câncer, então está tudo bem! Não há nada de sério nisso tudo. É simplesmente psíquico!", "Por que você complica a vida com todas essas histórias sem importância. Você tem tudo para ser feliz!", "Você não tem razão nenhuma para estar doente: um pouco de repouso e tudo se resolverá, etc".

As perturbações psicológicas confundem freqüentemente certas pessoas de temperamento ativo, que encontram facilmente em uma vida de ação altamente especializada uma escapatória para seus problemas. Provavelmente, isso seja para eles um meio como qualquer outro de funcionar de modo equilibrado, mas que os tira a possibilidade de considerar seriamente os problemas psicológicos do outro[1].

---

[1] Muitos cirurgiões renomados encaixam-se seguramente nesse caso. Os menos caracterizados dentre eles sobre esse ponto, concordam rapidamente. Na mesma linha de raciocínio, quando em um congresso de ORL apresentamos uma comunicação destinada à psicologia, constatamos que mais de três quartos dos participantes se levantam e saem para ver se não há nada "mais interessante" para se ouvir em um anfiteatro ao lado.

Orientação sistemática para o especialista de psicologia

Uma reação não menos freqüente e ainda assim um pouco mais adequada é decidir que, já que há fatores psicológicos em causa, o tratamento deve ser, pois, psicoterápico. Isso é lógico evidentemente, mas o percurso mais lógico à primeira vista nem sempre é necessariamente o melhor, pois é preciso contar com o paciente e sua solicitação.

Ora, muitas vezes, o paciente recusa justamente qualquer abordagem psicológica: a idéia de um tratamento psicológico põe a correr precisamente aquele que mais necessita disso. Inúmeras são, aliás, as pessoas que não acreditam nesses tipo de tratamento, considerado por elas falatório inútil ("Eu me conheço, então por que falar disso?"), contemplação de feridas, ou mesmo pura e simples exploração, charlatanismo. Assim como há bons e maus cabeleireiros, talvez haja bons e maus psicoterapeutas, mas a verdade maior ainda é que muitas pessoas têm dificuldade em admitir que poderiam necessitar de ajuda no plano psicológico[2]!

Na verdade, deve-se considerar que, se um paciente psicologicamente perturbado "apresenta" ao terapeuta um sintoma preciso, tal como o distúrbio vocal, certamente não é por acaso e é possível conceber sua hesitação, ou mesmo oposição, quanto à idéia de um tratamento que deixe de lado esse sintoma inconscientemente escolhido por ele, com razão, sob pretexto de se ocupar com causas desse sintoma supostamente psicológicas.

AJUDA PSICOLÓGICA REALIZADA PELA REEDUCAÇÃO

Pessoalmente, pensamos que é preferível muitas vezes ajudar o paciente começando pela aceitação desse sintoma que se apresenta. Veremos que é possível dar-lhe, nesse nível, não somente ajuda funcional, que ele pede, mas também toda ou parte da ajuda psicológica da qual eventualmente necessite.

Escuta

Em primeiro lugar, a situação da instauração de sessões repetidas de trabalho, mais ou menos seguidas, pode engendrar uma relação de confiança, levando o paciente a falar sobre o que lhe angustia. Certamente, ele não vem para isso, mas se o reeducador puder ouvir o que o paciente tem a dizer, estabelecer-se-á uma terapia de escuta que pode ser proveitosa. É evidente que certos terapeutas pensam que essa atitude de escuta é apenas uma forma menor de psicoterapia "do qual não se pode esperar grande coisa". Outros, porém, são formais conforme o interesse: "Penso, sim, que o fonoaudiólogo pode fazer um bom trabalho psicoterápico escutando seus pacientes. Encontramos freqüentemente problemas psicológicos sob as desordens da voz e a psicoterapia é algo indispensável. Dificilmente, você pode evitá-la, mesmo se sua atitude é extremamente técnica" (Frietzell).

Evidentemente, o termo *escuta* pode ser concebido em vários níveis. Pode tratar-se da simples aceitação em escutar o paciente. Isso pode constituir já uma

---

[2] Lamentavelmente, tal ajuda é vivida ainda como algo depreciativo, cada um honrando-se com facilidade em pretender, qualquer que seja o caso, debruçar-se sozinho sobre esse plano. Com tudo o que se sabe atualmente a respeito dos fenômenos inconscientes que guiam em grande parte a conduta de todo homem e sobre os quais este, sem ajuda, não tem nenhum controle, preocupar-se com sofrimento psicológico, dar-se tal oportunidade de ajuda, parece mais o sinal de uma adaptação inteligente à realidade.

ajuda muito válida, contanto que se evite tirá-lo da administração de um discurso visando a tranqüilizá-lo e a reconfortá-lo, segundo o espírito da psicoterapia dita de patronagem que mencionamos anteriormente. Tal discurso serve mais, com efeito, para confortar o terapeuta e protegê-lo do problema do paciente do que a ajudar realmente este último. Aqui já se apresenta a questão da formação do reeducador. Nem sempre será fácil para o terapeuta adotar as quatro atitudes que, segundo Rogers, condicionam a eficácia psicoterápica (cf. p. 61). Mesmo que evite assumir casos muito pesados (e pode-se prever?), o reeducador talvez tenha necessidade, se quiser ser eficiente, de ajudar e trabalhar a si mesmo. Pensamos, na verdade, que a falta de preparo psicológico é mais prejudicial ao reeducador do que ao paciente. O reeducador pode, por exemplo, ter dificuldade em aceitar a falta de uma solução pronta a ser proposta ao paciente, esquecendo que "a" solução só pode ser elaborada pelo próprio paciente: "Não soube o que lhe responder", escuta-se dizer com freqüência, como se o terapeuta devesse ter todas as respostas! Quanto ao perigo para o reeducador da voz de se entregar à análise selvagem, não pensamos que isso seja muito importante, na medida em que as preocupações técnicas afastam tal possibilidade.

A escuta pode muito bem ficar nesse primeiro nível onde não se trata, na verdade, de nada além de uma atitude amiga e humana no momento de uma conversa de reeducação. Pode, evidentemente, transformar-se em uma escuta ativa em que se buscará com o paciente objetivar o sentido das dificuldades que apresenta. Nesse caso, não se poderia improvisar sem correr risco, e uma formação mais intensa é então indispensável. Um certo número de reeducadores interessados pela psicologia alcançam tal formação, tornando-se capazes de mudar o nível da intervenção quando lhes parece útil. Isso exige um esclarecimento preciso com o paciente e que saiba sempre se está em psicoterapia ou em reeducação, o que não é necessariamente simples.

Informação

Uma segunda categoria de benefícios psicológicos para o indivíduo em reeducação resulta das informações que recebe, vivendo essa situação de aprendizagem talvez pouco familiar para ele.

Essas informações concernem, em primeiro lugar, ao mecanismo de sua disfonia. Isso pode ocasionar muitas descobertas e a conscientização de sua própria maneira de funcionar, sem contar que a boa compreensão do distúrbio vocal e o esclarecimento de cada fator favorecedor ou desencadeante já propicia uma diminuição da ansiedade em relação a isso. Em segundo lugar, há informações – anexas, pode-se dizer – como os dados junguianos sobre as funções da mente ou as da caracterologia de Le Senne, que têm igualmente às vezes, como dissemos, uma incidência considerável na maneira de o paciente encarar, a partir daí, sua própria vida.

Prática do treinamento

Tudo isso já é o bastante, porém, uma terceira categoria de benefícios psicológicos particularmente interessantes resulta ainda para o indivíduo da prática mesmo dos exercícios vocais. As relações existentes entre um indivíduo e sua própria produção vocal obrigam, de fato, este que trabalha, a reeducar ou a aperfeiçoar sua voz. Trata-se de um constante confronto com os três domínios da realidade decorrentes:
– da voz que vem do corpo; a "máquina que produz a voz" é personificada;
– da voz como instrumento de ação; possui poder e é capaz de provocar reações em outrem;

– da voz como instrumento de expressão; possui emoção, revela o sujeito, o trai, etc.

Esse impacto psicológico da reeducação vocal merece ser examinado em cada um desses três domínios.

▶ *A voz vem do corpo*

A voz vem do corpo e isso explica o fato de a reeducação vocal recorrer a práticas corporais na forma de exercícios de relaxamento (ou sobretudo ao domínio do nível de tensão psicomotora), exercícios para controle do sopro e da verticalidade. Já vimos o benefício psicológico do trabalho referente à prática de um exercício tal como o *relaxamento com olhos abertos*, que permite uma reapropriação do corpo, uma reconciliação com ele, a identificação (e o "mordiscar") da eventual inibição da atitude de abandono, a tomada de consciência de um eventual perfeccionismo e/ou intelectualismo. Vimos também como esse exercício pode desenvolver as funções junguianas sensação e intuição. Os mesmos benefícios podem ser obtidos na prática dos exercícios, tais como o *sopro ritmado*, a *respiração do porco espinho*, as *cinco charneiras*, a *respiração ramificada*, etc.

Além disso, a reeducação vocal leva o paciente a reconhecer e a integrar os seguintes dados decorrentes, queira-se ou não, do fato de a voz, como qualquer outro comportamento, sofrer a lei do corpo:

– a produção vocal se inscreve em um comportamento corporal global: não se pode melhorar o manejo com a voz sem uma implicação corporal que inclua, ao mesmo tempo, a voz, o gesto, a postura e um certo vivido psicológico. A descoberta dessa *unidade do funcionamento psicomotor* e do prazer que resulta desse funcionamento quando é harmonioso é uma experiência na qual a contribuição psicológica é, às vezes, considerável;

– a reabilitação vocal passa pela *edificação ou pela retificação de funcionamentos reflexos*. Isso se estabelece somente de modo progressivo e a vontade não pode aqui assumir tudo. É evidente que não basta saber e querer. Longe de tirar proveito de uma tentativa de controle voluntário, o comportamento vocal fica, inicialmente, alterado, desnaturalizado. Assim, o indivíduo terá a experiência da necessidade de uma aprendizagem paciente, progressiva, tendo a impressão muitas vezes de regredir, de "não conseguir vencer", até o momento em que, estando definitivamente restabelecidos os automatismos normais, tudo parece da mais extrema simplicidade. O restabelecimento do poder da vontade não é um avanço pequeno;

– a reeducação vocal será o momento, para o indivíduo, de assumir que *suas dificuldades não provêm (ou não unicamente) de uma deficiência de seu corpo* (desconhecido, serve facilmente de bode expiatório!), mas, em parte, ou totalmente de erros de manejos ou de perturbações funcionais eventualmente relacionadas aos problemas que concernem ao conjunto de sua vida. Ora, para mais de um indivíduo é cômodo pensar, *a priori*, que seu problema vocal provém de alguma deficiência de suas pregas vocais, ou de suas cavidades de ressonância, de seus brônquios, de suas fossas nasais, de suas amígdalas, de seus nervos, de suas glândulas endócrinas, ou de suas mucosas; a menos que não pense ser vítima de um micróbio resistente ou de uma sensibilidade particular à poluição atmosférica, etc. Poderia então, com efeito, livrar-se totalmente desse problema, devendo este ser resolvido pela medicina;

– a reeducação vocal permite a tal indivíduo ficar a par de sua situação e adotar uma atitude objetiva diante de suas dificuldades;

– a voz depende do corpo e portanto dos limites impostos por este: mesmo com fé e muita coragem, não se pode fazer qualquer coisa sem que se tenha uma conseqüência. Ninguém está totalmente livre dos danos vocais e todos podem, por exemplo, fazer uma laringite de forma completamente inoportuna. A reeducação vocal permite ao indivíduo medir bem suas possibilidades, não correr com sua voz riscos muito irracionais e *aceitar-se vulnerável*;

– a reeducação permite ao indivíduo, por fim, *aprender a jogar com sua voz*. A voz também é um jogo. As atitudes de obsessão voluntarista de extrema precaução ou de treinamento sério demais não servem para nada. Sair de um comportamento de devoção contraída face ao órgão vocal é às vezes uma das mais importantes conquistas realizadas por um cantor em dificuldades durante sua reeducação vocal.

▶ *A voz é instrumento de ação*

A voz é ou, mais exatamente, pode ser instrumento de ação. É o caso, como se sabe, quando o indivíduo pretende, de modo mais ou menos inconsciente, agir deliberadamente com sua voz sobre o espaço que o cerca e sobre o interlocutor que eventualmente se encontre ali, empregando qualquer que seja o volume da voz de *projeção vocal*. Ora, como vimos, a reeducação vocal, tal como a concebemos, desenvolve particularmente esse caráter de instrumento de ação que pode tomar a voz. Em certos exercícios, o indivíduo é levado, mais ou menos rapidamente, a viver de modo autêntico uma situação de projeção vocal. A concentração mental no barco-alvo imaginário (um barco no mar), em exercícios tais como o *sagitário*, o *dragão* ou a *contagem projetada*, tem como único objetivo permitir ao indivíduo experimentar tal vivido. A escolha de textos adequados (textos de discurso) no exercício do *dragão-texto projetado* segue a mesma linha de raciocínio.

Mas, como dissemos, a obtenção da atitude física e psíquica adequada só é obtida às vezes após um trabalho prolongado. Uma realização correta exige, de fato, que o indivíduo recoloque em seu lugar aos poucos os reflexos inibidores excessivos que o impedem de ousar viver de maneira autêntica essa situação de projeção. Exercícios de verticalidade, tais como a *esfinge* ou as *cinco charneiras* permitem um excelente trabalho nesse nível.

A hipertrofia dos reflexos de inibição da projeção vocal pode ser explicada muito bem se consideramos que, enquanto instrumento de ação, a voz é instrumento de poder e mesmo, eventualmente, de abuso de poder. Pode-se temer manifestar seu próprio poder por medo de passar ao abuso de poder; pode-se temer também as reações de outrem suscetíveis de serem desencadeadas por essa pretensão ao poder que a voz pode manifestar.

A voz projetada é um instrumento de apropriação do espaço vocal, sobre o que já comentamos (cf. p. 188). Não é inútil afrontar a concorrência pela possessão vocal de um certo espaço. A voz pode, nesse espaço, ferir, destruir, provocar reações diversas de amor e/ou de ódio podendo causar dificuldades de enfrentamento.

Tudo isso é, às vezes, vivido de maneira muito ambígua. Assim, vê-se professores cujo problema vocal está em uma recusa do uso do comportamento de projeção vocal na medida em que este poderia ser vivido como um atentado à liberdade do aluno, controlando sua atenção, e do qual violaria dessa forma a consciência. A única atitude possível é então ter um discurso tão atraente, tão interessante que o aluno ficará fatalmente seduzido (cativado) por este. Sem insistir sobre o caráter um pouco utópico de tal esperança, pode-se dizer que essa recusa em violar as consciências não é mais, normalmente, do que uma justificação racional que esconde, na verdade, o medo de ter de enfrentar a contradição. Se refletirmos bem sobre isso, veremos que, ao evitar adotar o comportamento de projeção vocal, obrigamos (sadicamente) o aluno a um esforço de atenção muito maior (o comportamento de projeção chama, de fato, *automaticamente* a atenção). Por outro lado, priva-se esse aluno de um estímulo que o permitiria reagir. A reeducação vocal permite freqüentemente a tal professor, deficiente vocalmente, entender que o discurso afirmativo, na verdade, não tolhe a liberdade do aluno, a menos que venha acompanhado pela proibição de reagir!

▶ A voz é um instrumento de expressão

É uma banalidade dizer que a voz expressa o indivíduo, permite situá-lo, diz algo sobre ele. A voz chama a atenção sobre quem fala traduzindo o que ele é e, portanto, o traindo (*traduttore-tradittore*). Não há nenhuma dúvida que a prática dos exercícios vocais e o crescimento da maneabilidade resultante disso ajude o indivíduo a liberar sua expressividade. Não há nenhuma dúvida que, por outro lado, a prática de textos permita ao indivíduo ousar deixar ver (ouvir) o que é através das manifestações vocais de seu vivido emocional. Descreveremos mais adiante uma técnica complementar, a *Expressão Cênica*, totalmente acessível ao fonoaudiólogo que tenha um formação complementar, possibilitando um trabalho muito salutar nesse sentido.

Não é tão evidente assim deixar sua voz – sobretudo quando é defeituosa ou quando não se gosta dela – ser instrumento de abertura para o outro, instrumento de relação com o outro. A voz é algo que se dá ao outro e essa doação pode ser rejeitada. Essa rejeição talvez vivida de modo tão desagradável, na verdade, pode ser somente o efeito de um mecanismo de projeção da parte do outro: se minha voz desagrada alguém é porque, normalmente, minha voz é uma parte de mim; e essa parte minha que ele não gosta está relacionada muitas vezes a uma parte dele mesmo, da qual não quer (ou não pode) reconhecer a existência.[3] A voz é um cômodo bode expiatório.

A voz pode desagradar, mas pode também agradar. É sexual; é portadora de desejo. Todas as coisas, enfim, que podem levar-lhe a aventuras – em todos os sentidos do termo – que se pode não se sentir preparado e temer viver.

Se agora retomamos cada um dos três aspectos que acabamos de comentar, vemos que o primeiro (a voz vem do corpo) é problemático no indivíduo ameaçado pela patologia psicossomática. É um indivíduo cuja característica principal, segundo Marty, é estar perdido no concreto e não poder "manipular os objetos internos". É o operatório. É ainda o indivíduo sem sonho. Esse indivíduo aproveita imensamente um trabalho sobre o corpo e vê-se freqüentemente diversas manifestações psicossomáticas (respiratórias, rinofaríngeas, digestivas) desaparecer durante a reeducação vocal. Em uma outra ordem de idéias, essa aprendizagem dos exercícios corporais desenvolve a receptividade do indivíduo e pode resolver sua inaptidão em receber, que decorre muitas vezes de traumatismos psicológicos sofridos no primeiro estágio do desenvolvimento psíquico descrito por Freud: o estágio oral.

Quanto ao segundo aspecto (a voz é instrumento de ação), vê-se que se inscreve no campo da paranóia que é o da aptidão em organizar o outro. Vê-se ainda que é o campo da afirmação de sua própria potência que corresponde ao terceiro estágio freudiano, o estágio fálico.

Quanto ao terceiro aspecto, por fim, (a voz é instrumento de expressão), vê-se que se trata do campo do sentimento que é também o da histeria. Observa-se ainda que é marcado pela doação de si e aí está o segundo estágio freudiano: o estágio anal, que corresponde precisamente à aprendizagem da doação.

---

[3] O que o irrita no outro é, para você, a coisa mais preciosa do mundo: remete a uma parte sua que você tem dificuldade em aceitar e em viver (Diénal: Conferência de psiquiatria psicanalítica).

Se admitimos todas essas comparações, concebemos facilmente os benefícios psicológicos que podem resultar da singela reeducação vocal.

PSICOTERAPIAS

Bioenergética[4], grito primal[5], psicodrama[6], sonho acordado[7], musicoterapia[8], terapia em grupo[9], análise[10], etc. Há uma imensidão de escolhas atualmente quanto à ajuda psicológica da qual se necessita. Citaremos apenas essas terapias para as quais podem ser orientados certos pacientes em reeducação ou ao final desta, quando há uma grande demanda. Às vezes, a reeducação vocal permite ao indivíduo compreender as implicações psicológicas que subjazem ou subjaziam seus problemas vocais, desempenhando assim o papel de um degrau para um tratamento psicoterápico até então inaceitável para o indivíduo. Constatamos, aliás, acompanhando alguns pacientes disfônicos após a reeducação, que um certo número dentre eles havia buscado assim um desses tratamentos alguns meses ou alguns anos depois.

Descreveremos brevemente, porém, uma técnica psicoterápica, a expressão cênica, na medida em que esta constitui um complemento perfeitamente adaptado à reeducação vocal.

A Expressão Cênica ou *terapia emocional a partir de textos lidos em voz alta* foi criada, em 1959, por Émile Dars. Este, desaparecido em 1980, começou como ator, depois foi diretor e, por fim, professor de arte dramática. Além disso, em determinada época, praticou a fonoaudiologia pela qual demonstrou sempre um grande interesse.

Foi exercendo sua atividade como professor de arte dramática que Émile Dars pôde chegar as constatações que o orientaram em seguida à psicoterapia. Observou, de fato, que, durante a *aprendizagem do papel*, a personalidade do ator sofre às vezes certas transformações. Isso pode ser compreendido na medida em que a tomada de um papel exige do ator uma participação tanto efetiva quanto intelectual de todo seu ser. As emoções, as paixões devem ser profundamente sentidas durante esse período. Nesse momento, certos atores podem ficar, pois, psicologi-

---

[4] Bioenergética. Terapia criada em 1950, por A. Lowen, aluno de Reich, que comporta um trabalho a partir de atitudes corporais, visando a soltar os "nós de tensão emocional" que constituem a "couraça muscular" do ser.

[5] Grito primal. Terapia criada por A. Janov, em 1967, aproximadamente, baseada na expressão paroxística das emoções por meio das técnicas de repetições verbais e de estimulação coletiva com o objetivo de provocar uma nova conexão do indivíduo com suas emoções arcaicas.

[6] Psicodrama. Terapia criada por J. Moreno, durante os anos 30, que utiliza a representação e a improvisação, permitindo ao indivíduo experimentar situações difíceis de se viver ou estranhas à sua pessoa com o objetivo de livrá-lo de atitudes estereotipadas de comportamento.

[7] Sonho acordado dirigido (*RED, Rêve éveillé dirigé*). Técnica criada por R. Desoille, durante os anos 20, baseada na utilização do pensamento onírico de vigília do indivíduo em estado de relaxamento. As imagens mentais do indivíduo são, nessa técnica, induzidas por temas propostos a ele e por sugestões de deslocamento imaginário. Técnicas mais recentes (oniroterapia de integração de Virel e Frétigny) se afastam do RED por uma atitude menos diretiva.

[8] Musicoterapia. Utilização da repercussão psicológica da música para fins de regulação dos ritmos biológicos ou de abrangência mais especificamente psicoterapêutica por meio da instauração de um diálogo com o terapeuta a partir do que o indivíduo sentiu.

[9] Terapia em grupo. Criada por K. Levin, em 1946, baseada na livre expressão dos sentimentos diante de um grupo restrito e na análise da evolução das relações que se estabelecem entre os participantes.

[10] Análise. "Exploração das lembranças dos estados de consciência e dos comportamentos em vista de descobrir (e de viver, acrescentemos) o encadeamento causal" (R. Jaccard). Essa pequena definição não esgota evidentemente o assunto.

camente abalados por certos papéis intensos demais para eles. O ator deve normalmente poder ultrapassar a forte implicação pessoal necessária à fusão de suas próprias fontes emocionais com as emoções do personagem. É então que uma certa distância (o distanciamento) permite ao ator representar, isto é, colocar-se em situação de representação teatral.

Assim, pode-se distinguir na arte da dramaturgia dois tempos: o primeiro é o da aprendizagem do papel que exige uma interpretação da alma do ator e a do personagem a ser interpretado; o segundo é o da distância progressiva que deve ser estabelecida a fim de sair dessa fusão com o personagem para que possa realizar a representação teatral sob o olhar do público.

A Expressão Cênica foi elaborada a partir dos fenômenos que se produzem no ator no primeiro tempo, o da fusão com o personagem "ao qual deverá emprestar sua pele". Assim, na expressão cênica, não se trata nunca de representação, mas somente de trabalho a partir de textos[11]. É, com efeito, graças ao trabalho sobre o texto que o ator é levado a viver o personagem, identificando-se com ele, confrontando-se com todos os estados de sofrimento ou de satisfação engendrados pelas situações de conflitos e de crises específicas do papel. É graças ao texto, a seu ritmo, a suas respirações, à sua riqueza de imagens que o ator é tocado, sensibilizado, motivado. O texto é o motor principal de sua atividade emocional.

Tendo mil vezes constatado essa força indutora do texto sobre o ator, o mérito de Émile Dars foi de perceber aí um meio potente que poderia ser utilizado em uma abordagem psicoterapêutica.

Foi no Hospital Sainte-Anne em Paris, graças à colaboração de psiquiatras e, especialmente, de J.-C. Benoît e de P. Solié, que E. Dars pôde aperfeiçoar seu método. Procurando entre os textos os mais freqüentemente trabalhados pelos atores os que pareciam ter qualidades indutoras determinadas, começou a utilizá-los com os doentes mentais, com uma eficácia que não se desmentiu.

Expressão Cênica e Cenoterapia

Para designar seu método, Émile Dars empregava indistintamente o termo de Expressão Cênica ou de Cenoterapia. A partir de um certo tempo, o nome Cenoterapia ficou reservado somente aos casos em que o método é praticado no contexto de um contrato terapêutico preciso e, em especial, no campo da patologia mental. A prática da Cenoterapia exige uma formação de psicoterapeuta. Por meio de uma especialização, a prática da Expressão Cênica é acessível a qualquer ajudante hospitalar ou pedagogo em uma área delimitada, como, por exemplo, na fonoaudiologia, o tratamento da gagueira, da surdez, da disortografia e de certas disfonias. Fora da fonoaudiologia, a Expressão Cênica é praticada atualmente no tratamento dos traumatismos cranianos, da obesidade, dos problemas escolares, dos problemas da adolescência e em geriatria. Assim como para a Cenoterapia, a prática da Expressão Cênica exige, entre outras coisas, um trabalho sobre si a partir dos textos com um cenoterapeuta didático. Não se pode levar um paciente aonde nunca se foi. Isso explica o fato de a Sociedade Francesa de Expressão Cênica só aceitar fornecer as coletâneas de textos às pessoas que tiveram uma formação apropriada.

Atualmente, o cenoterapeuta ou o profissional da Expressão Cênica dispõe de quase mil textos, reunidos em sua maioria pelo próprio Émile Dars. Esses textos são tirados da literatura francesa e estrangeira. Seu tamanho é de aproximadamente uma página datilografada. Trata-se de textos cuja qualidade literária é garantida.

---

[11] A Expressão Cênica se diferencia totalmente, assim, do psicodrama, igualmente proveniente da arte do ator, mas a partir de técnicas de improvisação.

Eles são classificados e repertoriados segundo os estados afetivos ou as atitudes que ilustram. Uma categoria particular é constituída por textos ditos de acesso, permitindo ao cenoterapeuta ter uma primeira idéia dos problemas de seu paciente.

No plano prático, a Expressão Cênica funciona em sessões individuais ou coletivas. Em sessão individual, as coisas se passam, em geral, assim: o paciente deve escolher – conforme seu tempo – um texto dentre outros e, após ter lido o texto silenciosamente, é solicitado a ler em voz alta, tentando encontrar nessa segunda leitura emoções sentidas na primeira leitura. Normalmente, isso é impossível no início, mas, aos poucos, o indivíduo consegue se engajar nessa leitura em voz alta, aceitando o fato de ser ouvido pelo terapeuta. Este, de fato, deve ouvir seu paciente, tentando avaliar o estado de harmonia ou de desarmonia emocional deste.

Após a leitura, o paciente é levado a expressar o que sentiu durante essa leitura. Essa conversa não deve em nada parecer com uma explicação de texto. O cenoterapeuta deve aceitar os erros de interpretação, as eventuais confusões referentes ao conteúdo do texto. Deve permitir ao indivíduo ser *infiel* à verdade literária. O que conta somente aqui é sua própria verdade. Essas leituras são objeto de implicações emocionais mais ou menos fortes, tornadas possíveis aqui graças ao efeito protetor realizado por esse objeto mediador que é o texto. Falando do texto, o paciente fala de si, mas bem mais facilmente do que faria de maneira direta. O papel do cenoterapeuta consiste, em seguida, em propor ao paciente textos que possam permitir uma nova investida de energia psíquica liberada na leitura anterior. Uma espécie de viagem se realiza assim onde, graças ao conhecimento dos textos, o cenoterapeuta guia o paciente para as possibilidades de expressar, primeiro, com as palavras dos outros, depois, com as suas, estados afetivos e situações que podem envolvê-lo.

Com esse objetivo, pode ser totalmente oportuno ajudar-se com técnicas propostas pela reeducação vocal referente ao relaxamento, ao sopro, à postura corporal e à técnica vocal, para liberar/livrar o indivíduo das eventuais dificuldades instrumentais que impedem sua expressividade. Este é um aspecto comportamental sobre o qual Émile Dars insistiu muito. A prática da Expressão Cênica vai ao encontro assim das técnicas reeducativas, permitindo uma abordagem interessante dos fatores psicológicos que favorecem eventualmente a disfonia.

LEITURAS SUGERIDAS

ARONSON AE. *Les troubles cliniques de la voix.* Paris: Masson, 1983 : 138.
CHEVALIER JA. *Vocabulaire des psychothérapies.* Paris : Fayard, 1977 : 155.
DARS D, BEAUJEAN J. *De l'art dramatique à l'expression scénique.* Paris: Denoël, 1975.
DARS E, BENOIT JC. *Expression Scénique. Art dramatique et psychothérapie.* Paris: ESF, 1973.
DESOILLE R, *Le rêve éveillé en psychothérapie.* Paris: PUF, 1945.
FRETIGNY R, VIREL A. *L'imagerie mentale.* Genève: Mt-Blanc, 1968.
FREUD S. *Introduction à la psychanalyse.* Paris: Payot, 2001.
GUYOT J, LE HUCHE S, PERCEAU J, RADIGUET Ch. *Expression Scénique. Parole plaisir et poésie.* Paris: ESF, 1989.
JUNG CJ. *L'homme à la découverte de son âme.* Paris: Payot, 1948.
LE HUCHE F. Inhibitions psychologiques rencontrées au cours de la rééducation vocale. *Rev Laryngol* mars-avril 1969: 196-201.
LE HUCHE F. Facteurs psychologiques dans les dysphonies dysfonctionnelles. *Bull audiophonol* 1983 ; 16, 4: 449-459.
LE HUCHE S. L'expression scénique dans le traitement de bégaiement. *In:* F. et S. Le Huche. *Bégaiement.* Paris: OVEP, 1983.
MARTY P. *Les mouvements individuels de vie et de mort.* Paris: Payot, 1976.
ROGERS C. *Le développement de la personne.* Paris: Dunod, 1970.

Índice

Neste índice, os nomes dos autores encontram-se em caracteres maiúsculos.
Os números em **negrito** indicam as páginas onde se encontram as informações essenciais sobre o assunto.

A

Abaixamento esternal, 134
Abertura a *laser* externa, 51
Abertura glótica, 134
ABOULKER, 56
Accent method, 192
Acrópole, **169**
Aerossol, **16-17**, 25
Afirmação, 179
Afonia, 29, 48
    – psicogênica, 26, 60, 176
AJURIAGUERRA, **75-76**
Ajuste vocal, 185
Ak, ik, ok, 47, **175**
Alça
    – de balde, 133, 148
    – de GALLIEN, 53
Alcalose, 100
Álcool, 31, 36
ALEXANDER, 79
Altura tonal, 52, 161, **185**, 193
Alvo, 174
Ameias, **166**, 184
Amplitude respiratória, 81-82, 99
AMY DE LA BRETÈQUE, 149
Ancilose da articulação cricoaritenóidea, 28
Anestesia geral, 42
Ânfora, **154**
Angústia, 38, 80
Ansiedade, 80
Antibióticos, 13, **19-20**
Anticongestivos, **21**
Antidepressivos, 23
Antiinflamatórios, 13, **18**, 44
Antitussígeno, **21**
ANTONETTI, 35, 72, 78
Apnéia confortável, **83-84**, 93, 95
Apoio abdominal, 34
Apoio vocal, 162, 164-166, 170-171, 178, 187

Apreensão respiratória, 99
Aquecer a voz, 35
Ar condicionado, 36
Arlequim, 108, **114**
ARNOLD, 47, 72
ARONSON, 195
Articulação cricoaritenóidea, 56
Artrites cricoaritenóideas, 28
Ataque vocal, 162, 164, 170
Atenção a si, 90
Atenção no momento do uso, 194
Atitude de entrega, 102
Atividade sexual, 36
ATP, **20**
Atrofia da prega vocal, 51
Automatismos, 71, 86, 99, 142

B

Bacia, 153, 156
Balanço, 133, **137**
Balanço, 155
Balde mágico do aprendiz de feiticeiro, 136
Barco imaginário, **138-139**
Batidas de língua, 126-126
Batismo, **168**
Bem-estar geral, 83-84, 91, 95
BENOÎT, 202
BLISTIN-MARTENOT, 78
Bloqueio, 82, 95
    – glótico, 113
    – torácico, 111-112
Bocejos, 101
Bomba d'água, 148, 152
Bomba de petróleo, 103, 107, **111**, 125
Boneca de pano, 125
Borborigmos, 102
BOTEY, 29
BOUCHAYER, 43, 48

Bra, bre, bri, bro, bru, **164**
BRUNNINGS, 47

C

Cabeça à esquerda, 108, 116
Cabeça, 96, 108, 116
Cachalote, 108, **116**
Cãibra, 100
Caixa de botas, 147
Calor, 74, 97
Canudo, 149
Catavento, **148**
Cavidades de ressonância, 171
Chamamento, 175
Chapéus, **171**
CHEP, 54
Chimpanzé, 148
CHP, 54
Cinco charneiras, **156**, 198-199
Cinco objetivos, 91, 94
Cinesioterapia, 13, **27-29**
Cinta abdominal, 134
Circulação sangüínea, 100
Círculo vicioso do esforço vocal, 30, 60, 69, 73
Cisto, 43, 51
CLÉRICY DU COLLET, 162
Cobra, 120, 130, **145-146**, 158
Colágeno, 47
Colocação da voz, 34-35
Coluna vertebral, 153-154, 156
Complementação gestual, **173**
Comportamento
    – de contenção, 32
    – de esforço, 35, 176
Concentração mental, 97
Conforto respiratório, 81, 116
Consciência do corpo, 102
Consideração
    – incondicional, 62, 65
    – positiva, 62
Conspiradores, **184**
Constrição faríngea, 37
Contagem
    – cantada, 166
    – cantada-projetada, 177, 184
    – divertida, 174
    – projetada, 172, 174, 177, 179, 199
    – salmodiada, 166
Contenção laríngea, 55
Convalescença, 44
Conversão, 26
Cordectomia, 48, 54, 175
CORNUT, 48, 191
Corticóides, 17, 26
Costas, 96, 101, **156**-157
Craveira, **155**
Criança, 77, 111, 137

Crioterapia, 49
Crise tetânica, 99
Crispação, 79, 84, 94
    – diagonal, **114**
Crocodilo, **127**
Cura
    – de silêncio, 13, 29
    – termal, 13, 25

D

DAMSTE, 192
Dança cósmica, **109**
DARS, 202
DÉDO, 52
Defesas imunitárias, 22
Depressões, 23
Descascamento, 57
Desconforto respiratório, 83
Descontração, 94, 126
Destruidor de correntes, 147
Dez segundos de sopro, **137**
Diafragma, 34, 133-135
DIÉNAL, 104
Difusão, 84
Digestão, 37
Disceratoses, 22
Disfonia
    – disfuncional simples, 60, 126
    – espasmódica, 29, 47, 49, 52, 54, 90, 115, 122, **124**-125, 176
    – ex-acinesia terapêutica, 29
Distúrbio
    – articulatório, 126
    – da muda, 60
Divagação mental, 103, 112
Dois-oito-quatro, **132**, 136
Domínio psicomotor, 86, 91, 105, 107, 127
Dragão, 132, **144-145**, 158
Dragão-texto
    – retotono, 178, 184
    – projetado, 179, 184, 199
Duplo porco espinho, **144**
Duração, 80

E

Economia de energia, 131-132
Edema, 26
    – crônico, 36, 43, 51, 57
    – em fuso, 51
Eixo do corpo, 88, 109
Eletrocoagulação, 49, 53
Elevação torácica, 152
Empatia, 62, 90, 107
Energia, 71, 73, 81, 86, 97, 120-23
    – psicomotora, 70, 74, 91
Enxofre, **20**

Equilíbrio respiratório, 83, 93, 97, 145
Escalas contadas, 169
Escuta, 67, 163, 178, 196
Esfinge, 151, 199
Esforço vocal, 13, 21, 25, 32-33, 57, 59, 131, 146, 150
Espaço vocal, 188, 199
Espasmo
    – da boca esofágica, 49
    – faringoesofágico, 55
    – vocal, 49
Esquecimento do mundo exterior, 90
Estado
    – congestivo, 21, 24
    – de conforto ideal, 93
    – de entrega, 95
    – de ser natural, 61
    – geral, 24
Estilo, 81, 99
Estimulação auditiva, 26
Estricnina, **19**
Exames pré-operatórios, 42
Exercício
    – de alongamento, **113-114**
    – de aprofundamento, **115**
    – de descontração muscular, **126, 163**
    – do pato, 126, **136**
    – primordial, **72**
Expressão Cênica, 184, **202-203**
Expressividade, 182
Extroversão, 104

F

Falsas rotas alimentares, 49
Falta de contato, 19
Faradização, 26
Faringite, 35
Faringolaringites crônicas, 24
Faringoplastia, 55
Fases da lua, 93, 108, **114**-115
Fatores
    – desencadeantes, 70
    – favorecedores, 13, 20, 31, 70
    – psicológicos, 195-196
Fendas palatinas, 55, 148
Fenômeno
    – de Lombard, 27
    – sensorial, 100
Fibrose cicatricial, 48
Fisioterapia, 13, 25
Fissura cordal, 51
Fístulas, 54
Fluidificantes, **21**
Fluxo, 180
Fonastenia, 19
Fonocirurgia, 39
Formigamentos, 100
Fortificantes, 24

FRÈCHE, 50, 56
Frenotomia, 55
FREUD, 104, 201
Frio, 97
FRITZELL, 197
Função
    – imaginária, 103, 121
    – intuição, 106, 139
    – pensamento, 106
    – sensação, 106
    – sentimento, 106
Fundamental habitual, 192
Furo, 57
Fusão muscular, 29

G

GACHES, 192
Gagueira, 78, 126
Ganchos afastadores, 41
GARDE, 26
Gestos, 160
Ginástica respiratória, 129
Glote ovalada, 48
Golpe de glote, 109
Gordura autóloga, 47-48
Granuloma, 40, 51
GRAVOLLET, 126, 177

H

Hara, 108, **120**, 151
HASSLINGER, 56
Hatha yoga, 113
Hidrocortisona, 44, 47
Higiene vocal, 13, 30
Hipercinesia, 29
Hipersecreção, 21
Hipnose, 78
Hipocapnia, 100
Hipocinética, 19, 29
Hipopótamo, 93, 108, **113**
Hipotonia, 26
Homeopatia, 24
Hormônio masculino, 36
Hospitalização, 42

I

IGOUNET, 28
Ilusão de peso, 94
Imaginário, 70, 117, 138, 189
IMAO, 23
Imperturbabilidade, **95**
Impulso inspiratório, 144, 162, 164-168, 172, 175, 178-179
Imunoestimulantes, 22

Inalações, **16**, 25
Incitação, 83
Incômodos, 35
Indução, 76
Infecções crônicas, 17, 24
Inflamação, **15**, 17, 19, 21, 29, 37
Informação, 60, 66, 70, 197
Inibição, 90, 102, 142, 188
Injeções de substâncias diversas, 39, 47
Instilações laríngeas, **16**
Instrumentação clássica, 39
Insuficiências velares, 47, 55
Intelectualismo, 103
Intensidade vocal, 180, 184
Intoxicação alcóolica, 22
Introversão, 104
Intuição, 139
Ionização, 17, 26
Ionoforese, 26
Irritação, 16, 21, 32
    – laríngea, 21, 30, 36

J

JACOBSON, 72, **77**, 98
JARREAU, 77
João-bobo, **155**
JUNG, 103-105, 139

K

KLOTZ, 77

L

LABBÉ, 55
Lábio, 55
Laringectomia
    – parcial, 47
    – supracricóidea, 49, 54
    – total, 49, 54-55
Laringectomizados, 126
Laringite aguda, 30
Laringoscopia, 40-41
Lasca de hidron, 47
Laser, 41, 49-50
LE SENNE, 197
LEHMANN, 38
Lesões hiperplásicas, 44
Leucoplasias, 44
Leveza, 97
Liberdade respiratória, 95
Língua, 126
    – de gato/rato, 126
LUCHSINGER, 72

M

Ma, me, mi, mo, mu, **163**, 184
MANDL, 30, 35, 37
Maneabilidade da voz, 185, 193
Manipulações, 95
Manúbrio esternal, 162
MARTY, 200
Máscara, 163
Maxila, 126-127
MAXIMOV, 192
Medicação sedativa, 23
Medicamentos tradicionais, **18**
Membranas, 56
Menstruação, 37
Método
    – de Wintrebert, **77**, 125
    – Mézières, 28
Microcirurgia, 29-30, 40
Miotomia do músculo constritor inferior da faringe, 55
Mistura, 184
Moagem, 184
Mobilizações, 81, 97
Moderação vocal, 29-30, 45
Monocordites, 43
MONTGOMERY, 56
Mosca, 47, **162**-164
Movimento voluntário automático, 130
Mucosidades, 21
MULLER, 50
Musculatura maxilofaringiana, 126
Músculo
    – constritor inferior da faringe, 49
    – da face, 55

N

Nasalação, 49
Natural do ato, 132
Neocorda, 54
Neoglote, 54
Nervo facial, 55
Neuroleptanalgesia, 42
Nitrogênio líquido, 49
Nível de tensão
    – inferior, 90, 95
    – psicomotora, 94
Nódulo, 13, 29, 43-44, 51, 57, 59

O

O lobo, **176**
Obstrução nasal, 21
Olhar, 107, 131, 137, 140, 151, 154, 158, 163, 180
    – para si, 82, 93, 100, 138
    – peitoral, 150

Olho peitoral, 146
Olhos fechados/abertos, 80, 90
Oligoelementos, 22, 24
Ombro, 82, 96, 111
Orelha eletrônica, 27
Orientação do olhar, 166
Orifício de Passavant, 49

P

Pânico respiratório, 99
Papilomas, 49, 51
Paralisia
– do véu, 55
– facial, 55
– recorrencial, 28, 47-48, 52, 60, 175
Paratonias resistentes, 77
Parede abdominal, 134, 142, 165, 175
Paresia, 19, 26
Passagem, 172
– à ação, 90
Passeio pela ossatura, 87, 108, **117**
Pausa, 82, 84
Pedagogia vocal, 159
PELISSE, 56
Pequena locomotiva a vapor, 99, 107
PERELLÓ, 37
Perfeccionismo, 103, 198
Peso, 74, 94
Petrificação, 81
Pigarros, 21
Pinças em forma de coração, 41
Poeira, 31
Polichinelo, **147**
Pólipo, 13, 43-44, 51
Porco espinho, 132, **144**, 164, 178
Posição de entubação, 41
Postes, 111
Pranayama, 132
Prática pessoal, 73-74, 127, 159
Precauções pós-operatórias, 44
Precisão articulatória, 180
Pregas vestibulares, 41
Preparação à ação, 141
Presença verbal, 80
Primeira consulta, 67
Procedimentos de contenção intralaríngeas, 39
Profissionais da voz, 17, 30, 33-35
Projeção vocal, 33, 60, 71, 102, 131, 137, 139, 144, 146, 150-412, 158-160, 182, 199
Prostigmina, **20**
Pseudocistos mucosos, 43
Pseudomixoma, 43, 51, 57
Pseudovertigem, 100
Psicoterapia, 13, 77, 195, 201
Pulsão energética, 160
Pulverizações laríngeas, **16**

Q

Quatro casas, 108, 117, 121, 125
Quatro estações, **108**, **110**
Queimação, 100
Quintas, **171**

R

Receptividade, 200
Recidiva, 44
Reeducação
– articulatória, 126
– cervical, 28
– pré-operatória, 57
– vocal, 13, 56-57, 70
Reflexo
– cocleorrecorrencial, 27
– de pânico, 95
Registro
– de peito, 162, 172, 174
– de cabeça, 174
Reinervação laríngea, **52**
Relaxamento, 19, 27, 47, 69-70, 72, 190
– com olhos abertos, 78, 98, 105, 107, 113, 115, 125, 132, 198
– de sentido psicanalítico, 76
– em dois turnos, 107, **112**
– estático-dinâmica, **77**
– locorregional, **78**
Relaxantes musculares, 24
Repouso vocal, 29-30, 44
Representação mental, 97
Resistências, 78
Respiração, 86, 98, 129
– abdominal, 82, 112
– alternada, 108, **115**
– clandestina, 83, 95, 103
– contínua, 86
– da pequena locomotiva a vapor, 82, **112**
– do caiaque, **132**
– do porco espinho, 142, 198
– espontânea, 99
– ramificada, 95,103, **107-108**, **111**, 198
– sem ar, **147**
– torácica superior, 82
– vital, 129
Reticências, 102
Rinolalia aberta, 49
Ritmo, 81, 84, 120
– natural, 178
– respiratório, 99
ROGERS, 61, 103
Rosto, 89, 151, 154
Rouquidão, 30, 31

S

Saca-rolhas, **147**
Sagitário, 139, 142, 144, 158-159, 199
Salmão, **147**
SAPIR, 76
SCHULTZ, **74**, 85
Secreções, 22, 36
SÉGNESTAM, 194
Seis vezes cinco, **113**
Sensação de peso, 75, 97
Sensações, 84, 104, 139
    – cinéticas, 94
    – corporais, 97, 102-103
    – vibratórias, 163
Silastic, 56
Silêncio, 45, 58
Silicone elastômero, 47
Sincinesias, 126-127
Sincronismo toracoabdominal, 103
Sinéquias, 51, 56
Sinusite, 23-24
Sirene, 47, **176**
Sniffing position, 41
Soalho da boca, 163
Soerguimento do corpo, 131, 149
Sofrologia, **78**
Soldado de madeira, **155**
SOLIÉ, 202
Som nas bochechas, 176
Sonda
    – de aspiração, 41
    – traqueal, 37, 50
Sons inaudíveis, 163
Sopro, 27, 47, 69
    – abdominal, 33, 131, 136-137, 146, 149, 156, 158, 160, 164, 177, 191
    – da cobra, 131, **145-146**
    – da panela de pressão, **137**
    – do dragão, 132, 144-145
    – do sagitário, 132, **140**, 145, 148, 162
    – fonatório, 128, 150, 191
    – ritmado, 87, **132**, 198
    – torácico superior, 176
    – vertebral, 33
Sugestão, 74, 78, 103
Sulco, 51, 54
Sulco, 54
Supervisão contínua, 130
Suspensão, 133-134
Suspiro, 82, 84, 88, 90, 93, 96, 103, 111
    – do samurai, 141, 145, 151-**152**, 154, 159
    – estereotipado, 93
    – sonoro, 176

T

Tabaco, 31, 36
Tábua, **155**
TARNEAUD, 26, 29, 35, 73, 129, 191, 195
Técnica
    – do sopro, 70
    – reeducativa, 13
Teflon, 47
Temperamentos hipocráticos, 121, 124
Tendência ao sono, 101
Tensão psicomotora, 107
Tensões residuais, 97
Tensões, 97
    – descontrações, 77
    – residuais, 95, 97
Teoria de Husson, 19
Terreno neuropsicológico, 23
Teste de insuflação de Taub, 55
Timbre, 186
Tipologia, 104
Tipos hipocráticos, 117
TOMATIS, 26-27
Tontura, 100
Tórax, 96, 133, 143
Tosquiadeira, **126**
Tosse, 21
Toxina botulínica, 47
Trabalho sobre si, 73
Trações, 82
Tranqüilizantes, 23
Transexuais, 53
Tratamento
    – hormonal, 24
    – medicamentoso, 15
    – médico, 13
    – psicológico, 13, 66
Traumatismos laríngeos, 175
Treinamento, 63-64, 70, 80, 82, 84-85, 95, 130, 137, 160, 174
Treino autógeno, 72, **74**
Tremores, 101
TROUBETSKOY, 71
Tubo laringoscópico, 41
TUCKER, 52

U

Uma perna para dentro, 108, 115
União das pregas vestibulares, 176
Unidade do corpo, 95
Uso, 71, 130, 193

V

Vacina, 22
Válvula fonatória, 54
VAN RIPER, 194
Vapores irritantes, 31
Venotônicos, **22**
Vergão, 43
Verticalidade, 70, 137, 146, 148, 150, 153, 155, 158-159, 164-165

Vibração harmônica, 25
Virilização
    – endógena, 53
    – laríngea, 60
Vitaminoterapia, **22**
Vivido subjetivo, 75
Vogais, **170**
Vontade, 99
Voz
    – cantada, 161, 176
    – de alerta, 33, 131, 146
    – de insistência, 131, 195
    – de peito, 175
    – dos corredores de hotel, 29-30, 44, 45
    – esofágica, 29, 126
    – feminina, 53
    – murmurada, 29-30, 44-45
    – projetada, 130, 149
    – sussurrada, 30

W

WAAR, 192, 194
WELLEN, 52
WICART, 30
WILLIS, 19

Y

Yoga, 69, 77, 108

Z

Zen, 77, 103, 151

edelbra

Impressão e acabamento:
E-mail: edelbra@edelbra.com.br
Fone/Fax: (54) 520-5000

Filmes fornecidos pelo Editor.